U0853982

新时代大学生安全教育教程

第二版

XINSHIDAI DAXUESHENG
ANQUAN JIAOYU JIAOCHENG

主　编◎李英霞　李玉侠
副主编◎李永霞　郑艳芳　石长征

中国人民大学出版社
·北京·

图书在版编目（CIP）数据

新时代大学生安全教育教程 / 李英霞，李玉侠主编
. -- 2 版 . -- 北京：中国人民大学出版社，2023.7
ISBN 978-7-300-31892-9

Ⅰ. ①新… Ⅱ. ①李… ②李… Ⅲ. ①大学生-安全教育-高等学校-教材 Ⅳ. ①G645.5

中国国家版本馆 CIP 数据核字（2023）第 129452 号

新时代大学生安全教育教程（第二版）
主　编　李英霞　李玉侠
副主编　李永霞　郑艳芳　石长征
Xinshidai Daxuesheng Anquan Jiaoyu Jiaocheng

出版发行	中国人民大学出版社		
社　　址	北京中关村大街 31 号	**邮政编码**	100080
电　　话	010－62511242（总编室）		010－62511770（质管部）
	010－82501766（邮购部）		010－62514148（门市部）
	010－62515195（发行公司）		010－62515275（盗版举报）
网　　址	http://www.crup.com.cn		
经　　销	新华书店		
印　　刷	北京密兴印刷有限公司	**版　　次**	2021 年 8 月第 1 版
开　　本	787 mm×1092 mm　1/16		2023 年 7 月第 2 版
印　　张	17.5	**印　　次**	2023 年 7 月第 1 次印刷
字　　数	350 000	**定　　价**	49.00 元

版权所有　侵权必究　　印装差错　负责调换

前言

PREFACE

本教材是根据教育部2020年9月28日《关于印发〈大中小学国家安全教育指导纲要〉的通知》（教材〔2020〕5号，以下简称《通知》）精神及其他有关加强大学生安全教育的文件精神编写的。教材内容分为总体国家安全观和大学生个人安全教育上下两篇。国家安全是基础，保证公民个人安全是目的，二者相互依存，同等重要。因此，对大学生同时进行这两种安全教育是十分必要的。

上篇以《大中小学国家安全教育指导纲要》（以下简称《指导纲要》）为编写依据，忠实反映《指导纲要》的具体要求，以习近平新时代中国特色社会主义思想为指导，贯彻党的教育方针，落实立德树人根本任务，牢固树立和全面践行总体国家安全观，积极构建有中国特色的国家安全教育体系，把国家安全教育搬进大学校园，全面增强大学生的国家安全意识，提升大学生维护国家安全能力，为培养社会主义建设者和接班人打下坚实基础。

在编写上篇的过程中，我们遵循了以下原则：深入贯彻党的二十大精神，坚持正确的政治方向，以总体国家安全观为统领，着眼于增强大学生的国家安全意识；强化大学生的政治认同；促进大学生坚定道路自信、理论自信、制度自信、文化自信，践行社会主义核心价值观；遵循教育规律，让教材内容符合大学生年龄特征，密切联系学生实际，紧贴国情社情和国际形势，努力增强教材的可教性和可读性，提高育人实效。

《指导纲要》是面向大中小学各个学段的，包括了国家安全各个领域和具体安全内容，并且是一个伴随教育对象不断递进加深的指导体系。我们在编写本教材的过程中，主要针对大学生这个学段，首先保证安全教育主要领域的完整性，把知识类别作为内容编写的依据，将《指导纲要》中的一级知识点和二级知识点尽可能地融入教材内容。教材使用者可以根据教学的实际情况对教材内容进行拓展。

下篇以《当代大学生安全教育教程》（李玉侠、李英霞主编，中国人民大学出版社

2014 年出版）为基础进行了改编。“大学生安全教育”是很多高校开设的一门通识教育课程，该课程强调个人安全在人生发展中的重要地位，关注学生的全面发展。对大学生进行个人安全教育，是贯彻落实科学发展观的具体措施，是高校人才培养工作的重要组成部分。通过对大学生进行个人安全教育，可以促使大学生主动掌握安全防范知识，激发大学生的主观安全意识，不断提高大学生的安全防范意识和避险自救能力，树立正确的安全价值观，培养大学生的安全防范能力，为大学生的成长、成才提供保障。

教材下篇在编写中不仅注重安全教育的内容与方法，更注重对大学生的价值引领，很多章节引入了中华优秀传统文化的内容。

本次修订根据中国共产党第二十次全国代表大会的会议精神对部分内容进行了增减，并更新了部分案例。

本教材创新性地把国家安全教育和大学生个人安全教育合二为一，是考虑到各学校开设这两门课程的实际情况。教育部在《指导纲要》中明确要求“大学生国家安全教育”课程不少于 1 个学分，“大学生安全教育”课程各高校通常是 1 个学分，但对许多学校而言，同时开设两门课程存在不少现实困难。为此，我们把这两部分内容编进一本教材里，用一门课程的学时和学分解决两门课程的教学任务，这就解决了许多学校的现实问题，同时满足了学校必须开设相关课程的政策要求。

本教材由李英霞、李玉侠担任主编，李永霞、郑艳芳、石长征担任副主编，柳晓娜、谢荣彩等也参与了教材编写。具体分工如下：第一章由李玉侠编写，第二章由李英霞编写，第三章由李永霞编写，第四章由石长征编写，第五章由柳晓娜和谢荣彩编写，第六章由张焕荣编写，第七章由郑艳芳编写，第八章由安桂玲编写，第九章由杨香香编写，第十章由王树华编写。此外，董玉森绘制了本教材中的漫画。

此书为 2019 年河北省省级一流本科立项建设课程“安全教育”线下一流课程的专选教材。本教材在编写中参考和引用了相关的著作、论文和网络资料，在此谨向原作者致以诚挚的谢意。本书编写也得到了衡水学院的大力支持，在此表示感谢。

本教材事关国家安全和大学生个人安全，兹事体大，全体参编人员尽心竭力，确保教材内容的正确性和准确性。尽管如此，教材中仍难免存在这样或那样的问题和不足，敬请各位读者不吝赐教，以便在教材再版时修正。

编者

目录

CONTENTS

上篇　总体国家安全观

下篇　大学生个人安全教育

上篇

总体国家安全观

国泰民安须思危，富国强兵防未然

第一章

总体国家安全观总论

知识结构（思维导图）

- 总体国家安全观总论
  - 总体国家安全观是新时代国家安全工作的根本遵循和行动指南
  - 国家安全是安邦定国的重要基石
  - 学习总体国家安全观是当代大学生的法定义务

学习目标

1. 了解各安全领域的相互关系。

2. 理解维护国家安全的重要性，明白学习总体国家安全观是当代大学生的法定义务，理解总体国家安全观的重大意义。

3. 掌握总体国家安全观的基本内涵。

> 不谋万世者，不足谋一时；不谋全局者，不足谋一域。
>
> ——《寤言二·迁都建藩议》

“天下兴亡，匹夫有责。”作为中国公民，我们都有责任和义务保卫自己的祖国。当代大学生生活在中华民族伟大复兴最关键的历史时期，将承担起民族复兴的历史重任，维护国家安全也将是这一代人最核心的历史使命。爱国不是一句口号，而是每一个公民在日常生活中的具体行为。时时处处维护国家利益和安全是每一个当代大学生必备的道德素养。为了理解如何维护国家安全，我们必须认真学习领会总体国家安全观。国家安全教育是我们当代大学生的必修课程，是培养当代大学生具备基本国家安全意识的重要途径。

一、总体国家安全观是新时代国家安全工作的根本遵循和行动指南①

（一）总体国家安全观是当代中国对世界的重要思想理论贡献

2014 年 4 月 15 日，习近平总书记在中央国家安全委员会第一次会议上，创造性提出总体国家安全观，为新时代国家安全工作提供了强大思想武器。党的十九大将坚持总体国家安全观纳入新时代坚持和发展中国特色社会主义的基本方略，并写入党章，反映了全党全国人民的共同意志。

（二）总体国家安全观根植于中国特色社会主义新时代

进入新时代，面对百年大变局、世纪大疫情、复兴大跨越，我国国家安全形势发生重大变化。当前，世界进入动荡变革期，国际战略格局、全球治理体系、综合国力竞争深刻复杂演变，不稳定性不确定性显著上升，危和机同生共存。中华民族伟大复兴进入关键阶段，面临难得的机遇，具有根本政治保证、坚实物质支撑、强大精神力量、牢固群众基础。同时，外部环境更趋复杂严峻，传统安全和非传统安全问题交织互动，各种风险挑战前所未有，人民群众安全需求更趋强烈更加多元，对国家安全提出更高要求。总体国家安全观正是在对时代发展大势的深邃思考，对坚持和拓展中国特色国家安全道路的不懈探索中创立并不断发展的。

（三）总体国家安全观是我党历史经验的总结和继承

总体国家安全观继承了我们党维护国家安全的理论成果和实践经验，体现了中华文化底蕴、彰显了中华民族风骨。我们党诞生于国家内忧外患、民族危难之时，对国家安全的重要性有着刻骨铭心的认识，始终把维护国家安全工作紧紧抓在手上。新中国成立后，以毛泽东同志为主要代表的中国共产党人，将保卫新生的人民民主政权，维护国家独立、主权和领土完整作为国家安全工作的首要任务，战胜了帝国主义、霸权主义的侵略、破坏和武装挑衅，胜利进行了保卫祖国边疆的斗争，独立研制出“两弹一星”，恢复了我国在联合国的一切合法权利，提出了和平共处五项原则、“三个世界”划分等战略思想。改革开放以来，我们党毫不动摇坚持四项基本原则，坚决排除各种干扰，有力应剧变、平风波、稳边疆、战洪水、防疫情、抗地震、化危机，实现香港、澳门顺利回归，推动海峡两岸关系打开新局面，保持了社会大局长期稳定，为改革开放和社会主义

---

① 中共中央宣传部，中央国家安全委员会办公室．总体国家安全观学习纲要．北京：学习出版社，人民出版社，2022.

现代化建设创造了良好安全环境。以邓小平同志为主要代表的中国共产党人，做出和平与发展是当今时代主题的重大判断，强调中国的问题压倒一切的是需要稳定，提出国家主权和安全要始终放在第一位等战略思想。以江泽民同志为主要代表的中国共产党人，做出我国发展处于重要战略机遇期的科学判断，积极促进世界多极化和国际关系民主化，提出互信互利平等协作的新安全观等战略思想。以胡锦涛同志为主要代表的中国共产党人，紧紧抓住和努力维护国家发展重要战略机遇期，坚持走和平发展道路，提出实施互利共赢的开放战略等战略思想。

总体国家安全观汲取了中华优秀传统文化的精髓。中华优秀传统文化中蕴含着丰富的国家安全战略思想，如强调忧患意识，“安而不忘危，存而不忘亡，治而不忘乱”；注重民本思想，“民惟邦本，本固邦宁”；倡导和平共处，“和衷共济”“和合共生”；主张讲信修睦，“亲仁善邻，国之宝也”；力求内外兼顾，“内事文而和，外事武而义”；重视刚柔并济，“方而又刚，柔而又圆，求安难矣”；推崇张弛有度，“文武之道，一张一弛”；等等。这为总体国家安全观的形成提供了丰厚的文明滋养。

（四）总体国家安全观推动中国特色国家安全理论和实践实现历史性飞跃

党的十八大以来，以习近平同志为主要代表的中国共产党人，把马克思主义国家安全理论和当代中国安全实践、中华优秀传统战略文化结合起来，顺应时代发展，系统回答了中国特色社会主义进入新时代，如何既解决好大国发展进程中面临的共性安全问题，同时又处理好中华民族伟大复兴关键阶段面临的特殊安全问题这个重大时代课题，创造性提出了总体国家安全观。总体国家安全观是马克思主义国家安全理论中国化的最新成果，是中国共产党和中国人民捍卫国家主权、安全、发展利益百年奋斗实践经验和集体智慧的结晶，在我们党的历史上第一次形成了系统完整的国家安全理论，标志着我们党对国家安全基本规律的认识达到了新高度。

习近平总书记是总体国家安全观的创立者。总体国家安全观，集中反映了习近平总书记深邃的政治智慧、非凡的斗争艺术、杰出的领导才能，是新时代国家安全的制胜之道。这一思想，坚持马克思主义国家安全理论，围绕发展和安全、独立自主和对外开放、维稳和维权、秩序和活力等重大命题，深刻把握人民安全、政治安全、国家利益至上的关系，做出一系列创造性阐发，为我们从政治上全局上认识和把握国家安全提供了根本指导；发扬斗争精神，与时俱进创新国家安全斗争艺术，强调统筹维护和塑造国家安全，打人民战争、总体战，为我们始终把握国家安全工作主动权提供了策略方法；秉承马克思主义政党本色，彰显强烈使命担当、鲜明人民立场、深沉忧患意识、宏大战略思维、卓越创新精神，立起了新时代中国共产党人做好国家安全工作的行为准则。这些是总体国家安全观活的灵魂，是深刻理解和全面把握总体国家安全观的金钥匙。

（五）总体国家安全观内涵丰富、思想深邃，是一个系统完整、逻辑严密、相互贯通的科学理论体系

总体国家安全观的关键是“总体”。强调大安全理念，涵盖政治、军事、国土、经济、金融、文化、社会、科技、网络、粮食、生态、资源、核、海外利益、太空、深海、极地、生物、人工智能、数据等诸多领域，而且将随着社会发展不断动态调整。

总体国家安全观的核心要义，集中体现为“十个坚持”：坚持党对国家安全工作的绝对领导，坚持中国特色国家安全道路，坚持以人民安全为宗旨，坚持统筹发展和安全，坚持把政治安全放在首要位置，坚持统筹推进各领域安全，坚持把防范化解国家安全风险摆在突出位置，坚持推进国际共同安全，坚持推进国家安全体系和能力现代化，坚持加强国家安全干部队伍建设。

“一个总体”“十个坚持”有机融合、有机统一，凝结着我们党坚持和发展中国特色国家安全的宝贵经验，反映了以习近平同志为核心的党中央对国家安全工作规律性认识的深化、拓展、升华，体现了理论与实践相结合、认识论和方法论相统一的鲜明特色。

（六）总体国家安全观经受住了实践的检验

总体国家安全观经受住了关系我国改革发展稳定全局的重大风险考验，显示出强大生命力，在新时代党和国家工作全局中具有重大而深远的意义。总体国家安全观经过实践检验、富有实践伟力，为维护和塑造新时代国家安全提供了行动纲领。当前和今后一个时期，国家安全形势严峻复杂，战略压力明显加大，风险挑战明显增多，应对难度明显提升。总体国家安全观与新时代国家安全实践相生相成、共进并行，承载着为实现中华民族伟大复兴提供坚强保障的历史使命，为我们在危机中育先机、于变局中开新局提供了安全战略指引。在总体国家安全观指引下，中国特色国家安全道路必将越走越宽广，新时代国家安全事业前景无限光明。

总体国家安全观提炼中华优秀传统战略文化，总结我们党维护国家安全的理论和实践成果，为坚持把马克思主义基本原理同中国具体实际相结合、同中华优秀传统文化相结合树立了光辉典范。

总体国家安全观开辟了国家安全治理新路径，为推动和完善全球安全治理贡献了中国方案。总体国家安全观摒弃了零和博弈、绝对安全、结盟对抗等旧观念，倡导共同、综合、合作、可持续的全球安全观，在国际上树立起合作包容的国家安全理念，得到国际社会积极响应和广泛认同。

实践探索永无止境，理论创新永无止境。总体国家安全观是一个不断发展的开放的理论体系，必将随着中国特色国家安全实践的深入推进而丰富发展，必将指引中国人民创造更加伟大的奇迹。

在当代中国，坚持和发展总体国家安全观，就是真正坚持和发展马克思主义国家安全理论，就是真正坚持和拓展中国特色国家安全道路。必须全面贯彻落实总体国家安全观，让总体国家安全观在新时代伟大斗争中绽放出更加灿烂的真理光芒！

二、国家安全是安邦定国的重要基石

（一）保证国家安全是头等大事

国家安全是国家生存发展的基本前提。国泰民安是人民群众最基本、最普遍的愿望，维护国家安全是全国各族人民根本利益所在。习近平总书记指出："实现中华民族伟大复兴的中国梦，保证人民安居乐业，国家安全是头等大事。"没有安全和稳定，一切都无从谈起。如果安全这个基础不牢，发展的大厦就会地动山摇。

中华民族有五千多年的文明历史，创造了灿烂的中华文明，为人类做出了卓越贡献，成为世界上伟大的民族。"国泰民安""睦邻友邦""天下太平""天下大同"等理念世代相传。在世界工业革命如火如荼、人类社会发生深刻变革的时期，中国的封建统治者却没有睁开眼睛看世界，夜郎自大，丧失了与世界同进步的历史机遇，变成落伍者，落到了被动挨打的境地。1840 年鸦片战争以后，西方列强在中华大地上恣意妄为，封建统治者孱弱无能，中国逐步成为半殖民地半封建社会，国家蒙辱、人民蒙难、文明蒙尘，中国人民和中华民族遭受了前所未有的劫难。中国产生了共产党，这是开天辟地的大事变，深刻改变了近代以后中华民族发展的方向和进程，深刻改变了中国人民和中华民族的前途和命运，深刻改变了世界发展的趋势和格局。在新民主主义革命时期，我们党团结带领人民找到了一条农村包围城市、武装夺取政权的正确革命道路，进行了二十八年浴血奋战，建立了中华人民共和国。新中国成立以来，党中央对发展和安全高度重视，始终把维护国家安全工作紧紧抓在手上。在社会主义革命和建设时期，我们党团结带领人民确立社会主义基本制度，完成了中华民族有史以来最为广泛而深刻的社会变革，抵御了帝国主义侵略扩张，捍卫了新中国安全，保卫了中国人民和平生活，拼来了山河无恙、家国安宁。进入改革开放和社会主义现代化建设新时期，党始终把维护国家安全和社会安定作为党和国家的一项基础性工作。我们成功应对一系列重大风险挑战、克服无数艰难险阻，保持了我国社会大局稳定，为改革开放和社会主义现代化建设营造了良好环境。

党的十八大以来，中国特色社会主义进入新时代。维护国家安全和社会稳定任务繁重艰巨，国家安全在党和国家工作全局中的重要性日益凸显。面临复杂多变的安全和发展环境，党中央统筹国内国际两个大局，办好发展安全两件大事，加强对国家安全工作的集中统一领导，把坚持总体国家安全观纳入新时代坚持和发展中国特色社会主义的基本方略，从全局和战略高度对国家安全做出一系列重大决策部署，强化国家安全工作顶层设计，完善各重要领域国家安全政策，健全国家安全法律法规，有效应对了一系列重大风险挑战，保持了我国国家安全大局稳定。

（二）把握新发展阶段国家安全面临的新机遇新挑战

新发展阶段是全面建设社会主义现代化国家、向第二个百年奋斗目标进军的阶段。进入新发展阶段，国内外环境的深刻变化既带来一系列新机遇，也带来一系列新挑战。

从国际看，世界百年未有之大变局进入加速演变期，国际环境日趋错综复杂。一方面，和平与发展仍然是时代主题，新一轮科技革命和产业变革深入发展，国际力量对比深刻调整，人类命运共同体理念深入人心。另一方面，国际形势的不稳定性不确定性明显增加，新冠疫情大流行影响广泛深远，经济全球化遭遇逆流，民粹主义、排外主义抬头，单边主义、保护主义、霸权主义对世界和平与发展构成威胁，国际经济、科技、文化、安全、政治等格局都在发生深刻复杂变化。

从国内看，我国继续发展具有多方面优势和条件，也面临着许多前所未有的困难和挑战。全面建成小康社会为全面建设社会主义现代化国家创造了有利条件，经济实力、科技实力、综合国力跃上新的大台阶。同时，随着我国社会主要矛盾变化和国际力量对比深刻调整，我国发展面临的内外部风险空前上升，如果发生重大风险又扛不住，国家安全就可能面临重大威胁。

综合分析国内外形势，当前和今后一个时期，我国发展仍然处于重要战略机遇期，但机遇和挑战都有新的发展变化。过去我们是顺势而上，机遇比较好把握；现在要顶风而上，把握机遇的难度就不一样了。过去大环境相对平稳，风险挑战比较容易看清楚；现在世界形势动荡复杂，地缘政治挑战风高浪急，暗礁和潜流又多，对应变能力提出了更高要求。过去我们发展水平低，同别人的互补性就多一些；现在我们发展水平提高了，同别人的竞争性就多起来了。我们的判断是危和机并存、危中有机、危可转机，机遇更具有战略性、可塑性，挑战更具有复杂性、全局性，挑战前所未有，应对好了，机遇也就前所未有。要深入分析，全面权衡，善于从眼前的危机、眼前的困难中捕捉和创造机遇。只要准确识变、科学应变、主动求变，善于决策时运筹帷幄、落实时如臂使指，我们就一定能够在抗击大风险中创造出大机遇，始终立于不败之地。

（三）为实现中华民族伟大复兴提供坚强安全保障

实现中华民族伟大复兴是中华民族近代以来最伟大的梦想。中国共产党团结带领中国人民进行的一切奋斗、一切牺牲、一切创造，归结起来就是一个主题：实现中华民族伟大复兴。新中国成立七十多年来，党领导人民创造出世所罕见的经济快速发展奇迹和社会长期稳定奇迹。经过全党全国各族人民持续奋斗，我们实现了第一个百年奋斗目标，在中华大地上全面建成了小康社会，历史性地解决了绝对贫困问题，迎来了从站起来、富起来到强起来的伟大飞跃，迎来了实现中华民族伟大复兴的光明前景。

现在，我们比历史上任何时期都更接近中华民族伟大复兴的目标，比历史上任何时期都更有信心、有能力实现这个目标。同时，必须清醒地看到，我们越发展壮大，遇到的阻力和压力就会越大，面临的外部风险就会越多。这是我国由大向强发展进程中无法回避的挑战，是实现中华民族伟大复兴绕不过的门槛，什么时候都不要想象可以敲锣打鼓、顺顺当当实现我们的奋斗目标。

我们要开创中华民族伟大复兴新局面，就必须冷静审视深刻复杂变化的国际形势，全面把握艰巨繁重的改革发展稳定任务，牢固树立总体国家安全观，加快构建新安全格局。要把责任扛在肩上，时刻准备应对重大挑战、抵御重大风险、克服重大阻力、解决重大矛盾，以不畏艰险、攻坚克难的勇气，以昂扬向上、奋发有为的锐气，不断把中华民族伟大复兴事业推向前进。

三、学习总体国家安全观是当代大学生的法定义务

“家是小的国，国是大的家”，中国历史上从来也没有像今天一样“国”和“家”紧密地联系在一起。国家已经成为每个家庭坚实的保障，成了每个家庭幸福的依托。爱国必须成为每一个当代大学生的道德自觉，维护国家的总体安全是每一个当代大学生的法定义务。大学生学习总体国家安全观是加强国家安全人民防线建设的具体体现。

（一）增强大学生的国家安全意识，是筑牢安邦定国的重要基石

伴随着世界多极化、经济全球化的持续深入，国际安全环境日益复杂，我国面临着日益严峻的安全威胁和挑战。在中国特色社会主义进入新时代之际，党和国家结合当前面临的国家安全新形势，总结以往维护国家安全的经验教训，提出了“总体国家安全观”的科学观点。习近平总书记在二十大报告中强调必须坚定不移贯彻总体国家安全观。高校作为意识形态工作的前沿阵地，要加强对在校大学生的总体国家安全观教育，促使大学生树立国家安全意识、内化总体国家安全观，并且在日常学习生活中主动践行，成为维护国家安全的坚实基础。

（二）树立总体国家安全观思想，确保大学生健康成长

青年大学生是国家的未来和民族的希望，大学阶段是学生形成系统人生观、世界观和价值观的关键时期，由于缺乏社会经验，难以辨别是非，大学生很容易受到西方各种社会思潮的消极影响和持续冲击。改革开放以来，由于忽视了对在校大学生进行国家安全意识的教育，导致部分大学生在日常学习和生活中陷入了敌对势力拉拢策反的陷阱，

引发了各种危害国家安全的违法犯罪悲剧，严重威胁大学生的健康成长。因此，推进高校总体国家安全观教育，有利于帮助青年大学生更好地应对错综复杂的国际国内形势的挑战，使大学生坚定国家安全信心，强化国家安全意识，提升国家安全素养，提高明辨是非的能力，树立总体国家安全观，确保青年大学生健康成长为社会主义建设者和接班人。

（三）加强总体国家安全观的正规教育，构建国家安全人民防线

中国特色社会主义进入新时代，也对大学生思想政治教育工作提出了全新的要求。高校思想政治教育工作本质上是塑造人、培养人、转化人的思想观念的教育活动，对于尚未形成系统人生观、世界观和价值观的大学生而言，首要的问题是端正思想。大学生如果缺乏科学的思想观念指导，仅凭一腔爱国热情，是难以真正维护国家安全的。新时代总体国家安全观教育就是在爱国主义教育的基础之上，进一步增强青年大学生的国家安全意识和素养，从而在日常学习和生活中自觉践行总体国家安全观。应该说，总体国家安全观教育是高校思想政治教育工作新时代发展的应有之义，是对大学生爱国主义教育的具体实践，拓展了高校思想政治教育方式与载体，有利于提升高校思想政治教育的实效性。①

课后训练与活动

1. 思考题

（1）总体国家安全观的核心要义是什么？

（2）大学生学习总体国家安全观有什么重大意义？

2. 活动与训练

（1）以班级为单位开展总体国家安全观宣传主题海报设计活动。

（2）开展国家安全主题演讲活动。

① 黄溪发．总体国家安全观视域下的高校国家安全教育路径探析．湖北开放职业学院学报，2020，33（1）．

第二章

保护政治根本　筑牢经济基础

知识结构（思维导图）

- 保护政治根本　筑牢经济基础
  - 政稳国安　护国佑民
    - 政治安全的重要性
    - 政治安全的主要内容
    - 新时代大学生政治安全面临的威胁与挑战
    - 新时代大学生维护政治安全的途径与方法
  - 仓实基固　经世济民
    - 经济安全的重要性
    - 经济安全的主要内容
    - 我国经济安全面临的威胁与挑战
    - 维护我国经济安全的途径与方法

学习目标

1. 了解：政治安全是国家安全的根本，是坚持党的领导、坚持社会主义制度的根本前提；了解经济安全是国家政治、军事、文化等其他安全的基础，是社会稳定、强国富民的根本。

2. 理解新时代大学生政治安全面临的威胁与挑战、我国经济安全面临的威胁与挑战。

3. 掌握新时代大学生维护政治安全的途径与方法、我国维护经济安全的途径与方法。

4. 能够自觉维护国家政治和经济安全，妥善应对国家政治、经济安全面临的威胁与挑战；能够熟练运用有效途径与方法维护国家政治和经济安全；努力提高政治信仰，培养政治责任感和鉴别力；树立国家安全人人有责的政治责任感和使命感。

总体国家安全观是多个领域安全共同组成的系统安全、体系安全、综合安全，其中政治安全在国家安全体系中是根本、是核心。政治安全决定和影响着国家的经济安全、军事安全、社会安全等各个领域的安全，其他领域的安全要立足于国家政治安全。经济安全是国家安全的基础。经济是一切的基础，没有经济安全就没有军事实力；国家、人民生存和发展的根本也是经济。经济形态决定一个国家是否强大、人民是否富足。由此可见，维护国家安全、保护政治安全是根本，筑牢经济安全是基础。

第一节 政稳国安 护国佑民

> 夫人必自侮，然后人侮之；家必自毁，而后人毁之；国必自伐，而后人伐之。
>
> ——《孟子·离娄章句上》

在中国古代，“政”主要指国家的权力、制度、秩序和法令；“治”则主要指管理人民，也指实现安定的状态等。政治是人类历史发展到一定时期的产物，它同各种权力主体的利益密切相关。在社会主义中国，人民是国家权力主体，社会主义国家政治体现了全体人民的利益，维护社会主义国家政治稳定就是维护人民自身利益。政治安全是一个国家由政权、政治制度和意识形态等要素组成的政治体系相对处于没有危险和不受威胁的状态，以及面对风险和挑战时能够及时有效防范、应对，从而确保国家良好政治秩序的能力。[①] 政治安全是国家安全的根本，它不仅关系到中华民族的兴衰，还关系到每个国民的幸福。维护政治安全，保持政治稳定，对于实现“中国梦”具有重要意义。

一、政治安全的重要性

自古以来，我国就重视政治安全问题，《周易·系辞下》指出：“是故君子安而不忘危，存而不忘亡，治而不忘乱，是以身安而国家可保也。”习近平总书记曾多次指出：“政治安全是国家安全的根本”[②]，“要把维护国家政治安全特别是政权安全、制度安全放在第一位”[③]。2011 年《中国的和平发展》白皮书中明确的六项国家核心利益，其中四项属于国家政治安全的范畴。政治安全在国家安全体系中是根本、是核心。哥本哈根学派代表人物巴瑞·布赞曾说：“所有的安全事务都属于政治范畴。”政治安全对其他国

① 全国干部培训教材编审指导委员会．全面践行总体国家安全观．北京：人民出版社，党建读物出版社，2019.

② 习近平．全面贯彻落实总体国家安全观，开创新时代国家安全工作新局面．人民日报，2018－04－18（1）.

③ 习近平．全面提升防范应对各类风险挑战的水平，确保国家长治久安人民安居乐业．人民日报，2017－01－13（1）.

家安全具有决定性的影响。

（一）政治安全是坚持党的领导、坚持社会主义制度的根本前提

在新时代中国特色社会主义发展时期，政治安全关系到中华民族伟大复兴的中国梦能否顺利实现。新中国成立以来，中国社会稳定有序的政治秩序为中华民族实现由站起来、富起来到强起来提供了有力的保障。政治安全的核心是政权稳固，坚持中国共产党的领导，坚持社会主义制度，是维护国家政治安全的核心。新中国发展的实践证明，中国共产党指引着新中国创造了“世所罕见的经济快速发展奇迹和社会长期稳定奇迹”。党的二十大报告指出“中国特色社会主义制度的最大优势是中国共产党领导”，只有坚持党的领导，坚持社会主义制度，才能破除阻碍国家和民族发展的一切思想和体制障碍，实现“两个百年”的奋斗目标。我们必须“坚持和发展中国特色社会主义，坚持和巩固党的领导地位和执政地位，使我们的党、我们的国家、我们的人民永远立于不败之地”①。

（二）政治安全是国家强盛、社会稳定、人民幸福的根本保障

政治安全是国家安全的灵魂和核心，没有政治安全，国家富强、社会稳定、人民幸福就是一纸空谈。纵观人类发展历史，政局不稳必会社会动荡、民不聊生。五代十国时期是中国历史上政局动荡最为频繁的时期，这一时期给百姓生活带来了极大痛苦，直接导致中原地区的经济因长期混战而难以复苏，人民生活因饱受战乱，屡遭兵役、劳役、徭役，甚至天灾等烦扰而苦不堪言。古人有言：“宁为太平犬，不为乱世人。”国家积贫积弱，人民就会颠沛流离；国家统一、政局安定则国富民强。新中国成立以来，在中国共产党的领导下，我国政治稳定，社会和谐，人民安居乐业。相关统计数据显示：1949年我国人均寿命为35岁，人均国民收入仅为27美元；到2022年，我国人均寿命为77.93岁，人均国民收入为12 604美元。历史的经验告诉我们，政治安全是国家长治久安、人民安居乐业的根本保障。

知识链接

国家富强、稳定——我国的“政治操作系统”

我国是一个拥有悠久历史的大国。我国的政党制度是经过长期发展形成的，其目标是要促进团结。习近平指出，人民对美好生活的向往就是我们的奋斗目标。中国共

① 习近平．在庆祝中国共产党成立95周年大会上的讲话．人民日报，2016－07－02.

产党人的初心和使命，就是为中国人民谋幸福，为中华民族谋复兴。如果把一个国家比作一台计算机，那么，政党体系就相当于这台计算机的操作系统。中国这台机器上运行的“操作系统”是相对稳定的，而且它能不断进行自我升级。

这套设计，使中国能够设定并有效执行一些雄心勃勃的长远目标，例如“两个一百年”奋斗目标。在中国，稳定压倒不稳定，合作压倒分裂，这使得中国能够以令人不可思议的速度前进。

资料来源：石斐然．国家富强、稳定：中国的“政治操作系统”．人民网，2019-09-30.

二、政治安全的主要内容

政治安全主要表现为国家主权和领土完整、民族尊严不受侵犯、意识形态保持主体地位以及国家制度与政权稳固。① 其中政权安全、制度安全是核心，国家主权是政治安全的主体，意识形态是影响政治稳定的重要因素。社会主义政权安全是指要坚持党的集中领导，人民当家作主，全面依法治国。政权安全就是要保障人民民主专政的政权。维护政权安全最基本的是意识形态安全，它是标明政党属性尤其是执政党的政治立场的决定性因素，天然地决定着国家政权的性质、结构和运作方式。意识形态安全既是政权安全的重要内容，也是影响政权安全其他方面内容的关键环节。我国意识形态安全是指要坚持马克思主义在意识形态领域的指导地位，坚持学习贯彻习近平新时代中国特色社会主义思想，坚持社会主义核心价值观。制度安全是指要坚决维护中国特色社会主义制度。

随着社会发展，政治安全的内涵也在不断丰富变化。一般认为，在传统安全观中，军事安全和政治安全占据核心地位，传统安全的威胁因素主要是指国家所面临的国际和国内军事因素上的威胁。随着我国经济的发展和在国际社会政治地位的提高，对国家安全的探讨也逐渐从传统意义上的安全威胁转移到社会的其他领域。党的十六大报告中首次提出“传统安全和非传统安全威胁相互交织”。要“彻底摈弃冷战思维，建立适应时代要求的互信、互利、平等、合作的新型安全观”。在十九届中央国家安全委员会第一次会议上，把政治安全确定为国家安全的根本，表明我国维护政治安全的思维方式发生变化，政治安全观已然突破了传统的安全观念，执政党的执政能力、民众的政治认同度、意识形态的稳定性以及政治活动的有序性等成为政治安全的主要内容。② 由此可见，关于政治安全的认识已由一国静态的政治安全逐步拓展到了全球动态的政治安全。

---

① 季正矩，王瑾．国家至要：当代国家政治安全新论．重庆：重庆出版社，2005.

② 马天南．新时代政治安全面临的社会风险问题研究．北京：中国人民公安大学，2020.

三、新时代大学生政治安全面临的威胁与挑战

当前我国在政治安全领域，复杂的外部因素与繁杂的内部因素互联交织，繁杂纷乱的内外联动，严重威胁着我国的政治安全。大学生是“中国梦”的承担者和实现者，是维护国家政治安全的关键群体。从目前的现实情况来看，部分大学生的政治安全意识与党和国家的要求存在着不小的差距。

（一）大学生政治信仰淡化

政治信仰是指群体或个人对特定政治目标深深地接受或认同的心理状态，是社会成员是否参与政治生活以及参与到什么程度的重要依据。新时代大学生的政治信仰容易受个人发展的现实条件影响，无法持久地坚定马克思主义政治信仰，给新时代大学生政治信仰安全带来一定程度的挑战。① 金英姬认为，当代部分大学生政治信仰存在着无明确定向、以反智作为“主流”、信仰意识淡漠与混乱等问题。② 大学生一方面受自身发展的影响，价值体系构建初步完成但相对不稳定；另一方面，在价值多元化的生存环境下，大学生越来越处于一个具有最大选择空间的环境之中，增加了他们选择的机会。尤其是随着网络技术的发展，网络上不仅存在着符合社会主义主流意识形态的价值内容，同时也有诸多如拜金主义、享乐主义、个人主义等价值观，在社会多种价值观不断渗透下，大学生的世界观、人生观与价值观极易受到影响。尤其是一些西方国家通过网络、专家讲座、学术报告等方式，将其价值观念渗透到大学生的生活环境之中，使部分大学生意识形态认识不明确，政治信仰淡化。

（二）大学生政治责任感有待提高

政治责任感是人们从政治的高度，对自己本职工作热爱和负责的精神，是人们干好本职工作的前提和动力。一个人热爱本职工作，工作尽心尽力，就会产生政治责任感。古往今来，无数仁人志士为了国家和民族的前途和命运，不计安危，抛头颅，洒热血，把自己的全部献给了国家，这就是一种高度的政治责任感。大学生是国家未来的建设者和接班人，大学生的政治责任感不仅关系到自身的发展，而且关系着中华民族的前途和命运。大学生有责任和义务积极参与政治，但前提是大学生要有高度的政治责任感。研究发现，部分大学生对政治安全的内涵理解片面，政治责任感有待加强。

（三）大学生政治鉴别力有待加强

政治鉴别力，即对一些社会现象、事件、关系、形势等从政治高度进行鉴别、分

---

① 涂仙琦．新时代大学生法律意识及政治安全意识培育研究．法制与社会，2020（21）．

② 金英姬．当代大学生政治信仰的现状与对策研究．新西部，2018（6）．

析、判断，透过现象看本质的一种能力，是一个人思想观念、理论知识、政治经验、政治立场、政治观点的综合运用。当前“世界正处于大发展大变革大调整时期”，“国际形势正发生前所未有之大变局”，一些错误社会思潮常常披着合法外衣混淆视听，一些负面舆论往往带着伪善面具让人难辨真伪。“多元化”“碎片化”“异质性”的政治传播呈现出一系列新图景、新动向。一些社会论调和政治观点，或是以历史故事、政治笑话、娱乐段子的面目出现，制造“趣味性”和“可读性”；或是以历史纪实、档案发掘、社会反思的名义包装打扮，增强“公信力”和“可信度”，冲击主流历史观和价值观。① 大学生大部分时间生活在校园里，思想单纯，经验欠缺，部分大学生由于政治认知能力有限，对各种错误政治信息和社会思潮的鉴别能力薄弱；一些大学生难以见微知著，洞察实质，亟须提高政治认知和政治鉴别力。

案例

大学生受教唆办境外反动网站

2020 年 8 月，国家安全机关侦破河北某高校学生田某涉嫌煽动颠覆国家政权案，及时斩断了境外反华敌对势力的犯罪触手。

经查明，田某，河北某高校新闻系学生。田某经常收听境外反华媒体广播节目，经常浏览境外大量有害政治信息，逐渐形成反动思想。2016 年 1 月，田某开通境外社交媒体账号，开始同境外反华敌对势力人员进行互动，接受反动理论熏陶，反动思想日渐顽固。

进入大学后，田某经境外反华媒体记者引荐，成为某西方媒体北京分社实习记者，并接受多个境外反华敌对媒体邀请担任驻京记者。在此期间，田某接受大量活动经费，介入炒作多起热点敏感案事件，累计向境外提供反宣素材 3 000 余份，刊发署名文章 500 余篇。

在境外反华组织的蛊惑教唆下，田某于 2018 年创办了一个境外反动网站，大肆传播各类反宣信息和政治谣言，对我国进行恶毒攻击。2019 年 4 月，田某受境外反华媒体人邀请秘密赴西方某国，同境外 20 余个敌对组织接触，同时接受该国 10 余名官员直接问询和具体指令，秘密收集、提供污蔑抹黑我国的所谓“证据”。

田某与境外反华组织接触开展的一系列渗透活动，严重危害我国政治安全。国家安全机关通过严密侦察，于 2019 年 6 月依法将田某抓捕归案。2020 年 11 月，法院对此案进行非公开审理。

此案深刻揭示了西方反华势力在意识形态领域对我国学生群体渗透拉拢的重大敌情。

资料来源：《瞭望》公众号，2021-04-15.

---

① 阚道远．提高网络时代的政治鉴别力．人民网，2016-08-26.

四、新时代大学生维护政治安全的途径与方法

（一）对当前国家政治安全现状有清晰的认识

党的十八大报告指出：“发展中国特色社会主义是一项长期的艰巨的历史任务，必须准备进行具有许多新的历史特点的伟大斗争。”习近平总书记指出：“过去，我们常常以为，一些矛盾和问题是由于经济发展水平低、老百姓收入少造成的，等经济发展水平提高了、老百姓生活好起来了，社会矛盾和问题就会减少。现在看来，不发展有不发展的问题，发展起来有发展起来的问题，而发展起来后出现的问题并不比发展起来前少，甚至更多更复杂了。”[①] 当前我国在政治安全领域，复杂的外部因素与繁杂的内部因素互联交织。刘普和林毅认为：影响政治安全的因素可以按矛盾性质分为敌我矛盾和人民内部矛盾。[②]

1. 西方策动的“颜色革命”威胁我国政权安全

习近平总书记指出：“只要我们坚持中国共产党领导、坚持社会主义制度，各种敌对势力对我西化分化的图谋就不会改变；我们离民族复兴目标越近、离世界舞台中央越近，敌对势力越会想方设法攻击抹黑中国道路、理论、制度、文化，加紧进行意识形态渗透、价值观渗透，加大策动‘颜色革命’力度。”[③] 例如：1989 年捷克斯洛伐克发生的“天鹅绒革命”，2007 年缅甸的“番红花革命”，2017 年柬埔寨的“莲花革命”，这些都是西方企图借“颜色革命”钳制他国发展的阴险图谋。“颜色革命”的浪潮波及世界多个国家和地区，给相关国家、地区和国际政治带来了深远的影响。

2. 西方“普世价值观”威胁国家意识形态安全

综合一些观点，发现所谓“普世价值”泛指那些不分领域，超越宗教、国家、民族，出于人类的良知与理性之价值观念，即指普遍适用、永恒存在的价值。历史和现实告诉我们，任何价值认识都是具体的、历史的，从理论上说，根本就不存在一种普遍适用、永恒存在的“普世价值”。马克思明确指出：“人们按照自己的物质生产率建立相应的社会关系，正是这些人又按照自己的社会关系创造了相应的原理、观念和范畴。所以，这些观念、范畴也同它们所表现的关系一样，不是永恒的。它们是历史的、暂时的产物。生产力的增长、社会关系的破坏、观念的形成都是不断运动的”[④]。某些国家在提倡或推销“普世价值”时是带有“私货”的。他们极力宣扬所谓的“普世价值”，是挂羊头卖狗肉，目的就是要同我们争夺阵地、争夺人心、争夺群众；千方百计利用一

① 习近平．在党的十八届五中全会第二次全体会议上的讲话（节选）．求是，2016（1）.

② 刘普，林毅．政治安全与政治体制改革．红旗文稿，2011（15）.

③ 中共中央宣传部．习近平新时代中国特色社会主义思想三十讲．北京：学习出版社，2018.

④ 马克思，恩格斯．马克思恩格斯选集：第 1 卷．北京：人民出版社，2012.

些热点难点问题进行炒作，煽动基层群众对党委和政府的不满，挑动党群干群对立情绪，企图把人心搞乱。“谎言重复一千遍就会变成真理。”各种敌对势力就是想利用这个逻辑，把我们党、我们国家说得一塌糊涂、一无是处，诱使人们跟着他们的魔笛起舞。[①] 比如以美国为首的西方的“自由民主人权的普世价值观”虽打着“普世价值”的旗号，但其本质是资本主义私有制的东西，其所谓自由即资本的自由，所谓民主即资本作主，所谓人权即人的资本权。其目的是把西方的价值观念说成“普世价值”，用西方价值观念解释、取代社会主义核心价值观。本质上是借用“普世价值”的名头，意图颠覆我国社会主义制度、搅乱我们的意识形态、断绝我们的文化传统。

3. *以宣扬民主制度为名威胁我国制度安全*

西方一些人顽固地认为“西方议会民主制度是世界和平的前提”，以“民主”为名干涉中国的内政，把“民主人权输出”或“人道主义干涉”作为经济技术援助的附加条件。现实告诉我们，西方所谓的民主只不过是资本家争权夺利的手段。比如 2020 年美国大选，拜登与特朗普之争不过是资本利益集团的争夺。拜登当选，代表国际资本利益集团的民主党获胜；特朗普获胜，代表美国本土资本集团及军方利益的共和党获胜。由此可见，谁当美国总统不重要，重要的是他们背后代表不同利益的大资本家们。因此，西方所宣扬的民主制度是虚伪的、有欺骗性的，是妄图颠覆我国社会主义制度的工具和手段。比如在新冠疫情防控期间，他们把中国修建的方舱医院说成是“集中营”，而他们后来又不得不借鉴中国经验，也开始修建方舱医院，却美其名曰“诺亚方舟”。中国香港的暴乱，西方政客用“美丽的风景线”来评价；而美国的骚乱，出动了警察甚至军队，却说成是“维护法律和秩序”。西方政客的双重标准赤裸裸地暴露在世人面前。

4. *利用历史遗留问题威胁我国主权安全*

历史遗留问题是在特定的历史时期和社会背景下产生的，新中国成立以来就长期而普遍存在。就内部而言，历史遗留问题包括多种形式：我国政治体制改革过程中由于政策调整产生的部分群体利益受损导致社会矛盾和冲突；历史遗留群体地位、现状的改变造成个人失衡；矛盾主体复杂、相互缠绕，矛盾解决困难等。就外部而言，历史遗留问题主要表现为对外的边境领土问题、意识形态矛盾等。这些内外矛盾冲突有时会被国外敌对势力利用，故意掀起国内外矛盾，试图颠覆、打击社会主义制度。如：暴力恐怖分子在国内伺机制造事端；分裂主义威胁国家的领土和主权完整；等等。

5. *人民内部矛盾是影响我国政治安全的主要矛盾*

人民内部矛盾是在人民利益根本一致的基础上的矛盾，在不同历史时期有着不同的

---

① 中共中央宣传部，中央国家安全委员会办公室．总体国家安全观学习纲要．北京：学习出版社，人民出版社，2022.

内容。目前人民内部矛盾主要体现在人民群众之间的利益矛盾，以及人民群众与党和政府之间的关系问题。这些矛盾大多数是由于经济体制深刻变革、社会结构深刻变动、利益格局深刻调整、思想观念深刻变化引起的，是发展不平衡、不协调、不可持续的问题，短期内难以根本解决导致的。在今后相当长的时间内，人民内部矛盾是中国政治生活的主要矛盾。在人民内部矛盾当中，对政治安全影响最大的是党和政府同人民群众之间的关系问题。黄炎培曾经提出，共产党如何跳出“其兴也勃焉，其亡也忽焉”的历史周期律。毛泽东回答，我们已经找到了新路，这条新路就是民主，只有人人起来负责，才不会人亡政息。

（二）加强政治安全观念，勇于承担社会责任

大学生应具有高度的政治责任感，主动了解国情，维护国家统一，反对民族分裂，能够冷静分析国际形势，认识社会发展规律，看透资本主义的本质，坚定共产主义信念。大学生要具有崇高的历史使命感，能够把握历史脉搏，使自己的人生目标和社会的发展目标相一致。大学生是社会主义的建设者和接班人，是国家的未来和民族的希望，大学生必须深刻认识我国面临的机遇与挑战，明确人生奋斗方向，自觉担负起使命，将个人发展与国家存亡紧密联系起来。习近平总书记在 2019 年 1 月视察南开大学时指出：“只有把小我融入大我，才会有海一样的胸怀，山一样的崇高。”党的二十大报告指出，广大青年要坚定不移听党话、跟党走，怀抱梦想又脚踏实地，敢想敢为又善作善成，立志做有理想、敢担当、能吃苦、肯奋斗的新时代好青年，让青春在全面建设社会主义现代化国家的火热实践中绽放绚丽之花。

案例

他用热血和生命诠释“责任”
——追记勇斗歹徒牺牲的浙江工业大学学生杨济源

杨济源，浙江工业大学化学与材料工程学院化学工程模块 0701 班学生，天津蓟州区人。2009 年 12 月 31 日晚 22 时 38 分，在与小偷搏斗的过程中，杨济源不幸被小偷用刀捅伤，经医院抢救无效，于 2010 年 1 月 1 日凌晨不幸牺牲。正当辞旧迎新的时候，这个年仅 22 岁的大学生，以见义勇为的壮举给我们留下一个壮丽的背影。

“男人可以没才，可以没钱，但不可以没责任感。”这是杨济源在人人网上的最后签名。他的姐姐告诉记者：“这次我并不感到意外，他敢做敢当，无论在哪里发生这种事情，他都会这样挺身而出的。”杨济源把责任感看作男人最重要的品质，因此，当猖獗的小偷出现在他面前时，杨济源毅然决然地挺身而出，这种毅然决然正是源于他一生谨守的责任感和正义感。

在几天的采访中，杨济源的老师、同学、家人讲述了他对社会、对集体、对他人、对家人、对自己的很多“小事”，还原出一个践行责任、勇于担当的杨济源。

杨济源说：“为社会做好事，是我应尽的责任。”无偿献血、迎接地震灾区伤员、保护西湖环境……杨济源不断践行着对社会的担当。

杨济源的志愿者证上，一连串的红章是他关注社会、热心公益的最好见证。

资料来源：他用热血和生命诠释“责任”．零零教育信息网，2010-01-13.

（三）主动践行社会主义核心价值观，筑牢理想信念

当代中国已站在一个新的历史起点上，大学生正处于树立理想信念的关键时期，大学阶段所养成的性格特点、生活习惯将不可避免地被带入社会，从而影响人一生的成长和发展。大学生在大学阶段就要积极投身社会主义建设中，夯实专业基础，积极参与社会实践与志愿服务，在行动中完善品格，强化能力，践行理想。

1. 坚持不懈用新时代中国特色社会主义思想凝心铸魂

“志之所向，无坚不入”，远大的理想能使人明辨是非，德行高远，它是成就人生的基石和指南。“成功的道路是目标铺出来的。”如果人生没有目标，就好比在黑暗中远征。理想信念是大学生的精神支柱，是大学生安身立命之本。一个人追求的目标越崇高、越直接，他进步得就越快，对社会也就越有益。大学生“只有把人生理想融入国家和民族的事业中，才能最终成就一番事业”①。因此，大学生首先要自觉做共产主义远大理想和中国特色社会主义共同理想的坚定信仰者和忠实实践者。坚持学思用贯通、知信行统一，把新时代中国特色社会主义思想转化为坚定理想。② 其次要把“社会主义核心价值体系”作为个人道德修养的具体标准和基本要求，从我做起，从细微处做起，从现在做起，树立良好的人生观、价值观，把社会主义理想化为自己的价值追求、价值取向和价值目标，并坚定地为之努力奋斗。

知识链接

灯塔效应

心理学家曾经做过一个实验：组织 3 组人，让他们分别向 10 千米以外的 3 个村子进发。

① 中共中央文献研究室．习近平关于青少年和共青团工作论述摘编．北京：中央文献出版社，2017.

② 习近平．高举中国特色社会主义伟大旗帜，为全面建设社会主义现代化国家而团结奋斗：在中国共产党第二十次全国代表大会上的报告．中国政府网，2022-10-25.

第一组人既不知道村庄的名字，又不知道路程有多远，只告诉他们跟着向导走就行了。刚走出两三千米，就开始有人叫苦；走到一半的时候，有人几乎愤怒了，他们抱怨为什么要走这么远，何时才能走到头，有人甚至坐在路边不愿走了；越往后走，他们的情绪也就越低落。

第二组人知道村庄的名字和路程有多远，但路边没有记录路程的路标，只能凭经验来估计行走的时间和距离。走到一半的时候，大多数人想知道已经走了多远，比较有经验的人说："大概走了一半的路程。"于是，大家又簇拥着继续向前走。当走到全程的 3/4 的时候，大家情绪开始低落，觉得疲惫不堪，而路程似乎还有很长。当有人说"快到了"的时候，大家又振作起来，加快了前进的步伐。

第三组人不仅知道村庄的名字、路程，而且还知道公路旁每一千米就有一块记录路程的路标。大家边走边看路标，每缩短一千米便有一小阵的快乐。行进中他们用歌声和笑声来消除疲劳，情绪一直很高涨，所以很快就到达了目的地。

心理学家最后得出这样的结论：当人们的行动有了明确目标，并能把自己的行动与目标不断地加以对照，进而清楚地知道自己的行进进度与目标之间的距离，人们行动的动机就会得到维持和加强，就会自觉地克服困难，努力达到目标。

人生没有目标就容易失去方向，如同无舵之船、无缰之马，离成功只能越来越远。

2. 积极参加社会实践活动与志愿服务

"道不可坐论，德不能空谈"，大学生要做社会主义核心价值观的积极践行者，必须要重视笃行，要在社会实践活动中践行社会主义核心价值观，增加自己的才干和对社会主义核心价值观的认识和理解。践行社会主义核心价值观的过程，也是一个人加强修养、完善自我的过程。"天下难事，必作于易；天下大事，必作于细。"大学生要结合专业，从身边做起，主动参与社会活动，积极将社会实践与专业学习相结合、与服务社会相结合、与勤工助学相结合、与择业就业相结合、与创新创业相结合，尽己所能，为时代发展和社会需要服务。大学生要坚持由易到难、由近及远，努力把核心价值观的要求变成日常的行为准则，进而形成自己自觉奉行的信念理念。

案例

大学生志愿者艾科拜尔：爱了这座城，为了这座城

"请大家自觉按照防疫要求，不要聚集。如果遇到身体不适，请主动告诉社区……" 2020 年 8 月 3 日，手里拿着扩音器的艾科拜尔·艾买提来回走在乌鲁木齐市二道弯路 25 号院内，不停地向小区居民宣传防疫要求。

21岁的艾科拜尔在新疆轻工职业技术学院计算机网络技术专业就学，是一名大三学生。6月3日，根据学校统一安排，艾科拜尔到乌鲁木齐市天山区东莱园社区实习一年。

他在东莱园社区的主要工作是负责安全生产，他每天都要检查商户的灭火器具等。突如其来的疫情让艾科拜尔从一名大学实习生立刻转变成了站在疫情防控第一线的志愿者。

疫情发生后，乌鲁木齐市有超过21万名志愿者投身“爱在传递”防疫志愿行动，艾科拜尔就是其中之一。“现在防疫形势依然严峻复杂，不能有丝毫放松，更不能掉以轻心。我很想为这座城市做点什么。”艾科拜尔每天都会对他所服务的78户居民宣传防护知识和防疫要点。为了避免交叉感染，居民居家生活所需要的蔬菜、药品等都通过艾科拜尔一一送达。

为做好这些工作，艾科拜尔专门建了一个“二道弯路25号院居民群”的微信群，小区居民每天都会把需求发到群里，一天有近100单，艾科拜尔总会想办法完成。十几天来，这位工作认真负责的大学生志愿者得到了居民们的认可。

“看到居民宅在家中抗‘疫’，社区干部马不停蹄地忙碌，我相信这场疫情一定会很快过去，而且我也觉得，疫情让居民更加团结了，大家都慢慢懂得：只有万众一心，才能战胜疫情。”说完，艾科拜尔拿起装有新鲜蔬菜的塑料袋快步去往另一户居民家。

第二节 仓实基固 经世济民

凡治国之道，必先富民。

——《管子·治国第四十八》

一、经济安全的重要性

经世济民是我国古代圣贤对“经济”一词的理解。在我国古代，“经济”一词的原意是指“经邦济世”“经国济民”“治国平天下”的意思，其主要意指知识分子的社会责任。在现代，我国“经济”一词是引用日本人的翻译，现代学者对“经济”一词的解释不一而足。萨缪尔森认为：“经济学研究的是社会如何利用稀缺的资源以生产有价值的商品，并将它们分配给不同的个人。”同样，学者们对“国家经济安全”的含义也没有一致的认识。多数观点认为，国家经济安全应包含主权国家经济发展和经济利益不受内部或外部因素的破坏和威胁。随着经济全球化进程的加速，尤其是 20 世纪 90 年代三次大的金融危机之后，各国对经济安全问题更加重视。我国在党的十五大报告中指出：“正确处理对外开放同独立自主、自力更生的关系，维护国家经济安全”；第十六次全国人民代表大会报告中更是强调，在对外开放中，要“十分注意维护国家经济安全”；2014 年，总体国家安全观更是把经济安全纳入了国家安全的体系中，并指出经济安全是基础，说明了一国经济安全在整个国家的安全体系构建中的重要性。①

（一）国家经济安全是国家政治、军事、文化等其他安全的基础

经济发展是国家安全最终的依托和基础。无论是保证国家主权和领土完整的军事建设还是提高国民生活水平的政策实施，都离不开经济。经济发展水平体现了一个国家的经济实力，更是一个国家综合实力的体现。秦统一六国，根本原因在于秦国通过发展农业生产促进经济快速发展，具备了一统天下的实力。历史经验证明，经济实力是一个国家的底气，是屹立于世界之林的根本。随着经济的全球化发展，经济安全形势的严峻性日益凸显。经济全球化意味着国家之间的相互依存度持续增加，世界劳动分工和布局不断变化，这不仅限于国家间的经济交流，还涉及人员、文化等其他方面的交流。因此，经济安全不仅仅意味着国家经济利益不受威胁，还涵盖国家政治、军事、文化等其他领域的安全，国家经济安全不仅仅是自身安全的问题，它还与国际经济、政治紧密相连，国家经济安全具有整体性。

（二）国家经济安全是实现国际安全的基础

我国作为世界第一大外汇储备国、第二大经济体，是世界经济的发动机和稳定器。改革开放以来，我国对外贸易额不断增加，对世界贸易总量做出了重要贡献。2008 年以来，我国经济对世界经济增量的贡献率始终保持在 30％左右，尤其在几次大的世界金融危机中，我国金融的稳定对世界经济也起到了稳定作用。21 世纪以来，世界经济增长缓慢，尤其是 2020 年以来全球经济形势发生了重大变化，全球经济前景不确定性、不稳定性增强。在此形势下，我国经济平稳复苏，成为全球唯一实现经济正增长的主要经济体，为全球经济复苏提供了强劲驱动力。

---

① 刘跃进．非传统的总体国家安全观．国际安全研究，2014（6）．

（三）国家经济安全是社会稳定、强国富民的根本

对一个国家来说，经济利益是国家、民族赖以生存、发展、昌盛的最根本利益，在诸种国家利益中居于最主要地位，其他方面的利益则附属于经济利益。[①] 经济发展是强国富民的基础，经济弱则国弱，国弱则民困。晚清时期，割地赔款使国内经济一片萧条，军阀割据，民不聊生。“仓廪实而知礼节，衣食足而知荣辱。”经济发展与人们的生活水平息息相关，正是有了经济的迅猛发展，我国 14 亿人的温饱问题得到了基本解决，至 2020 年底实现了全部人口脱贫。随着经济的增长，我国的基础设施日趋完善，科技教育得到全面的发展，大多数人能够享受优质的医疗、教育等公共服务，人民生活水平有了大幅提高。

二、经济安全的主要内容

随着经济全球化的发展，影响经济安全的因素变得愈加复杂，研究国家经济安全问题应综合考虑国内和国际因素的影响。国家经济安全包含内生性国家经济安全和外生性国家经济安全。内生性国家经济安全是指当一国经济利益受到国内事件，如突发事件、自然或社会意外事件等威胁和影响的时候，国家抵御风险、处理危机、维护稳定经济秩序的能力。外生性国家经济安全是指由于外部因素引起的关于国家经济安全的问题。[②] 凡是对国家经济发展和经济利益有重大威胁的国内和国外不安全因素，都应属于国家经济安全领域。由于世界各国经济发展水平和经济环境有差异，因此现阶段不同国家的经济安全领域是不同的。

我国的经济安全具体包含以下四部分内容。

（一）国家经济安全的核心是经济制度安全

经济制度是社会经济活动的根本原则，是人们在社会经济活动中共同遵守的一种行为规范。国家经济安全与否在很大程度上取决于经济制度是否适合经济运行环境。20 世纪 90 年代末期的亚洲金融危机，暴露出东南亚国家在市场经济发展进程中金融监管制度的滞后和重大缺陷，被熟悉游戏规则的西方投机机构抓住了其金融体系的漏洞，直接结果是东南亚许多国家数十年的发展成果被席卷一空。2009 年，力拓间谍案导致我国经济损失惨重的主要原因是我国的经济安全制度残缺。[③] 十九届四中全会指出，我国基本经济制度是“公有制为主体、多种所有制经济共同发展，按劳分配为主体、多种分配方式并存，社会主义市场经济体制等社会主义基本经济制度，既体现了社会主义制度

---

① 陈必达，许月梅．国际政治关系的经济学论纲．世界经济与政治，1996（6）.

② 徐磊．对外投资经济安全法律问题研究．上海：华东政法大学，2017.

③ 袁天荣，曾浩．经济安全与制度变迁：理论与中国的现实．中南财经政法大学学报，2009（6）.

优越性，又同我国社会主义初级阶段社会生产力发展水平相适应，是党和人民的伟大创造”。社会主义道路的曲折性，必然使我国基本经济制度在实践中充满着风险，维护基本经济制度的安全是国家经济安全的重要内容。维护基本经济制度安全，实质上是坚持社会主义方向与发展经济的有机统一。

案例

力拓“间谍门”暴露全球化时代中国经济软肋

2009年7月5日，胡士泰等四名力拓雇员因涉嫌窃取中国国家机密被上海市国家安全局刑拘。据报道，胡士泰等人通过贿赂获得的机密信息，包括国内各大钢企的原料库存周转天数、进口矿需求、吨钢单位毛利、生铁的单位消耗等财务数据。

机密遭窃，让力拓摸清了中国钢铁业的谈判底线，中方被动不言而喻。自2002年以来，铁矿石价格飙升，除2007年的谈判中方居于主动外，其余年份均处于被动。测算显示，中方为此累计多支付7 000亿元。

资料来源：程刚．中国国家经济安全体系几为空白．中国青年报，2009－07－24（8）.

（二）国家经济安全的保障是经济秩序良好

经济秩序是指通过法律、经济伦理和行政手段建立起来的经济发展的基本规则。经济的良好发展必须要有好的经济秩序，建立安全有序的经济运行秩序是国家经济安全的保障，是社会主义市场经济平稳运行的基础，是实现社会公平、维护个体利益的保证。良好的市场经济秩序，对于发展社会主义市场经济，维持经济的有序协调运行，具有极其重要的作用。市场经济秩序通过市场法规有效地规范市场主体和市场交易行为，抑制和减少市场经济运行中的不可控因素，使市场有序运行；良好的市场经济秩序还能为各市场主体从事市场活动创造平等的法律环境。违反国家经济管理法规，破坏国家经济管理活动，破坏社会主义市场经济秩序，严重危害国民经济的行为均会被视为破坏社会主义市场经济秩序，比如制售假冒伪劣、仿冒专利、恶意囤积居奇，以及传销、非法集资、非法高利贷等行为。我国刑法明确规定，破坏社会主义经济秩序将入罪。

案例

以“炒外汇”名义非法集资

2017年年初至2017年7月间，被告人段某某在房间内摆放“某某资本集团”中国境内推广与服务业务的代理授权书，伙同刘某某等通过讲课、谈话等方式公开宣传

"某某资本集团"，介绍该公司系炒外汇、理财、投资分析的合法公司，投资款用于该集团炒外汇，客户可得高息红利。经查证该"某某资本集团"投资业务并未获得有关部门依法批准。经被告人段某某等人介绍，投资群众通过网络注册为"某某资本集团"会员并签订"年度合作框架协议"，其中部分群众直接将款项汇至段某某等指定的"某某资本指定账户"。经司法鉴定，报案金额为 2 067 余万元。2021 年 9 月，判决被告人段某某构成非法吸收公众存款罪。

资料来源：三大非法集资典型案例．澎湃新闻，2023-06-13.

（三）国家经济安全的前提是经济发展安全

国家经济安全需要有一定的外部条件和经济环境，有效防范和化解经济发展中存在的各类风险与危机是国家经济安全的前提。历史证明，世界上每次经济危机，都不可避免地造成社会财富的巨大浪费和生产力的严重破坏。尤其是随着经济全球化，金融成为国民经济、对外国际关系的核心内容，金融更加深刻、全面地影响着国家经济。有观点认为，金融危机很大程度上会导致经济危机，因此金融危机的出现将会对国家经济安全甚至对整个国家的安全产生巨大的危害。自 17 世纪以来，全球范围内发生了 9 次波及范围巨大、影响深远的金融危机，这些危机发生时都给社会经济运行造成了巨大混乱，并对后世产生了深远影响。首先，金融危机的出现会影响国内正常的经济秩序及金融秩序，造成金融制度运转混乱，对经济的发展产生阻碍。其次，金融危机会影响国民就业。再次，金融危机会造成严重的社会危机，不利于政治格局的稳定。最后，在金融危机下，发展中国家会出现财富外流的情况。[①] 因此，有效防范和化解金融危机，保证金融体系的安全、高效、稳健运行，对经济全局的稳定和发展至关重要。

案例

1929 年美国股市大崩盘

1929 年 10 月，美国纽约证券交易市场出现了抛售股票浪潮，股票价格大幅度下跌。到 10 月 24 日，谣言四起，造成金融不稳，被吓坏了的投资者命令经纪人抛售股票，导致美国股市崩溃。10 月 29 日，纽约证券交易所里所有的人都加入了抛售股票的狂潮之中。股指从之前的最高点 363 点骤然下跌了 40%。这是美国证券史上最黑暗的一天，是美国历史上影响最大、危害最深的经济事件，影响波及整个世界。此

① 许超贤．我国在金融危机方面的防范策略探讨．时代金融，2019 (17).

后，美国和全球进入了长达 10 年的经济大萧条时期。引发美国股市大崩盘的 1929 年 9—10 月后来被形容为“屠杀百万富翁的日子”。在危机发生后的 4 年内，美国国内生产总值下降了 30%，投资减少了 80%，1 500 万人失业。

（四）国家经济安全的柱石是经济主权安全

经济主权是国家根据不同的经济发展阶段，自主制定相应的经济发展战略和各种保护民族经济的有序、健康发展的法律和政策的权力，是国家用以保护本国经济发展的最高权力。经济主权对内表现为：符合本国国情的经济制度以及政治、社会和文化制度的主权权力；对本国境内的全部财富、自然资源和一切经济活动享有的永久主权，包括拥有权、使用权和处置权。对外表现为：在国际经济秩序中，具有平等的参与权和决策权。经济主权是实现国家利益的前提和捍卫国家经济安全的柱石，经济安全的获得为经济主权的维护打下了坚实的基础。经济安全的表现形式之一就是经济主权的独立。经济主权的被干预和限制会对经济安全带来严重的危害。①

三、我国经济安全面临的威胁与挑战

（一）外部挑战

世界政治经济形势异常复杂，充满不确定性、风险性，特别是美国政府推行美国优先战略、贸易保护主义、单边主义、霸权主义发展路线，威胁世界经济和他国经济安全。

1. 国际经济金融秩序动荡

当前国际格局和国际体系正在发生深刻调整，全球治理体系正在发生深刻变革，世界面临“百年未有之大变局”。2018 年，世界发生了一系列“黑天鹅”与“灰犀牛”事件，爆发了有史以来最大规模的全球贸易摩擦，全球经济秩序与结构都处于混乱动荡之中，这种混乱动荡不会在短期内尘埃落定，在一种具有长期稳定性的全球经济新结构形成之前，会经历不断的博弈、磨合、讨价还价，会有相当长时间的混乱与无序。党的二十大报告指出：“各种‘黑天鹅’、‘灰犀牛’事件随时可能发生。我们必须增强忧患意识，坚持底线思维，做到居安思危、未雨绸缪，准备经受风高浪急甚至惊涛骇浪的重大考验。”伴随我国金融开放和金融全球化，国际资本流动增大，自 1992 年以来，我国一直是吸引外资的最大发展中国家，2022 年我国实际使用外资以人民币计首次超过 1.2

---

① 陈贵华．试论经济主权与经济安全之差异及联系．华中农业大学学报：社会科学版，2001（1）．

万亿元。任何一个国家或地区的金融动荡都可能会影响到我国的金融稳定与安全。另外，国际游资对我国金融安全存在潜在威胁，当前我国的金融法规尚不健全，安全监管能力不足以应付外界风险，一旦大量的国际游资冲击国内市场，势必会造成金融秩序混乱，引发金融恐慌。

2. 国际经济新秩序的建立

随着经济全球化的发展，各国间经济的相互依存度日益增加，同时全球经济复苏进程中的风险也在积聚，保护主义、单边主义明显抬头，各国相互间的矛盾冲突日益增强，这就需要对各国间的贸易、金融等经济关系进行重新调整，促进世界经济平等、快速、可持续发展，建立国际经济新秩序。革除旧的国际经济秩序，建立新的国际经济秩序是一个长期而且充满艰辛曲折的过程，在国际经济新秩序提出后近半个世纪都没有得到实现，其原因在于：首先，旧的国际经济秩序已经制度化、稳固化，成为世界各国经济不可缺少的基础。其次，发达国家作为旧的国际经济秩序的受益者和操纵者，它们不会轻易放弃旧的国际经济秩序，甚至会顽强抵制国际经济新秩序。在国际经济格局巨变之下，建立国际经济新秩序是我国国际经济政策和战略的重要主张。

（二）内部威胁

1. 金融安全风险

我国经济中风险最大的领域就是金融领域。当前，金融风险易发高发，虽然系统性风险总体可控，但不良资产风险、流动性风险、债券违约风险、外部冲击风险、房地产泡沫风险、地方政府债务风险、互联网金融风险等不容忽视。① 目前我国金融监管不够完善，金融机构违法现象频发。如山西金融诈骗案、中国银行哈尔滨高山案等。其次是国有银行大量的不良债权。银行不良贷款关系到我国金融乃至经济的稳定，影响着我国经济的安全。四大国有银行的巨额呆账、坏账一直居高难下。从上市银行 2022 年的年报数据看，22 家银行年末不良率为 1.30%。2022 年房地产贷款不良率出现较明显的上升。其中，中国银行对公房地产贷款不良率由 5.05%提升 2.18 个百分点达到 7.23%，农业银行房地产贷款不良率也提升 2.09 个百分点达到 5.48%，工商银行不良率也由 4.79%抬升至 6.14%。建设银行房地产贷款不良率增幅最大，由 2021 年的 1.85%增至 4.36%，提高了 2.51 个百分点。② 1998 年东南亚发生金融危机，最主要的触发原因是银行呆账、坏账比率太高。

---

① 中共中央宣传部，中央国家安全委员会办公室．总体国家安全观学习纲要．北京：学习出版社，人民出版社，2022.

② 中农工建四大行房地产贷款不良率大增！一文读懂 22 家上市银行年报．新金融观察，2023-04-06.

案例

违规放贷屡禁不止　凸显银行内控管理漏洞

某银行近年来连续向一些关联企业集团或“系”提供违规融资，其中向陈某某关联企业违规放贷，涉及15户关联企业，逾6亿元，已经全部形成不良贷款。

造成不良贷款发放的原因主要包括三方面：首先，严重管理失职或监督不到位。企业融资管理混乱并非一日之疾，作为放贷银行上级部门的各省市分行不能及时发现企业经营异常，明显存在监管缺失。同时，银行审计部门没有尽到内部审核责任，也应承担监管失职之责。尤其在违规放贷问题暴露后，该银行还打算在内部账务上进行源头“抹平”，这属于明目张胆掩盖不良贷款真实性的违规行为。其次，信贷内控制度不落实或流于形式，未对陈某某关联企业账户融资余额进行控制，致使其贷款余额逐年递增。最后，企业贷款风险暴露后意欲掩盖。银行对风险也不是没有发觉，但发现问题之后迫于各种原因或压力，不仅没有采取及时止损的措施，反而欲盖弥彰，将风险深深隐藏。

资料来源：王锐．违规放贷屡禁不止．上海金融报，2019-02-15.

2. 产业结构与市场安全风险

改革开放以来，伴随外资的大量引入，外资投资我国产业不均衡导致我国产业结构出现不平衡发展。较高的外贸依存度导致我国经济对国际市场的依赖度不断提高，国内经济容易受到世界经济的冲击。如1980年至1990年，我国外贸依存度由12.6%上升到30%，1990年至2000年，我国外贸依存度上升到39.6%，十年间提高了约10个百分点，2001年至2005年外贸依存度上升到63.9%，5年间提高了约24个百分点。我国的外贸依存度已经超过了世界平均水平，而且远远高于美国、日本、印度、巴西等经济大国。近年来，随着产业结构调整，经济体制逐步完善，我国外贸依存度比例逐渐降低，2022年我国的外贸依存度由过去的60%以上下降到35.2%。我国逐步通过扩大内需政策降低对国外市场的依赖性，降低市场安全风险。

3. 战略资源安全存在风险

习近平总书记指出，抓住能源就抓住了国家发展和安全战略的“牛鼻子”。能源安全是关系国家经济社会发展的全局性、战略性问题。经过长期发展，我国已成为世界上最大的能源生产国和消费国，形成了煤炭、电力、石油、天然气、新能源、可再生能源全面发展的能源供给体系，但也面临着能源需求压力巨大、能源供给制约较多、能源生产和消费对生态环境损害严重、能源技术水平总体落后、部分能源对外依存度高等挑战。①

① 中共中央宣传部，中央国家安全委员会办公室．总体国家安全观学习纲要．北京：学习出版社，人民出版社，2022.

就目前而言，我国的资源需求远远大于资源供给，能源需求对外依存度较大。2022 年我国石油消费达到 7.19 亿吨，进口的石油高达 5.08 亿吨，我国对外国的石油依存度为 70.6%。此外，我国石油资源进口渠道单一。我国资源需求受国际资源市场影响较大的现状，严重影响了我国的经济安全。

4. 经济信息安全风险

随着经济全球化的不断发展，我国金融业的信息化工作得到快速发展，信息技术风险成为影响金融安全的重要方面。针对数据的攻击、窃取、滥用、劫持等活动持续泛滥，并呈现出产业化、高科技化和跨国化等特性。据国际网络安全风险投资公司数据显示，2020 年网络风险估计给全球带来 6 万亿美元损失①，并且这一数字将不断以指数级的趋势增长。数据泄露是现代网络的核心风险，根据 IBM 的《2021 年数据泄露成本报告》，一个企业数据泄露的全球平均总成本为 424 万美元，每份丢失或被盗记录的平均成本为 150.8 美元。截至 2021 年第三季度，数据勒索赎金支付额的中位数已经增至 71 674 美元，增幅达 52.5%，而由于缺乏足够的备份数据能力或财务资源，中小企业在受到勒索软件攻击后很难实现全面恢复。②

四、维护我国经济安全的途径与方法

在全球化背景下，资源与市场的争夺日趋白热化，国家经济安全风险加大。维护国家经济安全要从坚持社会主义基本经济制度、构建高水平社会主义市场经济体制、维护经济主权安全、稳定经济发展安全几方面入手。

（一）坚持社会主义基本经济制度

从根本上说，经济安全是由经济制度和经济发展体制性质决定的。原始社会、奴隶社会经济制度落后，其经济安全性极其脆弱。封建社会的经济制度虽然较以前社会大幅提高了经济安全性，但仍然严重受制于自然资源条件，一旦遇上自然灾害、战争等外部冲击，就会濒于崩溃。新中国成立后，中国共产党的领导和社会主义制度为确保国家政治经济安全奠定了制度基础。③ 党的十五大总结了我国改革开放的实践经验，提出“公有制为主体、多种所有制经济共同发展，是我国社会主义初级阶段的一项基本经济制度”。我国社会主义市场经济体系在这一基本经济制度的基础上迅猛发展，经济社会发

① 张凯．金融数据治理的突出困境与创新策略．西南金融，2021 (9).

② 唐金成，莫赐聪．数字经济时代网络安全保险创新发展研究．西南金融，2022 (1).

③ 夏先良．社会主义开放经济体制的构建与中国国家经济安全．安徽师范大学学报：人文社会科学版，2020 (3).

展取得了长足的进步。尤其2020年以来，世界经济衰退，全球一体化进程严重受挫。联合国贸易和发展组织表示，2020年全球经济大幅收缩。我国成为全球唯一实现经济正增长的主要经济体。2020年我国“交出了一份人民满意、世界瞩目、可以载入史册的答卷”。这份答卷体现了我国“公有制为主体、多种所有制经济共同发展”基本经济制度的优势，公有制经济的主动担当、社会保障体系的精准施策，为夺取防疫和经济发展的双胜利提供了强大的资金、物资和人力资源保障。公有制为主体、多种所有制经济共同发展的基本经济制度，是中国特色社会主义制度的重要组成部分，也是完善社会主义市场经济体制的必然要求。我们党在坚持基本经济制度上的观点是明确的、一贯的，从来没有动摇。我国公有制经济是长期以来在国家发展历程中形成的，积累了大量财富，这是全体人民的共同财富。基本经济制度是我们必须长期坚持的制度。

（二）构建高水平社会主义市场经济体制

任何一个组织、个人都有自己的行动规则，任何一个社会的经济活动，也都会自然形成一些规范或遵循某种规矩。在这种实证的意义上，每个社会都有自己的“经济秩序”。社会主义市场经济运行中的主要关系是政府和市场的关系。在政府和市场的关系中，要进一步明确市场在资源配置中起决定性作用，但同时要更好地发挥政府的作用。我国建立社会主义市场经济体制以来的实践证明，市场经济的正常运转要发挥“两只手”的作用，就是市场机制对资源配置的调节作用和国家宏观调控的作用，只有发挥好市场经济和社会主义基本制度两方面的优势，才能提高经济运行效率。建立中国特色社会主义市场经济秩序，既是一项长期的战略任务，又具有现实紧迫性。从目前的情况来看，有两个问题显得特别突出：一是要真正确立经济领域法律体系。市场经济秩序要靠外在力量即国家建立相应的法律、法规、规章进行约束，只有建立中国特色社会主义市场经济法律体制与体系，加强法律的有效执行，才能保障市场的公平与效率。通过吸收、引进、借鉴，建立一套符合国际惯例的、与市场运行相适应的市场规则和法律体系，使整个经济运行有一个健全而科学的法制基础。二是要确立经济领域监督体系。加强货币金融体系、财政税收体系、公共簿记统计体系等宏观监督调控基础设施的现代化建设，既是我国经济发展的客观要求，又是确立社会主义市场经济秩序的必要条件。

（三）维护经济主权安全

1. 强化主权意识

经济主权原则是国家间经贸往来的基本准则，我国要坚持国家对资源的主权权力、国家对境内的外国投资及其活动实行监管的权力、国家自主制定合乎国情和国家利益的经济政策的权力等。

2. 坚持主权平等的原则，在国际交往中要求平等参与权和决策权

积极参与国际机制的建立和健全工作。树立全球意识，积极参与国际合作与竞争，积极参与国际机制及其游戏规则的制定。同时，积极运用国际条约和规则，以应对经济强势国家的经济霸权。

3. 积极谋求国际合作

通过国际合作争得制定国际规则的话语权，更好地维护国家经济主权。通过改善自己在国际经济中的地位，为维护经济主权创造良好的国际环境。

（四）稳定经济发展安全

1. 改善和优化经济发展环境，防范金融安全风险

加快建设现代化经济体系，着力提高全要素生产率，推动经济实现质的有效提升和量的合理增长。深化金融体制改革，建设现代中央银行制度，加强和完善现代金融监管，强化金融稳定保障体系。① 要科学防范金融风险，加强金融法治建设，着力深化金融改革，加强金融监管，科学防范风险，强化安全能力建设，不断提高金融业竞争能力、抗风险能力、可持续发展能力。②

2. 加强经济信息安全

提高全体国民的信息安全意识，制定适合本国的技术标准和政策法规，加强对信息泄密者的认定工作并加大打击力度，提高信息安全管理水平；加快发展我国信息安全技术，充分掌握具有自主知识产权以及核心技术的高新科技，提高信息安全的主动权；加强网络安全设施建设，形成完整的信息管理系统。

3. 进一步深化经济体制改革，建设现代化产业体系

通过深化经济体制改革，促进企业合理竞争，加快产业整合，形成适合我国产业技术特点和我国经济发展阶段的产业组织结构；通过重点发展高新技术产业，提高国际竞争力，加快产业升级；提高引进外资的技术含量，注重引进高新技术产业和高附加值服务业，促进产业结构升级。

4. 大力开发和推广新能源技术，增强战略资源安全

立足本国优势资源，改变传统煤炭加工使用技术，开发和推广清洁煤技术，发展大型清洁型煤炭加工和使用工业；降低石油在能源消费中的比重，积极开发成熟和稳定的

---

① 习近平．高举中国特色社会主义伟大旗帜，为全面建设社会主义现代化国家而团结奋斗：在中国共产党第二十次全国代表大会上的报告．中国政府网，2022-10-25.

② 中共中央宣传部，中央国家安全委员会办公室．总体国家安全观学习纲要．北京：学习出版社，人民出版社，2022.

替代性能源，大力发展核能、太阳能和生物质能等新能源技术；健全我国石油储备体系，增强能源安全保障；全面推进资源节约，开展节能降耗工作。

课后训练与活动

1. 思考题

（1）政治安全、经济安全在国家安全中的地位和作用是什么？

（2）从意识形态的角度分析政治安全、经济安全与国家安全的关系。

（3）我国经济安全面临的主要威胁是什么？如何应对？

2. 活动与训练

（1）开展以“政治安全在身边”为主题的调查活动，对大学生政治安全现状进行调查，并提出大学生维护政治安全的建议。

（2）结合“国家安全教育日”开展安全教育宣传活动。

第三章

强化国防力量　健全安全体系

知识结构（思维导图）

- 强化国防力量 健全安全体系
  - 强国强军　军强国安
    - 军事安全的重要意义
    - 军事安全的主要内容
    - 我国军事安全面临的主要威胁与挑战
    - 维护军事安全的途径与方法
  - 科技兴国　创新强国
    - 科技安全的重要价值
    - 科技安全的主要内容
    - 我国科技安全面临的主要威胁与挑战
    - 维护新时代科技安全的途径与方法
  - 文化自信　文化自强
    - 文化安全的重要性
    - 文化安全的主要内容
    - 新时代大学生文化安全面临的主要威胁与挑战
    - 大学生维护文化安全的途径与方法
  - 和衷共济　天下为公
    - 社会安全的重要意义
    - 社会安全的主要内容
    - 新时代我国社会安全面临的威胁与挑战
    - 维护社会安全的途径与方法

学习目标

1. 了解军事安全、科技安全、文化安全、社会安全是国家安全的重要保障。
2. 熟悉军事安全、科技安全、文化安全、社会安全的主要内容。
3. 掌握军事安全、科技安全、文化安全、社会安全面临的威胁与挑战。
4. 能够学会维护军事安全、科技安全、文化安全、社会安全的主要途径与方法。
5. 培养自觉维护军事安全、科技安全、文化安全、社会安全的意识。
6. 树立科学的军事安全、科技安全、文化安全、社会安全观念。

总体国家安全体系是秉承国家利益至上的体系，是以人民安全为宗旨的体系。在筑牢政治安全、经济安全的基础上，仍需巩固军事安全、科技安全、文化安全、社会安全等防线，为国家安全提供切实保障。作为肩负维护国家安全重任的新时代大学生，深入了解和学习军事安全、科技安全、文化安全和社会安全必不可少。

军事安全、科技安全、文化安全、社会安全是总体国家安全观的重要内容，这四个要素相互交织、相互融合、相互依赖、相辅相成。总体国家安全观随着时间推移主要分为传统安全和非传统安全两部分，军事安全隶属于传统安全领域，是国家安全的前提和根本保障，为国家安全提供支柱和坚强后盾。科技安全、文化安全、社会安全是非传统的新型安全领域。科技安全是支撑国家安全的重要力量和物质技术基础。文化安全是现存文化特质的保持与延续，是国家安全的重要组成部分，为国家安全保驾护航。社会安全是保障和改善民生，维护国家安全和社会稳定的重要内容。军事安全、科技安全、文化安全、社会安全为国家安全提供重要保障。

第一节　强国强军　军强国安

兵者，国之大事，死生之地，存亡之道，不可不察也。

——《孙子兵法》

军事安全自古以来一直是国家安全体系中最重要的组成部分之一。我们从军事安全的重要意义、军事安全的主要内容、我国军事安全面临的主要威胁与挑战、维护军事安全的途径与方法等方面介绍军事安全的相关内容。

一、军事安全的重要意义

（一）军事安全是国家安全的重要内容和关注焦点

随着国家的产生和发展，军事安全作为保障国家不受外部军事入侵和战争威胁的重要因素，被认为是整个国家安全的核心，是我国总体国家安全观的重要内容。就国家的本质和国际关系而言，军事是保障国家安全的武装力量，军事安全主要是维护国家领土、主权的完整和统一，不受外国的侵略和敌对势力的分裂。军事安全是维护国家安全和社会稳定的强有力的基本前提。维护国家主权和领土完整是军事安全的首要问题。①

① 徐则平．国家安全理论研究．贵阳：贵州大学出版社，2009.

尽管以军事安全为主要内容的传统安全观已发生变化，以政治、军事为主要内容的国际竞争让位于以经济、科技为核心的综合国力的竞争，但这并不意味着军事安全不重要。特别是近年来，军事因素的作用再度凸显。军事手段始终是维护国家安全的保底手段，直接关系着国家的生死存亡和长治久安。没有一个巩固的国防，没有一支强大的军队，和平发展就没有保障。

（二）军事安全是其他一切安全的重要保证

军事安全与政治安全、经济安全等一样，都是总体国家安全体系中不可或缺的因素。中国近现代史沉痛的教训告诉我们，没有强大的军事安全，经济的发展、社会的进步等都会化为乌有。军事安全还是解决国家安全问题最权威的手段，是国家地位、国家利益的重要支持，是其他安全的保障。军事安全涉及的不仅仅是军事领域自身安全，还是国家安全的基石，覆盖和保障国家政治、经济、文化等方方面面。军事安全在整个国家安全体系中发挥着至关重要的支柱和保障作用，为政治安全、经济安全等的平稳运行和发展提供稳定的和平环境。虽然当前国家安全的内涵和外延比历史上任何时候都要丰富，但是军事安全的重要性依然不可替代。新形势下的军事安全，要在总体国家安全观的指导下，更新战略思维，不断提升国家安全保障能力，加快推进国防和军队现代化建设，全面提升打赢能力，为国家长治久安和中华民族伟大复兴提供强有力的支撑。①

二、军事安全的主要内容

军事安全主要是指主权国家如何对付来自外部的战争威胁和军事入侵，确保国家领土、领空、领海等主权不受外敌侵犯，维护国家的主权完整和长治久安，保卫人民的生命财产，为国家发展和人民生活提供一个相对稳定的内部和外部环境。军事安全有非常广泛的内容。在宏观层面，军事安全主要包括国家在客观上是否存在外敌入侵和内部动乱的军事威胁、国家在主观上是否具有军事安全感、国家是否拥有维护国家安全的军事手段和军事能力。在微观层面，军事安全主要包括军队安全、军人安全、军纪安全、军备安全、军事设施安全、军事秘密安全、军事信息安全、军事工业安全、军事活动安全等。

（一）军队安全

军事安全首先就是军队安全，军队一直以来是军事活动的主体和根基。军队安全是军事安全中最基本、最核心的内容。军队承担着对外抵抗侵略、对内巩固政权的职责。军队安全就是负责国家对外防御、保障国家安全的武装力量不受威胁和侵害。

---

① 闫聪慧．习近平总体国家安全观探析．武汉：华中师范大学，2015.

（二）军人安全

军人个体组成了群体性的军队。因此，军人安全既是军队安全的主要内容，也是军事安全的重要内容。从古至今，由于军人肩负着保卫国家安全、保卫国民安全的重任和职责，军人安全比一般国民安全更受重视，军人安全及其各方面权益的保障，在我国和许多国家都有明文法律规范。

知识链接

《中华人民共和国退役军人保障法》

《中华人民共和国退役军人保障法》于2020年11月11日第十三届全国人民代表大会常务委员会第二十三次会议通过。该法共有10章、85个条款，涉及总则、移交接收、退役安置、教育培训、就业创业、抚恤优待、褒扬激励、服务管理、法律责任、附则等。

第5条 退役军人保障应当与经济发展相协调，与社会进步相适应。

退役军人安置工作应当公开、公平、公正。

退役军人的政治、生活等待遇与其服现役期间所做贡献挂钩。

国家建立参战退役军人特别优待机制。

《中华人民共和国国防法》

《中华人民共和国国防法》于1997年3月14日第八届全国人民代表大会第五次会议通过。该法根据2009年8月27日第十一届全国人民代表大会常务委员会第十次会议《关于修改部分法律的决定》修正，根据2020年12月26日第十三届全国人民代表大会常务委员会第二十四次会议的决定修订。

第62条 军人应当受到全社会的尊崇。

国家建立军人功勋荣誉表彰制度。

国家采取有效措施保护军人的荣誉、人格尊严，依照法律规定对军人的婚姻实行特别保护。

军人依法履行职责的行为受法律保护。

第63条 国家和社会优待军人。

国家建立与军事职业相适应、与国民经济发展相协调的军人待遇保障制度。

第64条 国家建立退役军人保障制度，妥善安置退役军人，维护退役军人的合法权益。

（三）军纪安全

军纪包括军队纪律和制度。军队是一种不同于其他社会组织的特殊社会组织，严明的军纪是军队战斗力的制度保障。在中外历史上，能征善战的军队多是军纪严明的部队。从红军、八路军、新四军到解放军，人民军队在战争与和平时期都非常重视军队制度和纪律的建设与执行，必须服从服务于党的历史使命，把握新时代国家安全战略需求，为巩固中国共产党领导和我国社会主义制度提供战略支撑，为捍卫国家主权、统一、领土完整提供战略支撑，为维护我国海外利益提供战略支撑，担当起党和人民赋予的新时代使命任务。① 我国军队目前面临的重要政治任务，就是强化军纪安全，保持和提高军队战斗力的紧迫需要。

（四）军备安全

军备安全即军事装备安全。随着生产力发展特别是技术进步，军事装备一直都在不断发展。军事装备是军队战斗力的物质保障，军事装备安全是军事安全的基础。军队的战斗力及战争的进程与结局，不仅受军事装备优劣的影响，而且受军事装备使用、管理、保障好坏的影响。军事装备范围如表 3-1 所示。

表 3-1　军事装备范围

类型	武器装备	后勤物资
具体内容	枪支弹药、火炮、车辆、舰船、飞机等直接用于作战的武器装备	卫星、通信器材、粮草被服、医疗体系等
备注	不包括军事设施	

（五）军事设施安全

军事设施是军队履行职能的重要依托，是国防实力和军队战斗力的重要组成部分，其内容如表 3-2 所示。军事设施安全是军事安全的重要组成部分，其状况直接影响军事安全、国防安全和国家安全。当前，分布在我国城乡的军事设施，其安全状况面临空间不足等系列挑战。如在军事设施安全距离之内所建的楼房、厂房，给军事设施带来了较大的安全隐患，影响甚至严重影响军事秘密保护及军事设施效能的发挥。为此，我国制定了《中华人民共和国军事设施保护法》，该法首次明确了军事禁区、军事管理区、军事禁区外围安全控制范围、作战工程安全保护范围的划定标准。对于近年来核心要害军事设施安全环境恶化、军用机场净空环境受损严重、军用电磁环境破坏严重等问题，

① 中共中央宣传部，中央国家安全委员会办公室．总体国家安全观学习纲要．北京：学习出版社，人民出版社，2022.

也从法律责任上作了明确规定，强化了军事设施的安全保护。

表 3-2　军事设施的内容

类型	军事目的建筑	场地	设备
具体内容	军事指挥工程、作战工程、防护工程等	军用机场、码头、训练场、仓库、营房等	国防通信线路等

案例

张某某破坏军事通信案

被告人张某某组织工人对某招待所楼顶太阳能进行拆除时，将中国人民解放军某部队的军事通信光缆损毁，造成军事通信阻断。随后部队维护人员赶到现场进行紧急抢修并告知张某某待军事通信光缆损毁事宜处理完后再行施工。后张某某自行组织工人再次施工，并再次将同一位置的军事通信光缆损毁，造成军事通信阻断。张某某在明知是军事通信光缆且在未向部队报告取得同意的情况下，擅自对损毁的光缆进行熔接，造成国防通信线路中断 120 分钟，经鉴定两次损毁的军事光缆恢复费及线路中断造成的阻断费合计人民币 294 300 元。

法院认为，被告人张某某作为施工管理人员，明知是军事通信设施，仍然违章作业造成军事通信线路损毁，并私自熔接该通信线路，致使军事通信中断，其行为已构成破坏军事通信罪。鉴于张某某到案后如实供述自己的罪行，部队的经济损失已得到赔偿，故予以从轻处罚。依照《中华人民共和国刑法》相关规定，对张某某以破坏军事通信罪判处拘役三个月。

资料来源：全民国家安全教育典型案例及相关法律规定．最高人民法院官网，2019-04-15.

（六）军事秘密安全

军事秘密是国家安全的保证，是国家秘密的重要组成部分，关系国家军事利益。在战争和军事之争的地域，军事秘密安全越发凸显。我国颁布了《中华人民共和国保守国家秘密法》等法律法规，从法律层面进行军事安全的保障。其中《中国人民解放军保密条例》规定："全军所有单位和人员都有保守军事秘密的义务。""军队保密工作的基本要求是：控制知密范围，防范窃密活动，消除泄密隐患，确保军事秘密安全。"当前，某些军人、青少年由于缺乏军事安全意识，不经意间泄露军事秘密，或者为了经济利益和其他目的窃取和出卖军事秘密，也在不断损害我国的军事安全。

军事场所手机勿入内

（衡水学院　董玉森绘制）

此外，军事信息安全、军事工业安全、军事活动安全等，已成为我们在全球进入信息时代、世界经济一体化、构建人类命运共同体等时代背景下军事安全的新内容，尚需要努力走出一条有中国特色的军事安全道路。[①]

三、我国军事安全面临的主要威胁与挑战

新时代中华民族迎来了全面振兴的关键时期，国际形势风云变幻，国内改革进入攻坚期，而战争形态随着信息技术革新开始质变。当前和今后一定时期，我国国家安全特别是军事安全形势仍然相当严峻。

（一）全球仍存在诸多矛盾与纷争

虽然和平与发展是当今时代的主题，但影响和平与发展的不确定因素仍然存在，不公正不合理的国际政治经济旧秩序仍未根本改变，国际关系民主化远未实现，一些地区因民族、宗教、领土、资源等问题引发的争端此起彼伏，武装冲突和局部战争不断发生，恐怖主义、跨国犯罪、环境恶化、毒品、疫情等非传统安全问题日益突出，尤其是恐怖主义已对国际和地区安全构成现实威胁。[②]

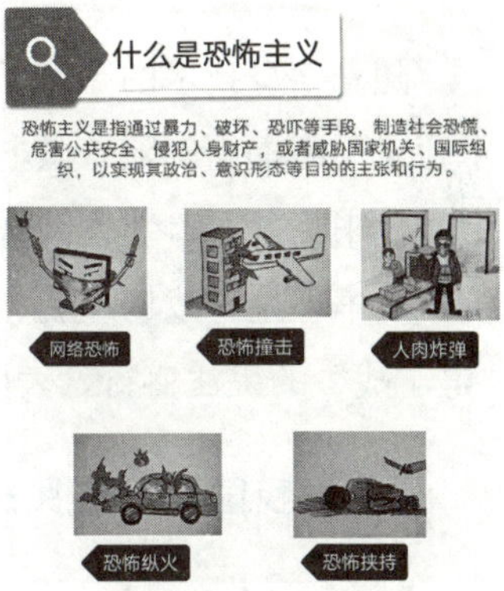

什么是恐怖主义

（衡水学院　董玉森绘制）

（二）我国国家安全的自然环境十分复杂

我国邻国众多，且仍然存在着边界分歧、海洋权益、地区冲突等诸多地区热点问题。这些热点问题与其他矛盾交织在一起，就可能在我国周边引起战火，成为我国军事安全领域的重大威胁。

（三）外国对我国进行军事干预的可能性增加

尽管世界多极化的趋势不可逆转，但形成多极所必需的相互制衡关系及力量还远未形成，维护单极秩序与推进多极格局的斗争还相当激烈，霸权主义和强权政治、单边主义、保护主义、霸凌行径等依然存在。“人权高于主权的新干涉主义政策”，敌对势力加紧实施“政治转基因”工程，极力鼓吹“军队非党化、非政治化”和“军队国家化”[③]，“西化”“分化”我国的图谋等，进一步加大了外国部分势力对我国进行军事干预的可能性。

---

① 刘跃进．我国军事安全的概念、内容及面临的挑战．江南社会学院学报，2016，9（3）.

② 于巧华，周碧松．军事安全．西安：陕西人民教育出版社，2006.

③ 中共中央宣传部，中央国家安全委员会办公室．总体国家安全观学习纲要．北京：学习出版社，人民出版社，2022.

（四）全球新一轮军备竞赛直接对我国军事安全构成威胁

近年来，全球新一轮军备竞赛抬头，主要国家和地区的军费普遍增加。近年来的军费支出和军火贸易中，东亚地区仅次于中东，成为军备竞赛的热点地区。与我国有领土、领海纠纷的一些东亚国家也趁机鼓吹“中国威胁论”，借机发展自己的军事力量，使我国周边的军备竞赛可能形成恶性循环，打破全球和地区战略平衡，对全球和东亚地区的军备竞赛起到推波助澜作用，直接对我国造成军事压力。①

（五）面临军事革命和高技术局部战争的挑战

随着信息技术的飞速发展，全球范围内新一轮的军事革命全面展开，军事科学的技术含量不断提高。随着微电子技术、纳米技术、量子技术等高技术的广泛应用，知识军事时代来临，军事装备领域出现了革命性变化。军事装备变化又引起军事建制、指挥系统、战争理论、战场风貌、战争形态等众多领域的连锁反应。近年来，有关“信息战”“电子战”的提法盛行，表明新时代军事革命是我们必须面对的紧迫问题。

（六）我国仍面临民族分裂主义的威胁

目前，“台独”势力仍企图将台湾从中国分裂出去；在西藏、新疆等西部地区，分裂主义势力仍不可小视，对我国的统一和社会稳定构成严重威胁，国际上的一些反华势力也可能以台湾问题等为借口武力干预，对我国军事安全形成严重威胁。②

四、维护军事安全的途径与方法

正是因为新时代我国仍处于军事安全的种种威胁和挑战环境下，所以作为新时代大学生，身为社会主义事业的建设者和接班人，我们要不断充实和提升自己，了解和掌握增强军事安全的途径与方法，助力建军一百年奋斗目标的实现。

（一）服从国家军事安全大局

当今时代，军事安全必须服从政治的需要，服从国家安全大局的需要。我们要坚持以人民安全为宗旨、以政治安全为根本、以经济安全为基础、以军事科技文化社会安全为保障、以促进国际安全为依托统筹外部安全和内部安全、国土安全和国民安全、传统安全和非传统安全、自身安全和共同安全，统筹维护和塑造国家安全，建设更高水平的

---

① 马汉华．综合安全21世纪新话题．北京：解放军文艺出版社，2002.

② 吴兴佐．我国军事安全面临的挑战及思考．国家安全通讯，2000（4）.

平安中国，以新安全格局保障新发展格局。维护军事安全更需要具有宏观的视野，需要我们大学生多涉猎相关法律法规，及时了解国内和国际动态，必须站在国家安全和发展全局的高度，必须贯彻新时代党的强军思想，贯彻新时代军事战略方针，了解国家及区域军事安全的筹划，增强战略能力。作为公民，特别是有意向应征入伍的大学生，要以国家核心安全需求为导向，保持战略清醒，把战争问题放在国家安全大局中进行科学认识，要始终把国家主权和安全放在第一位，坚持军事斗争准备的龙头地位不动摇，坚决维护国家主权、安全、发展利益；同时，要不断提高自身核心军事技能，全面提高应对多元安全威胁、完成多样化军事任务的能力，提高捍卫国家主权、安全、发展利益战略能力。要加强军事理论、技能训练与学科专业教育等多领域的协同发展，更有效更充分地发挥军事理论与技能学习在营造态势、预防危机、遏制和打赢战争方面的战略保障作用。

知识链接

高校毕业生应征入伍服义务兵役享受哪些优惠政策?

高校毕业生应征入伍服义务兵役，除享有优先报名应征、优先体检政审、优先审批定兵、优先安排使用“四个优先”政策，家庭按规定享受军属待遇外，还享受优先选拔使用、学费补偿和国家助学贷款代偿、退役后考学升学优惠、就业服务等政策。

（二）要贯彻能打胜仗的要求，提升实战能力

能打胜仗是对军事安全的本质要求。一方面，新时代大学生要加强军史学习教育，强化国防教育，繁荣发展强军文化，要在加强军事理论及思想政治学习的基础上，不断提升自身学科专业知识和技能，用前沿的知识技能和过硬的素质武装自身，提高自身对时事政治的敏锐度，对国际关系、国家安全、军事安全形势形成较为客观理性的认识。另一方面，大学生应积极参加学校、社会等安排的军事训练活动、劳动教育活动、志愿服务活动等，以此提高团队协作能力、军事及劳动的技术技能。此外，大学生还可以积极关注并参与应征入伍、当地民兵及预备役遴选等，以实际行动践行“能打胜仗”。

（三）要把握军事斗争底线，做好应对最严重事态准备

总体国家安全观强调要切实增强忧患意识，应着眼于最严峻最复杂的局面，超前谋划，做好应对准备；要对军事安全可能遇到的严峻挑战保持高度警觉与防范，防患于未然；要积极创造条件应对重大威胁，维护国家安全；同时，新时代大学生应始终坚信人民军队是党和人民完全可以信赖的英雄军队，有信心、有能力维护国家主权、统一和领

土完整，有信心、有能力为实现中华民族伟大复兴提供战略支撑，有信心、有能力为世界和平与发展做出更大贡献。

案例

大学生被收买泄露军事秘密

2012年，广东某高校大学生徐某因家境不太宽裕，在QQ群里发了求助帖“寻求学费资助2 000元”。不久，一网名为“Miss Q”的人回帖，询问其姓名、手机号、就读院校和专业，然后表示愿意提供帮助。徐某喜出望外，把银行卡号告诉了对方，第二天徐某就收到了2 000元汇款。徐某当时知道的是，“Miss Q”是“一家境外投资咨询公司的研究员”，需要为客户“收集解放军部队装备采购方面的期刊资料”，希望徐某协助收集，作为资助学费的回报。徐某痛快地答应了，但没能在学校的图书馆找到相关资料，而“Miss Q”也未强求。

同年5月，徐某主动联系“Miss Q”，对方向他提供了一份“田野调研员”的兼职，月薪2 000元。徐某所在的广东某大城市有一个军用码头和一家历史悠久的造船厂，他的“调研”工作就是到军用码头附近拍摄军事设施和军舰，到船厂观察、记录在造在修船舰的情况，并将有船舰方位标识的电子地图做成文档，提供给“Miss Q”。双方约定的传送方法是：通过手机短信约好时间，由徐某把加密文档上传至网络硬盘，“Miss Q”立即从境外登录下载。2013年5月，徐某被国家安全机关依法审查。

“生活在互联网时代，网络大幅降低了间谍策反的时间、金钱等成本，日益成为境外情报机关获取我国机密的重要渠道。”国防大学军队建设与军队政治教研部教授于巧华表示。

资料来源：谢宛霏．“90后”大学生被收买泄露军事秘密．中国青年报，2016-04-16.

第二节　科技兴国　创新强国

工欲善其事，必先利其器。

——《论语·卫灵公》

科学技术作为第一生产力，它不仅通过其他安全要素对国家安全发挥作用，其本身也成为国家安全的独立要素。新时代的大学生站在知识和科技的前沿，肩负建设国家、筑梦中国的重任。为深刻理解和把握总体国家安全观中的科技安全，增强忧患意识，下面我们分别对科技安全的重要价值、科技安全的主要内容、我国科技安全面临的主要威胁与挑战、维护新时代科技安全的途径与方法等知识进行介绍。

一、科技安全的重要价值

近年来，我国加快推进科技自立自强，载人航天、探月探火、深海深地探测、超级计算机、卫星导航、量子信息、核电技术、新能源技术、大飞机制造、生物医药等取得重大成果。随着一些关键核心技术实现突破，战略性新兴产业发展不断壮大，科技安全日趋引起关注和重视。提到科技安全，大家头脑中会涌现 UFO、电脑信息、纳米技术、生物基因等充满神秘而有距离感的画面，其实科技安全距离我们生活很近，与我们的生存发展息息相关。科技安全是指国家科技体系完整有效，国家重点领域核心技术自主可控，国家核心利益和安全不受外部科技优势危害，以及保障持续安全状态的能力。①

（一）科技安全是维护国家安全的重要手段

科学技术作为一种生产力，是一国综合国力的重要体现，是社会实现持久发展的不竭动力。科技兴则民族兴，科技强则民族强。科技安全是科技发展的基础，科技发展是保障科技安全的基本途径。科技发展是经济发展的基础，是综合国力提高的前提。科学技术通过促进生产力的发展和综合国力的提高，进一步成为维护国家安全的重要手段。②

（二）科技安全是国家安全的基本内容

科技安全是维护国家安全的重要内容之一，广泛渗透在国家安全的各个领域、要素中。科技安全不仅要关注科学技术体系自身的安全，还要关注科学技术系统与相关系统相互作用所决定的国家安全态势，即科技安全与国家安全其他因素（如政治安全、经济安全、军事安全、社会安全等）的关系。科技安全对其他领域的安全发挥着重要的支撑作用，是国家安全的物质技术基础。保障上述重点领域的安全，必须维护各领域的科技安全，改变核心技术受制于人的局面。华为“芯片危机”、中兴“芯片禁运”等事件，暴露出我国芯片领域的短板。战略性产业受制于人，会使国家的科技安全存在巨大的潜在风险。

---

① 《总体国家安全观干部读本》编委会．总体国家安全观干部读本．北京：人民出版社，2016.

② 刘跃进．科学技术与国家安全//刘慧．为国家安全立言：国际关系学院国家安全研究文集：1995—2004. 北京：中共中央党校出版社，2005.

知识链接

隐形战斗机

《中华人民共和国国防法》明确规定：国家充分利用全社会优势资源，促进国防科学技术进步，加快技术自主研发，发挥高新技术在武器装备发展中的先导作用，增加技术储备，完善国防知识产权制度，促进国防科技成果转化，推进科技资源共享和协同创新，提高国防科研能力和武器装备技术水平。

现代战争是高科技的战争。伊拉克战争以来，我军高度重视国防科技的研究，多个科研攻关项目取得突破，研制出一批符合现代化战争要求的新型武器装备。其中就包括新型“老鹰”隐形战斗机。通过采用新型隐形材料，“老鹰”隐形战斗机已可以与世界上最先进的隐形战斗机媲美。“老鹰”隐形战斗机的研制成功，是国家促进国防科学技术进步、加强高新技术研究的结果，标志着我国军工实力又迈上一个新的台阶。

资料来源：中国社会科学院法学研究所法治宣传教育与公法研究中心．国家安全普法宣传册：漫画故事版．北京：中国民主法制出版社，2017.

二、科技安全的主要内容

科技安全的内容纷繁多样，对科技安全的界定不同，其内涵及内容也各不相同。就宏观的科技安全而言，它是指国家科技安全，是一般科技安全在国家安全领域的延伸，它与个人科技安全、企业科技安全、科研机构的科技安全等具有密切的关系。它是与国家安全和利益具有不同程度密切关系的科学技术的安全，因而它不同于一般情况下的个人科技安全、企业科技安全、科技机构的科技安全。国家科技安全的主要内容包括科技人才安全、科技研究安全、科技设施安全和科技成果安全等。[①] 科技安全的内容、地位和具体内涵如表 3-3 所示。

表 3-3　科技安全的内容、地位和具体内涵

序号	内容	地位	具体内涵
1	科技人才安全	科技人才安全是科技安全的核心和重要保障	科技人才安全是指一个国家的人才数量和质量能够满足经济和社会发展的需要，以确保国家在政治、经济、军事、科技等方面的重大利益相对处于没有危险和不受内外威胁的状态，以及保障持续安全状态的能力

① 姜振军．俄罗斯非传统安全问题研究．哈尔滨：黑龙江大学出版社，2016.

续表

序号	内容	地位	具体内涵
2	科技研究安全	科技研究是促进科技革新的重要途径，也是科技安全的重要内容	包括维护国家科技研发安全、科技成果安全、科技产品安全、科技设施安全、科技活动安全、科技应用安全、科技合作安全的专项安全政策
3	科研设施、场所、基地等的安全	保护科研场所、科研设施等安全，成为科研活动顺利进行的前提条件之一，成为科研活动安全的具体内容	包括支撑科技创新的基础设施、场地环境、科研支持设备及相关实验设备等
4	科技体制、科技发展、科技引进、科技合作与交流等方面的安全	创新科技体制，促进科技发展，推进科技引进，加强科技合作与交流等，已成为当前新时期科技发展的重要任务。不同程度的科技安全风险隐患，成为科技安全须关注的重要内容	包括科技创新与科技安全的管理机构、制度与监督体系，科技成果的管理、展示、交流、转化，科技人员、技术的引进，科技创新、科研交流、科技传播活动等

资料来源：石长慧，樊立宏．我国高层次科技人才安全的挑战与建议．中国人才，2018（8）；马汉华．综合安全 21 世纪新话题．北京：解放军文艺出版社，2001（10）.

知识链接

《科学技术保密规定》

为保障国家科学技术秘密安全，促进科学技术事业发展，2015 年修订的《科学技术保密规定》对国家科技保密等系列内容进行了规范。其中，对“国家科学技术秘密”进行了界定，明确其是指科学技术规划、计划、项目及成果中，关系国家安全和利益，依照法定程序确定，在一定时间内只限一定范围的人员知悉的事项，并对“国家科学技术秘密的范围和密级”等进行了说明。

三、我国科技安全面临的主要威胁与挑战

我国是四大文明古国之一，有着悠久的历史和辉煌的文化。新中国成立以来，特别是改革开放以来，我国科技事业有了较大发展。党的十八大以来，我国科技事业取得历史性成就、发生历史性变革，缩短了同发达国家在高科技发展方面的差距，但就整体而言，“我国原始创新能力还不强，创新体系整体效能还不高，科技创新资源整合还不够，

科技创新力量布局有待优化”①，科技安全方面仍存在威胁和挑战。

（一）科技实力仍有差距

1. 科技发展的核心技术相对落后

新一轮科技革命和产业变革加速演进，人工智能、合成生物学、基因编辑等技术对社会伦理产生极大冲击，区块链、大数据、云计算等对信息安全、网络安全、金融安全带来极大挑战，技术谬用和滥用对社会公共利益和国家安全构成潜在威胁，政府、社会治理面临新的挑战。科技发展拓展了国家安全的时空领域，外部安全与内部安全、传统安全与非传统安全交织存在。② 我国在某些尖端技术的研究上具有世界先进水平，我们为自己拥有大量的计算机、手机、家用电器而自豪，“神舟”系列飞船上天、“嫦娥”奔月、“蛟龙”探海，令国人振奋。但是，在科技转化为经济实力、社会发展、军事实力等方面，我国与发达国家相比仍存在一定差距。我国基础研究重大原创性成果缺乏，关键领域核心技术受制于人的格局尚未从根本上改变。例如，我国半导体产业链集中在中低端封装、测试、生产、组装环节，高端芯片严重依赖进口，在高端光刻机等关键设备、EUV 光刻胶和光掩膜等关键材料等多个领域尚属空白。③ 可见，我国科技安全仍面临着发达国家先进科学技术的长期挑战。

2. 科技自主原始创新能力不强

科技自主原始创新能力直接反映国家技术创新能力、水平和竞争力。相比于欧美日等发达国家数十年来的科技领先优势，我国在部分科技领域一直处于追赶状态。此外，我国的基础科学研究水平较低，缺少推动科学发展的突破性重大科学发现，缺乏关键核心科学知识的积累与沉淀，基础研究领域的整体投入不足，且投入与执行结构不合理。科技创新能力薄弱、基础研究不充分，已成为威胁我国科技领域安全的根源性因素。④

（二）科技人才资源不足

科技人才资源是科技安全重要的智力保障，也是国家科技竞争力和综合国力的核心。当前科技人才资源不足体现在以下方面。

1. 科技人才流失严重

在经济科技全球化的今天，科技人才的国际争夺日趋激烈，我国科技人才大量外

---

① 中共中央宣传部，中央国家安全委员会办公室．总体国家安全观学习纲要．北京：学习出版社，人民出版社，2022.

② 加强自主创新，强化科技安全，为维护和塑造国家安全提供强大科技支撑．人民日报，2020-04-15（11）.

③ 中国科学院院刊．大国竞争时代科技安全面临诸多风险挑战，科技安全监测预警体系建设迫在眉睫．搜狐网，2023-05-25.

④ 陈文博．我国关键科技领域安全：内涵、现状和对策．今日科苑，2020（9）.

流，对我国科技安全带来了重大威胁。据统计，在西北、西南 11 个军工企业中，先后有 80 多位特殊科技专家被外方挖走。由于国防科技人才流失，致使部分国防重大科研项目的研制受到影响，给国防科技安全造成重大威胁。部分高学历高技术的精英人才移居国外工作生活，对急需人才发展的我国带来巨大损失。此外，近年来发达国家采取了“本土化”人才争夺战，越来越多的跨国公司在我国境内的研发机构以高薪为诱饵网罗我国高学历高技术人才，给我国造成新形式的人才危机。

2. 科技人才结构不尽合理

目前，我国的科技人才结构满足不了国家经济结构转型升级的新需求，主要表现在：顶尖基础研究领域人员储备不足，高端科技领军人才及技术技能人才匮乏，科技人才学历结构、能级结构、年龄结构、行业分布、地域分布等不均衡，科技人才资源利用度不高，等等。美国拥有全球 52.9%的顶尖科学家，英国和德国也达到 15%左右，相比之下，我国仅为 4.7%，且人才结构性失调、区域科技人才分布不均。就行业分布而言，我国人才主要聚集在国有部门、政府机关和事业单位，非国有部门、企业人才不足。就区域结构而言，东部、中部地区人才多，西部地区人才少。就年龄层次而言，中高级技能人才老化现象严重。高级工程师、高级技师和高级技能人才缺乏状况已经影响到国民经济的顺利发展。高级技工已经成为目前我国“中国制造 2025”战略发展，特别是装备制造业创新的重要人才因素。①

（三）科技环境不容乐观

发达国家对我国实行技术封锁与遏制，我国科技安全就科技环境而言，承载着反封锁与反遏制的挑战。尽管我国已经加入 WTO，但是出于国家之间竞争的需要乃至于意识形态的分歧，某些发达国家仍然把我国作为“假想敌”，对我国实行技术遏制，限制我国以技术手段提高国家综合国力和国际竞争能力。西方发达国家的跨国公司为了尽可能地延长已开发技术的生命周期，防止技术及技术应用扩散，从中开发出最大程度利润额，在向我国实行技术转移时采取相应技术保护措施，在抢占我国市场的同时，对我国的经济安全、科技安全形成威胁。②

四、维护新时代科技安全的途径与方法

科技安全是国家安全体系的重要组成部分，是支撑国家安全的重要力量。《中华人民共和国国家安全法》（以下简称《国家安全法》）对维护科技安全做出了明确规定，包

① 李大光．国家安全．北京：中国言实出版社，2016.
② 潘正祥，杨迎会．全球化时代的科技安全和我国面临的挑战及对策．理论导刊，2007（4）.

括“国家加强自主创新能力建设，加快发展自主可控的战略高新技术和重要领域核心关键技术，加强知识产权的运用、保护和科技保密能力建设，保障重大技术和工程的安全”。党的二十大报告中明确提出，到2035年，我国发展的总体目标是：科技实力、综合国力大幅跃升；实现高水平科技自立自强，进入创新型国家前列；建成教育强国、科技强国、人才强国等。

（一）树立全面的科技安全观

维护科技安全须坚持以总体国家安全观为统领，全面深入认识科技安全。科技安全融多个领域的安全于一体，同时又体现于经济安全、政治安全、文化安全、社会安全、生态安全各领域之中。科技安全在总体国家安全中占有重要地位，也与其他领域安全相互影响。一方面，要强化科技安全教育，加强顶层战略设计，形成科技安全“一盘棋”思想，提高维护科技的整体效果。另一方面，对于科技安全与其他领域安全的联系和贯通要有深入而清醒的认识，注重科技安全与其他领域安全的联动性。高校科技已成为国家科技中一支重要的力量，其研发力量占全国科技力量的1/3以上。新时代大学生更需要加强对科技安全的学习，提高科技安全意识，并认识科技安全是确保国家安全、维护国家利益不可或缺的内容，摒弃“科学无国界”“所有科技成果都应该公开和共享”等观点，从思想上树立全面的科技安全观。

（二）构建全方位科技安全防护体系

1. 加大对科技安全与发展的法律与伦理规范

科技立法是促进和规范科技安全与发展的重要制度保障。虽然我国已构建了科技发展的基本立法体系，但是面对新时代国际国内科技安全形势的变化，前沿领域新兴科技的迅猛发展，尚需要进一步以总体国家安全观为指导，以落实国家创新驱动战略为动力，全面贯彻落实《国家安全法》，加快推进科技安全法律法规与时俱进地修订，弥补新兴科技发展的法律空白，加强社会舆论对科技安全事件的规制力度，依靠科技人员的伦理道德素养的提升，预防和制止科技安全事故，特别是科技安全泄密等情况的发生，不断规范科技行为，使之遵循伦理道德和社会习俗。

知识链接

我国科技主要法律法规

从1985年科技体制改革开始，我国的科技法制建设进入全面发展阶段，《专利法》于1985年开始正式实施，1987年和1993年又先后颁布了《技术合同法》和

《科学技术进步法》，1996 年颁布和实施《促进科技成果转化法》，2002 年通过《科普法》，至此，我国科技法制体系框架基本建立起来。1995 年，由国家科学技术委员会和国家保密局联合制定了《科学技术保密规定》，对于科技保密工作作了进一步具体规定。2015 年 11 月 16 日，科技部与国家保密局修订了《科学技术保密规定》。2015 年，我国修订《促进科技成果转化法》。《专利法》第四次修正于 2020 年 10 月经过十三届全国人大常委会第二十二次会议审议通过。为进一步规范科技活动、科技行为，2020 年 7 月、2023 年 3 月分别颁布了《科学技术活动违规行为处理暂行规定》和《科学技术部行政处罚实施办法》。

为适应生物、信息、现代农业等科技领域快速发展需求，我国相继出台了《国家科学技术奖励条例》《生物技术研究开发安全管理办法》《计算机软件保护条例》《集成电路布图设计保护条例》《植物新品种保护条例》等一系列行政法规，完善了专门领域的科技法律制度。2020 年 10 月，《生物安全法》经十三届全国人大常委会第二十二次会议审议通过，明确了生物安全相应的责任及违法处罚。2023 年 6 月，科技部发布了《人类遗传资源管理条例实施细则》，自 2023 年 7 月 1 日起施行。

2. 实施创新驱动发展战略，系统规划布局，增强科技支撑国家安全的体系化能力

深入落实国家创新驱动战略，要找准真正容易被西方发达国家“卡脖子”的核心技术、重大装备和产业领域，科学规划，坚持问题导向，奔着最紧急、最紧迫的问题，按照急需、短期、长远需求等分阶段、突出重点、分步组织实施技术攻关，以调动各方资源、集合精锐力量，在石油天然气、基础原材料、高端芯片、工业软件、农作物种子、科学试验用仪器设备、化学制剂等方面全力攻坚①，解决国家急需的基础性、前沿性和战略性核心关键技术；不断完善基础研究布局，加大基础前沿科学研究力度，加强对量子科学、脑科学、合成生物学、空间科学、深海科学等重大科学问题的超前部署，依托高校、科研院所和骨干企业等部署建设一批国家重点实验室和国防科技重点实验室；围绕人工智能、基因编辑、医疗诊断、服务机器人等领域，从技术安全、产业安全、道德伦理安全、法律监管安全等方面全方位防止新技术滥用和误用；整合安全领域专家，定期开展基于国家安全的多部门科技安全研判，提前做好充分的科技安全突发事件的应急与应对工作；加强科技信息建设和管理、风险研判、预警监测，打造科技安全工作完整链条，加强科技领域与其他领域国家安全工作协调，形成相互支撑的工作合力，扭转“卡脖子”现状。②

---

① 中共中央宣传部，中央国家安全委员会办公室．总体国家安全观学习纲要．北京：学习出版社，人民出版社，2022.

② 陆兆聪．科技安全与相关领域国家安全关联分析．科技创业月刊，2020（2）.

3. 完善科技创新体系

“科技创新是人类社会发展的重要引擎，是应对许多全球性挑战的有力武器。科技成果应该造福全人类，而不应该成为限制、遏制其他国家发展的手段。”① 坚持创新在我国现代化建设全局中的核心地位。完善党中央对科技工作统一领导的体制，健全新型举国体制，强化国家战略科技力量，优化配置创新资源，优化国家科研机构、高水平研究型大学、科技领军企业定位和布局，形成国家实验室体系，统筹推进国际科技创新中心、区域科技创新中心建设，加强科技基础能力建设，强化科技战略咨询，提升国家创新体系整体效能。深化科技体制改革，深化科技评价改革，加大多元化科技投入，加强知识产权法治保障，形成支持全面创新的基础制度。培育创新文化，弘扬科学家精神，涵养优良学风，营造创新氛围。扩大国际科技交流合作，加强国际化科研环境建设，形成具有全球竞争力的开放创新生态。

（三）推进国家科技人才稳定发展

2018 年，习近平总书记在两院院士大会上强调，要牢固树立人才引领发展的战略地位，全面聚集人才，着力夯实创新发展人才基础。要创新人才评价机制，建立健全以创新能力、质量、贡献为导向的科技人才评价机制。要完善科技奖励制度，让优秀科技创新人才得到合理回报，释放各类人才创新活力。要营造良好的创新环境，加快形成有利于人才成长的培养机制、有利于人尽其才的使用机制、有利于竞相成长各展其能的激励机制、有利于各类人才脱颖而出的竞争机制，培植好人才成长的沃土，让人才根系更加发达，形成天下英才聚神州、万类霜天竞自由的创新局面。习近平总书记的重要讲话，为我们建设一支具有爱国情怀、甘于奉献、立志维护国家安全和利益的科技队伍指明了方向，对加强新时代科技人才队伍建设具有重大指导意义。②

第三节　文化自信　文化自强

> 欲要亡其国，必先灭其史。欲灭其族，必先灭其文化。
>
> ——《定庵续集》

① 中共中央宣传部，中央国家安全委员会办公室．总体国家安全观学习纲要．北京：学习出版社，人民出版社，2022.

② 李勇．以总体国家安全观为指导，做好新时代维护国家科技安全工作．保密科学技术，2018（9）.

文化随着人类文明进步而不断发展完善，是伴随人类发展历程不断积淀、传承、创造与发展的瑰宝，是国家与民族的灵魂。文化安全则是一个国家、一个民族长盛不衰的支撑。文化兴，则民族兴。新时代经济全球化、信息网络化、文化产业化、价值多元化，纷繁多样的外来文化对民族的、科学的、大众的社会主义文化带来日趋猛烈的冲击。异质文化所引发的文化安全问题已成为国家安全问题的重要组成部分，日益引起我们的高度重视。新时代的大学生处于新思想、新文化产生或发源的高等教育的塔尖，经历和体验着不同性质前沿文化的交融发展，为帮助大学生深刻理解和把握总体国家安全观中的文化安全，坚定文化自信，我们分别从文化安全的重要性、文化安全的主要内容、新时代大学生文化安全面临的主要威胁与挑战、大学生维护文化安全的途径与方法等方面进行介绍。

一、文化安全的重要性

（一）文化安全是人民凝聚的首要前提

国家的稳定和发展需要人民有一定的凝聚力。人民的凝聚力主要来自人民对自己国家文化的认同感和归属感。当人民普遍认同本国文化时，即在思想上形成共同的价值追求，外化为人民的行为习惯，产生的合力将人民凝聚在一起，站在相同的价值立场上维护国家安全。文化是一个国家的血脉和灵魂，是国家综合国力的体现。文化认同的前提是文化安全。在当今各国文化碰撞与多元文化交流的环境下，每个国家文化的价值、特征与样式能在多大程度上被人民认同，在被认同的基础上能否做到安全的发展和延续等，均是文化安全的核心问题。文化只有在安全的环境下才能健康地创新与发展，展现出的文化价值才能被人民认同，进而形成合力维护国家安全。当文化处在受威胁的环境中时，当文化内涵满足不了人民的文化需求时，将导致人民不认同甚至质疑该文化，人民凝聚力逐步涣散，最终引发人民内部矛盾而导致国家危机，这种文化认同的缺失足以从内部瓦解国家。所以人民凝聚的首要前提是文化安全，它作为文化存在和发展的保障，对于一个国家而言，起着形成文化认同和维护国家根基的作用，在安全环境下发展的文化可成为整个国家延续的精神基础和精神力量。

（二）文化安全是建设文化强国的重要保证

深入推进中国式现代化，建设文化强国首先需要意识形态安全。意识形态作为一个国家思想层面的上层建筑，是社会文化的重要内容，影响和决定着文化的价值方向。维护文化安全就是保证意识形态符合国家和人民的意志，让主流的思想观念占据主导地位，不受其他意识形态的威胁，并且不断得到巩固和传播。在现有的世界秩序下，军事扩张已不是国家之间的首要目的，伴随着全球化的发展，部分国家为了获取国家利益积极开展文化扩张，向文化实力较弱的国家不断进行文化输出和意识形态入侵，因而维护意识形态和文化安全变得至关重要。如果文化安全得不到保障，主流意识形态必然被其他思想侵犯，人民对其认同度下降，产生政权动摇，进而引发政权危机。

（三）文化安全是主权独立的重要保障

主权独立需要文化主权独立。主权是国家最高利益的体现，国家文化主权是国家主权在文化领域的集中展现。在全球化发展进程中，文化的作用日益凸显，成为继军事、政治、经济之后又一个具有重要意义的国家战略要素，拥有独立处理文化事务和维护文化利益的文化主权成了主权的重要组成部分。在现有的国际环境下，西方资本主义国家的霸权文化不断冲击其他相对弱势的主权国家，进行文化扩张，妄图通过同化别国文化来巩固自身的霸权地位。这对于相对弱势的国家而言是巨大灾难，因为文化主权不能独立，将会导致人民所接受的文化被别国控制，人民的思想被有意识地引导，国家主权被侵蚀，最终成为别国的附庸。因此，主权独立需要文化主权独立，需要文化安全来保障。①

二、文化安全的主要内容

文化的内涵非常丰富，从不同的视角来看，文化安全的内容也包罗万象。但是，立足总体国家安全观，逐层进行内容分解，文化安全最主要的内容包括语言文字安全、风俗习惯安全、价值观念安全和生活方式安全四个基本方面。

（一）语言文字安全

语言文字是在一个民族、一个国家历史演进过程中逐渐形成的符号系统，它既是一切文化和文明的载体，也是文化和文明中最基本、最稳定的内容。语言文字安全是伴随人类历史发展而形成的，是文化安全中最基本的内容。它包括四层含义：语言文字不受侵害；国家语言文字未失去主导地位；语言文字在各种文化和非文化因素的影响下保持合理纯洁性；语言文字的改革与发展能够安全稳步进行。历史表明，一个国家的兴衰存亡，常常伴随着其语言文字的兴衰存亡，如古埃及的灭亡，随之逝去的是古埃及的语言文字及传统文化。

（二）风俗习惯安全

风俗习惯安全是文化安全的重要内容，是一个民族或一个国家在长期历史发展中所形成的独特而稳定的风尚、礼节、信仰、做法等，表现在衣食住行、婚丧嫁娶、礼仪活

---

① 祝冕，石裕．论文化安全在国家安全中的重要地位：基于国家要素视角．湖北工业大学学报，2020（6）．

动等内容广泛、形式多样的行为模式中。风俗习惯为本国民族和人民的生产生活提供了物质便利和精神寄托，增加了亲和力和向心力，对维系一个国家、一个民族的团结和稳定发挥着独特的积极作用。风俗习惯的相对稳定和继承发展，以及在稳定基础上自主的、渐进的、不背离时代精神、不迫于他国外力而被动进行的移风易俗，是一个国家和平时期安全稳定的重要社会基础。

（三）价值观念安全

价值观念即价值观，是指不同的人们对价值的本质、价值的结构、价值的类型、价值的表现以及社会应有的价值取向等有关价值问题的认识和观点的总和，是支撑文化中外在的风俗习惯的精神支柱，是文化中内在而深刻的本质。价值观念则是广大国民对各种各样的社会现象甚至自然现象的是非判断和基本态度，以及他们对自己将采用的行为目标、方式、手段等方面该与不该的价值定向。国家价值观念的安全问题，也正是广大国民对一个国家传统的和现存的价值观念采取什么态度的问题。由于这种态度不仅与家庭、社会、国家对国民的教育相关，而且与其他国家各方面的文化影响、渗透，甚至文化侵略、意识形态煽动等相关，因而国家就不能不对国民价值观念的变化给予高度关注。价值观念的安全，就是一个国家传统的和现存的价值观念在当代社会和广大国民中合理而有效地得以保持与延续，不至于中断与消失。

（四）生活方式安全

生活方式是指人们在一定社会条件和环境下形成的涉及物质和精神、经济与政治、个人与社会等领域的言行模式，包括物质生活和精神生活、经济生活和政治生活、私人范围内的生活和公共领域中的生活。不同国家文化上的不同，即生活方式的不同，不同国家间的文化冲突更集中地表现为生活方式的冲突。具有国别特色的生活方式，为国民方方面面的生活提供了稳定的条件和便利，因而也就成为一个国家在世界范围内保持其文化特质和民族特质的重要内容。因此，生活方式安全成了国家文化安全最集中的体现。生活方式安全的出发点和根本目的，是为了国民生活得更舒适、更方便、更有尊严。①

此外，随着时代的发展，文化软实力也成为文化安全的重要内容。21 世纪以来，国际文化交往的深入发展和国际文化关系的深刻变化，使文化在国际交往和国际政治关系中的地位大幅上升，文化软实力和文化影响力越来越成为国家综合国力的重要组成部分。世界各国纷纷打造本国文化产品、繁荣文化市场和文化产业，提升本国文化在世界范围内的影响力，进而在客观上维护国家文化安全。②

---

① 刘跃进．解析国家文化安全的基本内容．北方论丛，2004（5）.

② 程伟．国家文化安全问题的生成与演化．河南社会科学，2019（1）.

三、新时代大学生文化安全面临的主要威胁与挑战

作为当代国家安全的基本构成要素之一，特别是作为国家发展的“软实力”和非传统安全因素，文化安全在国家安全中的地位和作用日趋重要。国家文化安全问题由来已久且历久弥新，每个时代都有各自不同的国家文化安全主题。新时代的大学生需要深入了解新时代我国文化安全主要面临的系列威胁与挑战，为我们维护文化安全的行动奠定基础。

（一）大学生的文化安全意识较为淡薄

伴随着科技全球化、文化全球化，越来越多的新语言、新风俗、新文化产品借助互联网相互交融，与民族主流文化形成文化冲突，这种文化冲突在新时代影响着大学生的生活方式、行为举止以及价值观念。提到安全问题，人们往往认为它主要体现在国家政治安全、军事安全等领域，忽视了外来文化对大学生自身价值观的植入和渗透。调查显示，大学生在对威胁国家安全因素进行排序时，50.7%的大学生关注国外军事力量威胁，14.3%的大学生关注西方政治思潮和文化价值观念的渗透。[①] 麦当劳、肯德基等西式快餐不仅给我们带来了美食，还潜移默化地影响着我们的生活方式、消费理念乃至文化认同；热播的好莱坞电影、韩剧等，无形之中渗入外来文化；互联网信息的快速传播，宣扬暴力、恐怖、分裂、色情等不良文化的传播，易引发大学生审美观、消费观、自由观、价值观等意识形态改变，进而突破大学生的思想防线，使之不自觉地向往外来文化，崇尚外来文化，造成信仰的迷失和思想的混乱。持有“文化无关要害”“文化是无国界的交流融合”等对国家文化安全的片面认识，仅注重外来事物在国内风靡流行的表面现象，忽视其隐藏的外来文化，特别是西方国家文化输出的影响，就会严重影响我国的文化安全。所以，需要站在总体国家安全观的高度，提升大学生文化安全意识。

（二）大学生对外来文化的盲从

一些大学生受“外来的和尚会念经”思想的影响，被美化后的外来文化宣传、外来生活方式等表面现象所迷惑，特别是通过互联网、影视、书籍、电竞游戏等文化传播途径，不知不觉地接受了大量宣传西方文化意识形态的文化产品，潜移默化地接受了外来文化理念、语言与生活习惯，认为“外国的语言先进、外国的科技发达、外国学术高端

① 吕佳．当代大学生国家安全意识状况及对策研究：以上海部分高校为例．上海：上海师范大学，2018.

前沿、外国生活舒适”，进而狂热地追求出国留学甚至移民、痴迷于追逐国外演员、西方学术至上、言必西方等，缺乏文化自信，形成对外来文化价值的盲目崇拜。

（三）大学生对传统文化传承不足

我国有着优秀而灿烂的中华文明和传统文化。但是近年来，端午节等中华传统习俗被外国成功申请非物质文化遗产，暴露出了我们对中华传统文化传承发扬不到位的问题。据苏晓岩等人对大学生中华优秀传统文化传承现状的调查显示，仅有20%的大学生对戏曲、武术等中华传统文化感兴趣，这十分不利于我国传统文化精髓的传承和发展。① 此外，大学生对国学经典了解不多，对家乡风俗知之甚少，对本土民间技艺传承缺乏耐性等，导致我们对传统文化的传承不到位。

（四）大学生对文化创新动力不足

党的十九大报告指出：“要坚持中国特色社会主义文化发展道路，激发全民族文化创新创造活力，建设社会主义文化强国。”② 党的二十大报告进一步提出：“中国式现代化是物质文明和精神文明相协调的现代化。”“大力发展社会主义先进文化，加强理想信念教育，传承中华文明，促进物的全面丰富和人的全面发展。”大学生是祖国建设的重要力量，也是接触科技和文化最多的一个群体，理应是文化创新意识最强、创新能力最强的群体，但当前大学生由于对中华传统文化的传承力度不足，且中西文化碰撞冲突，导致他们对主流文化的发扬创新不足，表现为新时代大学生创新形成的代表性文化成果、文化产品较少，参与研发的文化技艺不多。

四、 大学生维护文化安全的途径与方法

改革开放特别是党的十六大以来，我们党始终把文化建设放在了党和国家全局工作重要战略地位，推动了社会主义文化大发展大繁荣。《国家安全法》第23条对维护文化安全的任务做了进一步的明确，提出“国家坚持社会主义先进文化前进方向，继承和弘扬中华民族优秀传统文化，培育和践行社会主义核心价值观，防范和抵制不良文化的影响，掌握意识形态领域主导权，增强文化整体实力和竞争力”③。作为文化发展动力源之一的高校和大学生，须正视当前存在的文化安全威胁和挑战问题，努力充实和提高自身实力，自觉提高维护文化安全的意识和行动。

---

① 苏晓岩，孟璐，高晓晴，等．大学生中华优秀传统文化传承现状调查研究．视听，2018（3）．

② 习近平．决胜全面建成小康社会，夺取新时代中国特色社会主义伟大胜利：在中国共产党第十九次全国代表大会上的报告．人民网，2017-10-27．

③ 乔晓阳．中华人民共和国国家安全法释义．北京：法律出版社，2016．

（一）全面提高大学生文化安全的意识防线

针对大学生文化安全意识不高的问题，须大力加强国家文化意识方面的教育，让青年大学生清醒认识国家文化安全的现实生态，自觉构筑文化安全的思想防线。要充分依靠高校思想政治理论课堂、学术讲座、新媒体、党组织生活、校园文化活动等主阵地，帮助大学生树立科学的文化认知态度，对待西方文化要取其精华，去其糟粕，为我所用，自觉抵制庸俗文化、颓废文化和垃圾文化，培养高品位的文化欣赏能力。同时，要积极引导大学生继承和发扬中华民族优秀传统文化，保护好中华民族优秀传统文化，帮助青年大学生筑牢文化安全意识的思想防线，主动维护国家文化安全。①

（二）筑牢大学生社会主义核心价值观

2014 年，习近平总书记在北京大学考察时指出："青年的价值取向决定了未来整个社会的价值取向，而青年又处在价值观形成和确立的时期，抓好这一时期的价值观养成十分重要。"在当前深化改革开放的时代背景下，外来文化对传统文化的冲击显而易见，高校应不断加强大学生的社会主义核心价值观教育，要把培育和弘扬社会主义核心价值观作为凝魂聚气、强基固本的基础工程，作为一项根本任务；要加强社会主义核心价值体系建设，注重从少数民族文化中汲取营养，创新载体和方式，线上和线下结合，增进各族群众对伟大祖国、中华民族、中华文化、中国共产党、中国特色社会主义的认同，形成各民族同呼吸、共命运、心连心的牢固精神纽带。② 要增强爱国主义教育，使核心价值观教育内化于学生的心中，外化于学生的日常行为中。在实践过程中，要巧妙利用图片、视频、故事等资源，通过讨论、辩论等形式，加强大学生对核心价值的认同教育，积极开展党团组织活动，提升大学生对核心价值观的情感认同，使大学生在社会调查、志愿服务、公益活动中主动承担起践行社会主义核心价值观的历史重任③，准确把握和认识社会文化的主流价值和道德标准，自觉抵制西方腐朽文化的侵蚀，以铸造大学生文化安全的主流价值观。

案例

以剪纸践行社会主义核心价值观

五月鲜花，绽放青春风采；常大青年，雕刻美好未来。2015 年 5 月 4 日，常州大学

① 张伟，赵岳娜．困境与出路：大学生文化安全意识的现实审视．南昌工程学院学报，2014（2）.

② 中共中央宣传部，中央国家安全委员会办公室．总体国家安全观学习纲要．北京：学习出版社，人民出版社，2022.

③ 吴武英，叶春林．全面深化改革视域下大学生国家文化安全教育．教育教学论坛，2017（6）.

举办的“中国梦·青春志·我的大学”——丁浩个人剪纸展在常大武进校区教学辅楼一楼大厅举行。“常大剪纸哥”、机制121班丁浩携团队“浩刻坊”以剪、刻的方式，创作了社会主义核心价值观、致敬“五四”、常大美景和动漫青春四个主题剪纸系列。

资料来源：江苏教育发布．践行社会主义核心价值观专栏：“常州大学剪纸哥”校园办个展．搜狐网，2015-05-05.

（三）增强大学生民族传统文化的文化自信

对大学生积极开展传统文化教育时，要立足于中华民族优秀传统文化的宝贵资源，将传统文化蕴含的思想观念、人文精神与大学生教育内容予以融合。例如将“大同社会理想”与共产主义理想相融合，将“道法自然”思想与生态文明思想相融合等。习近平总书记在中共中央政治局第十三次集体学习时的讲话中指出：“要讲清楚中华优秀传统文化的历史渊源、发展脉络、基本走向，讲清楚中华文化的独特创造、价值理念、鲜明特色，增强文化自信和价值观自信。”各高校要充分挖掘和利用好中华民族优秀传统文化资源，通过课堂主阵地、校园环境、社会实践活动等多种途径，引导大学生深入了解和体验我国的大好河山、语言文字、风土人情、传统节日、道德规范等，强化大学生对民族优秀传统文化的认同感和自豪感，提升文化自信，在深刻领会民族精神实质的基础上，积极投身文化强国建设的行动中。

（四）激励保障大学生文化创新

党的十九届五中全会明确提出，要繁荣发展文化事业和文化产业，提高国家文化软实力，推进社会主义文化强国建设。文化创造力已经成为发展社会主义先进文化的重要驱动力，必须坚定文化自信，牢牢把握社会主义先进文化前进方向，激发全民族文化创新创造活力，更好构筑中国精神、中国价值、中国力量。为进一步盘活新时代大学生文化创新动力，需要做好以下方面：一是加强网络文化安全保障，提高大学生网络文化危机意识、防范意识，进行网络文化安全制度法规建设，针对网络虚假新闻、以极端言论煽动舆论，及时纠正并终止信息传播，针对网络暴力、网络色情，及时进行依法查处，以净化网络文化环境，为大学生文化创新营造良好的网络文化氛围。二是创新文化形态。要充分利用互联网等现代技术，利用校园内外环境，将民族传统文化植入微博、微信、动漫、校园场景等大学生喜闻乐见的文化载体中，构建民族文化的新形态，鼓励大学生在创新中继承传统文化。三是积极投身文化成果创新。通过大学生创新创业竞赛、大学生科技文化节、大学生文化展演、大学生专业作品等多元方式，激发大学生在多元文化融合中传承创新文化内容，研发形成新型文化成果，助力文化产业发展，以满足人民日益增长的文化需要，以行动维护国家的文化安全。

第四节 和衷共济 天下为公

令则行，禁则止，宪之所及，俗之所被，如百体之从心，政之所期也。

——《管子·立政》

社会安全是人类生存与发展的基本条件，也是社会繁荣昌盛的重要支撑，在新时代的中国，维护社会安全稳定已成为重要议题，已被纳入总体国家安全观。身为新时代大学生，作为“中国梦”的筑梦人，我们需要了解社会安全的重要意义，理解社会安全的主要内容，在把握社会安全面临的主要威胁和挑战的基础上，学会维护社会安全的途径与措施，为“和谐社会”“平安中国”保驾护航。

一、社会安全的重要意义

（一）社会安全是关系社会稳定和人民幸福的大事

社会安全与人民群众切身利益关系最密切，是人民群众安全感的晴雨表，是社会安定的风向标。随着经济发展、社会进步，人民群众对过上美好生活有更高的期待，对社会安全有更高的标准。维护社会安全是贯彻以人民为中心的发展思想，增强人民群众的获得感、幸福感、安全感的体现。深入推进扫黑除恶专项斗争，坚持保障合法权益和打击违法犯罪，积极预防、减少和化解社会矛盾，妥善处置公共卫生、重大灾害等影响国家安全的突发事件①，以社会安全促进人民幸福感的提升。

（二）社会安全是国家长治久安的重要基石

维护社会稳定，事关国家安全，是实现党的长期执政、国家长治久安的重要基石。社会安全是国家安全的重要内容，包括防范、消除、控制直接威胁社会公共秩序和人民群众生命财产安全的治安、刑事、暴力恐怖事件，以及规模较大的群体性事件等。社会安全工作涉及打击犯罪、维护稳定、社会治理、公共服务等各个方面，涉及生产、工作、生活各个环节，与人民群众切身利益息息相关。如果把控不好社会安全的细节问

① 中共中央宣传部．习近平新时代中国特色社会主义思想学习纲要．北京：学习出版社，人民出版社，2019.

题，就会扩大甚至发展成为国家安全问题。所以，社会安全是国家安全的重要组成部分，其稳定与否将直接影响国家安危。

（三）社会安全与其他安全要素相辅相成

社会安全不是独立存在的事物，其不仅仅是国家安全的构成要素，还与政治安全、经济安全、文化安全、科技安全等诸多要素息息相关，也是影响整个国家安全及国家安全其他构成要素的重要因素，与文化安全、军事安全、科技安全一道构成国家安全的坚强保障。社会安全对国家安全的其他构成要素可以起到积极作用，如果不能保证社会安全，则不利于国家安全及其包含的政治安全、经济安全等。

二、社会安全的主要内容

社会安全是防范、消除、控制直接威胁社会公共秩序和人民群众生命财产安全的治安刑事、暴力恐怖事件以及规模较大的群体性事件等。其涉及面非常宽泛，包括社会治安公共卫生、生活安全、生产安全、交通安全、恐怖袭击、涉外突发事件等。社会安全包含的内容很丰富，按照范围分为居民安全、民宅安全、族群安全、城镇安全、乡村安全、街巷安全、社区安全、校区安全、市场安全等。按照对象分为个体社会安全、群体社会安全、国家社会安全、国际社会安全等。一般来说，社会安全是指人群公共生活空间状态的安全，主要表现为社会安全事件、社会安全管理等方面。

（一）社会安全事件

当前，世界上经常发生的社会安全事件主要包括恐怖袭击事件、重大群体性事件、重大治安事件、重大刑事犯罪、经济安全事件和涉外突发事件等，如图 3－1 所示。

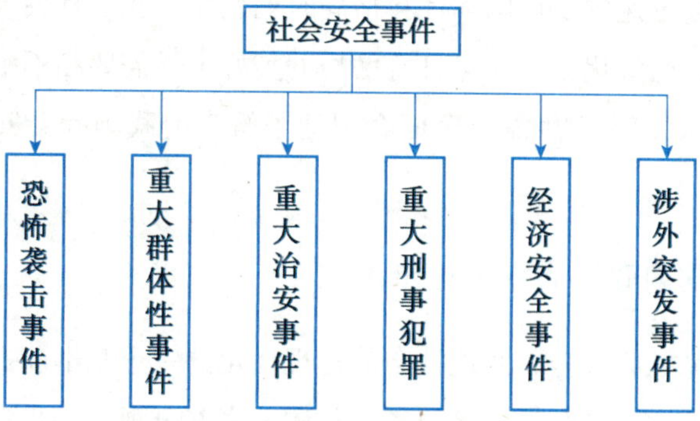

图 3－1 社会安全事件的主要类型

（二）社会安全管理

社会安全管理就是政府作为管理主体，通过进行事前预控及利用有限社会资源来控制事态的蔓延，争取在有限的时间内付出最小的代价以使事件尽快恢复常态所采取的一系列方法和措施。①

一般社会安全危机事件处理程序如图 3 - 2 所示。

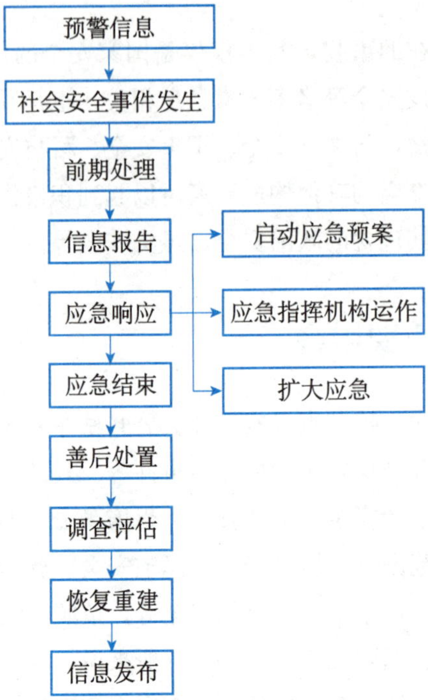

图 3 - 2　一般社会安全危机事件处理程序

资料来源：刘少华．常德市社会安全问题研究．长沙：湖南大学，2016.

三、新时代我国社会安全面临的威胁与挑战

新时代经济社会迅速发展，国际社会格局时刻变化，我国社会虽处于和平和发展态势，但社会主要矛盾已演化为“人民日益增长的美好生活需要和不平衡不充分的发展之间的矛盾”，我们新时代大学生需要全面客观地了解当前我国社会安全面临的主要威胁和挑战。

（一）新时代国内政局尚需进一步稳定

政治稳定是保障社会安全、实现社会治理现代化的一个基本前提和根本保证。国家和政府是社会治理的主导者和重要参与者，总体国家安全观进一步强化政治安全与社会安全密不可分的关系，二者不能分离、更不能对立。虽然新时代我国政治层面有很多重

① 王均平．安全，还是秩序：治安理论与实践之上位概念分析及选择．中国人民公安大学学报（社会科学版），2009（6）.

要探索和实践，取得了丰硕的成果，但仍需客观正视我国尚存在分配不公、群体性事件、突发性事件等潜藏政治危机的因素。

（二）新时代国内经济生产安全尚需进一步提升

经济生产安全既是经济安全问题，同时也是关系国计民生的社会安全问题。以安全生产为例，安全生产管理是公共安全的组成部分，如果重大安全事故频发，则会对社会安全构成威胁。

案例

对山东金矿事故依法依规严肃追究责任

应急管理部2021年1月29日上午在国新办举行新闻发布会，介绍近5年重特大事故整改措施落实“回头看”情况。在回答记者有关山东栖霞金矿爆炸问题时，国家矿山安全监察局、调查统计司司长表示，山东烟台笏山金矿“1·10”爆炸事故发生以后，应急管理部持续视频连线救援现场，会商优化救援方案，指导救援处置工作，解决现场救援的需求，工作组和有关专家赶赴现场指导处置，调派国家矿山专业救援力量和大型专业设备赶赴支援，全力协调各方资源千方百计营救被困人员。截至24日，已经有11人获救，10名矿工遇难，1人失联，仍在对1名失联者进行搜寻。

1月27日，中央国安办约谈山东省人民政府负责人、山东省应急管理厅主要负责人、烟台市人民政府主要负责人，约谈指出，山东烟台笏山金矿“1·10”事故发生后，该矿迟报、瞒报，性质严重、影响恶劣，暴露出山东专项整治三年行动不深入不扎实、对违法违规行为打击不力、矿山安全生产事故教训汲取不深刻、重大灾害风险不断加剧、企业主体责任不落实、应急救援处置能力不足、地方监管不到位等问题。中央国安办已决定对该起事故查处挂牌督办，督促查明事故原因和迟报、瞒报原因，依法依规严肃追究责任，给遇难者家属和社会一个交代。

资料来源：靳丹妮，于杰．应急管理部：对山东金矿事故依法依规严肃追究责任 给遇难者家属和社会一个交代．央视新闻，2021-01-29.

（三）新时代国内社会治安仍未完全太平

我国处于新时代社会转型期，社会风险加大、社会关系容易引发冲突和矛盾，导致社会治安事件的发生。社会治安是直接影响社会安全的因素，是评价社会安全时最重要的内容之一，社会治安事件将给人们的生命、健康和财产带来直接威胁与破坏。虽然我国社会治安整体形势向好，但随着信息化、网络化发展，仍存在安全隐患，主要包括非法集资、信息泄露、网络诈骗等案件猖獗，违法犯罪手段日趋信息化、动态化、智能化，以报复社会、制造影响为目的的个人极端暴力案件时有发生，严重暴力犯罪屡打不绝等。①

（四）新时代国内社会民生问题仍然存在

幼有所育、学有所教、劳有所得、病有所医、老有所养、住有所居、弱有所扶，是发展中保障和改善民生需要达到的目标，也是影响社会安全的日益突出的问题。虽然从整体而言，新时代我国居民生活水平有一定的提升，但是住房供需矛盾，教育、养老、医疗、社会保障等存在城乡差异、区域差异，人口结构变化等使得我国经济社会的发展仍未满足全体民众的民生需求，仍存在民生的社会安全隐患。

知识链接

马斯洛需求层次理论

马斯洛的需求层次理论（如图 3－3 所示）是亚伯拉罕·马斯洛于 1943 年在《心理学评论》的论文《人类动机的理论》中所提出的理论。在马斯洛看来，人类价值体系存在两类不同的需求：一类是沿生物谱系上升方向逐渐变弱的本能或冲动，称为低级需求和生理需求；另一类是随生物进化而逐渐显现的潜能或需要，称为高级需求。人都潜藏着五种不同层次的需求，但在不同的时期表现出来的各种需求的迫切程度是不同的。人的最迫切的需求才是激励其行动的主要原因和动力。

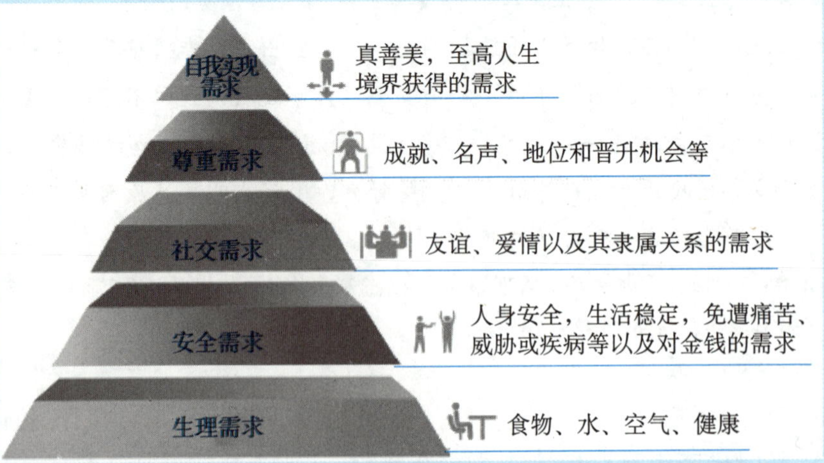

图 3－3　马斯洛的需求层次理论

① 中共中央宣传部，中央国家安全委员会办公室．总体国家安全观学习纲要．北京：学习出版社，人民出版社，2022.

（五）新时代国内新兴社会安全问题层出不穷

近年来，随着科技发展，食品药品问题、生态失衡、部分资源短缺、网络治理不到位等新兴社会安全问题比比皆是。毒奶粉、地沟油、瘦肉精、假疫苗、水污染、PM2.5超标、电信网络诈骗、网络黄毒赌等新兴社会安全问题，需要我们科学协调处理。

四、维护社会安全的途径与方法

我们在人与人交往的社会中生活，社会安全是评价一个社会和谐稳定的重要指标，也是全面贯彻落实科学发展观、构建和谐社会的重要内容。新时代总体国家安全观下的社会安全主要强调的是国内安全，即国家内部的社会安全。在新时代社会安全的全局规划中，平安中国建设是一项重要内容。平安中国建设就是要不断完善中国特色社会主义社会治理体系，确保人民安居乐业、社会安定有序、国家长治久安，这是将社会安全定性为国家安全中的一大目标的具体表现，也是总体国家安全观指引下实现社会治理创新的重要目标。党的十九大报告明确提出重视平安中国建设和创新社会治理的重要性。党的二十大报告进一步提出，未来五年，国家安全更为巩固、平安中国建设扎实推进等目标。我们新时代大学生要坚定地贯彻落实《国家安全法》中维护社会安全的任务，以科学的社会安全理念为指导，自觉投身于维护社会安全的行动。①

（一）树立科学的社会安全观

社会发展是一个动态的过程，社会治理问题、社会安全问题并非一成不变，需要以发展的眼光正视社会转型和变迁的新趋势、回应人民群众的新期待和新诉求、回应时代提出的社会治理新课题。新形势下，我国国家安全和社会安定面临的威胁和挑战增多，特别是各种威胁和挑战联动效应明显。正如习近平总书记指出的：我们必须保持清醒头脑、强化底线思维，有效防范、管理、处理国家安全风险，有力应对、处置、化解社会安定挑战。②

（二）加强公共安全治理

以总体国家安全观为指导的社会治理归根结底是要建立一种现代社会治理体系，它是一个由组织体系、制度体系、运行体系、评价体系和保障体系构成的社会网络，包含

---

① 《总体国家安全观干部读本》编委会．总体国家安全观干部读本．北京：人民出版社，2016.

② 习近平．切实维护国家安全和社会安定，为实现奋斗目标营造良好社会环境．人民日报，2014-04-27（1）.

国家、市场、社会乃至个人等多元主体，涉及政治、经济、文化、生态等各个方面，不能片面、孤立地看待社会治理安全问题，要坚定依法治理，充分反映百姓的民生需要，要统筹好国内国际两个大局，推进全球治理变革，打造人类命运共同体，进一步完善社会公共安全治理机制①，以切实实现中国社会安定、长治久安。

现代社会治理体系如图 3－4 所示。

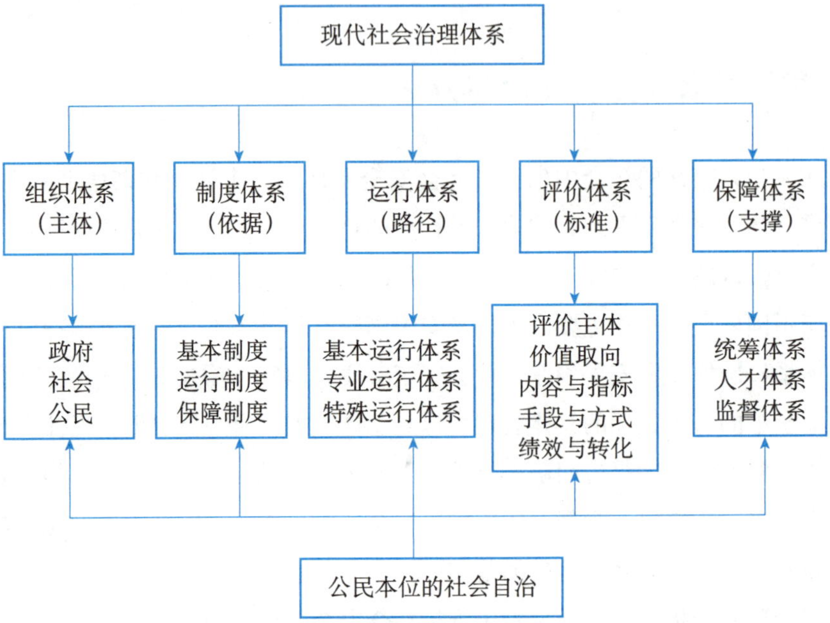

图 3－4　现代社会治理体系

资料来源：杨述明．现代社会治理体系的五种基本构成．江汉论坛，2015（2）．

（三）推进应急管理体系和能力现代化

要健全风险防范化解机制，加强风险评估和监测预警，加强重点行业领域的安全风险排查，提升多灾种和灾害链综合监测、风险早期识别和预报预警能力，加强应急预案管理，落实各环节责任和措施，实施精准治理，坚持依法管理，筑牢防灾减灾救灾的人民防线。推动形成统一指挥、专常兼备、反应灵敏、上下联动、平战结合的中国特色应急管理体制，强化应急救援队伍建设，加强应急救援能力建设。强化应急管理装备技术支撑和配备力度，以信息化推进应急管理现代化，形成维护国家社会安全的整体合力。②

① 杨述明．现代社会治理体系的五种基本构成．江汉论坛，2015（2）．

② 中共中央宣传部，中央国家安全委员会办公室．总体国家安全观学习纲要．北京：学习出版社，人民出版社，2022．

课后训练与活动

1. 思考题

(1) 分析军事安全、科技安全、文化安全、社会安全在国家安全中的地位和作用。

(2) 军事安全、科技安全、文化安全、社会安全分别包括哪些内容?

(3) 当前我国军事安全、社会安全面临的主要威胁和挑战是什么? 如何应对?

(4) 请结合实例谈谈当前大学生在科技安全、文化安全方面面临的挑战有哪些，以及应如何应对。

2. 活动与训练

(1) 分组收集我们身边军事安全、科技安全、文化安全、社会安全的案例，汇报分享其内容、对我们大学生安全意识和行动等方面的启发。

(2) 分组开展大学生军事安全、科技安全、文化安全、社会安全意识调查，并交流心得。

(3) 请分别以军事安全、科技安全、文化安全、社会安全为主题，自选文字、漫画、思维导图等形式，制作大学生“国家安全教育日”宣传海报。

第四章

守护国土资源　保持永续发展

知识结构（思维导图）

- 守护国土资源　保持永续发展
  - 爱国守业　捍土卫疆
    - 国土安全的重要性
    - 国土安全的主要内容
    - 国土安全面临的威胁与挑战
    - 维护国土安全的途径与方法
  - 绿水青山　生态发展
    - 生态安全的重要性
    - 生态安全的主要内容
    - 生态安全面临的威胁与挑战
    - 维护生态安全的途径与方法
  - 循环有序　分享节约
    - 资源安全的重要性
    - 资源安全的主要内容
    - 资源安全面临的威胁与挑战
    - 维护资源安全的途径与方法

学习目标

1. 了解推进兴边富民工程、巩固边防安全、增强国土安全的国际话语权、运用国际法维护国土安全的相关知识。
2. 熟悉国土安全、生态安全和资源安全的主要内容。
3. 掌握维护国土安全、生态安全和资源安全的途径与方法。
4. 能够运用新媒体宣传国土安全、生态安全和资源安全的有关知识。
5. 培养在国土安全基础上理解国家方针政策的能力。
6. 树立基于生态安全和资源安全的可持续发展世界观。

国土安全、生态安全、资源安全是三个紧密联系、相辅相成的安全领域。国土安全是传统安全领域，是国家生存的底线安全；生态安全和资源安全属于非传统安全领域，是国家可持续发展的安全保障。国土安全、生态安全、资源安全相互渗透，但侧重点不同，需要建立一个统一的、整体的认识。生态安全更强调动态性、发展性；资源安全则强调基础和条件。

第一节 爱国守业 捍土卫疆

寸寸山河寸寸金，侉离分裂力谁任。

——《赠梁任父同年》

党的二十大报告强调："国家统一、民族复兴的历史车轮滚滚向前，祖国完全统一一定要实现，也一定能够实现！"这是党对维护国土安全的强大信念。《大中小学国家安全教育指导纲要》指出，国土安全包括领土以及自然资源、基础设施安全等方面，核心是指领土完整、国家统一，边疆边境、领空、海洋权益等不受侵犯或免于威胁的状态，是国家生存和发展的基本条件。面对境内外分裂势力的挑衅，维护国土安全必须加强国防和外交能力建设。

一、国土安全的重要性

在当代国际关系中，国土安全问题最主要的表现就是国家间的领土争端和国家内部的统一、分离之争。这些问题是当今世界局部战争和冲突不断的一个重要原因，也是一些国家不能和平发展的主要困扰。捍卫每一寸国土是每个公民发扬爱国主义的基本要求。

(一) 国土安全是国家生存和发展的基本条件

生存和发展是国家的两大基本利益。从国家生存方面看，领土是主权国家国民赖以生存和发展的物质基础，提供人们生存和发展的场所、国家政权行使主权的空间，以及不可或缺的生产生活资料。近代中国陆上有边无防，海上门户洞开，频频遭受外敌入侵，历史教训十分惨痛。领土主权和权益一旦遭到破坏，轻则国民的生存权遭受威胁，重则整个国家可能败落甚至灭亡。从国家发展方面看，国土的安全状态与国家能否繁荣息息相关。

(二) 国土安全为其他安全提供保障与需求

国土安全是国家安全的基本保障，与政治安全、经济安全、军事安全休戚相关。国土安全为政治活动、经济活动和军事活动提供有保障的时空场所，为政治、经济、军事的发展创造客观的物质条件，从而促进政治安全、经济安全和军事安全的实现。

同时，国土安全需要政治安全、经济安全、军事安全来维护。任何一个领域的安全出现问题，都将直接或间接对国土安全造成威胁。

（三）国土安全是人民幸福生活的基础

在历史长河中，古代王朝也有国土沦丧的历史时刻。每当外族大规模入侵，往往导致社会分裂、生产力遭受严重破坏、生灵涂炭。例如五胡乱华导致晋室南迁，出现长达近三百年的十六国纷争和南北朝分裂，使得我国北方长期处于战乱之中，生产遭受严重破坏，社会发展停滞不前。唐末藩镇割据以及五代十国导致多年的混乱纷争，而幽云十六州的丢失导致中原王朝常年面临战略被动，遭受北方游牧民族的侵扰，为经济发达的宋朝灭亡埋下伏笔。只有国土不受外来侵略和威胁，资源不因战争或预防战争过分消耗，国家才能稳定发展，人民才能安居乐业。

二、国土安全的主要内容

（一）基本内涵

国土安全是指领土完整、国家统一，边疆边境、领空、海洋权益等不受侵犯或免于威胁的状态。国土涵盖领土以及自然资源、基础设施等要素；国土安全的内容包括领土主权不受侵犯、领土完整不被分裂，以及自然资源、基础设施安全等方面。作为新时代大学生，我们应该了解我国周边各国的基本情况，从而增长捍卫国家领土完整、发扬爱国主义精神所需要的基本知识。

（二）领土

（1）领土的概念与要素。国家的领土包括领陆、领水与领空。领陆是指国家主权管辖下的陆地及其底土①；领水是指国家主权管辖下的全部水域及其底土；领空是指国家领陆和领水的上空。

（2）领水、领陆和领空的关系。领水依附于领陆，领空又依附于领陆和领水。如果领陆发生变动，领水和领空也将随之变动。

（三）领海

（1）领海的概念。我国于 1958 年 9 月 4 日发表关于领海的声明，宣布中国的领海

---

① 自然资源部地图技术审查中心．国家版图知识选登（四）：中国领陆．自然资源部地图技术审查中心官网，2014－09－22.

宽度为 12 海里，该规定适用于中国的一切领土，“包括中国大陆及其沿海岛屿，和同大陆及其沿海岛屿隔有公海的台湾及其周围各岛、澎湖列岛、东沙群岛、西沙群岛、中沙群岛、南沙群岛以及其他属于中国的岛屿”①。

我国主张管辖的海域不但包括领海，也包括毗连区、专属经济区和大陆架等。但是后三者与领海在主权、管辖权和其他诸多权利上有很多区别，《联合国海洋法公约》以及我国颁布的法律上有明确的规定。

(2) 我国的领海范围。我国是一个海陆兼备的国家，既有广阔的陆地，又濒临渤海(内海)、黄海、东海、南海及台湾以东的太平洋等辽阔的海域。渤海、黄海、东海、南海连成一片，呈弧形环绕在我国大陆的东面和东南面。这其中包括了内海、领海、毗连区、专属经济区和大陆架。我国海域自北向南分别是渤海、黄海、东海、台湾海峡、南海。我国的黄海与韩国、朝鲜相望，东海与日本相望，南海与菲律宾、文莱、马来西亚、印度尼西亚、越南相邻。

(四) 领空

(1) 领空的概念。我国的领空是指中国领陆和领水的上空，是中国领土的组成部分。

(2) 我国的领空范围。《国际法》规定各国对其大气空间（即大气层）拥有主权，又宣布宇宙空间对于各国研究和利用都是开放的。因此，领空的高度应该由大气空间和宇宙空间的分界线来决定，但这条分界线实际上很难用一个准确的数字来界定。不过，有一点可以确定，那就是随着航空技术的发展，国家的领空将变得越来越重要。②

(3) 临近空间的概念。临近空间（near space）是指距地面 20～100 千米的空域，由于其重要的开发应用价值而在国际上引起广泛关注。其下面的空域是我们通常说的“天空”，是传统航空器的主要活动空间；其上面的空域就是我们平常说的“太空”，是航天器的运行空间。“临近空间”这个词目前只是一个学术概念，还没有公认的“官方定义”，对它的称呼也有很多种，如“近空间”、“亚轨道”或“空天过渡区”，美国也有人称之为“横断区”，而中国学术界过去则有“亚太空”“超高空”“高高空”等称呼。

(五) 自然资源

联合国环境规划署（UNEP）对自然资源的定义为：在一定时间和一定条件下，能产生经济效益，以提高人类当前和未来福利的自然因素和条件。中国地大物博，自然资源种类多，数量丰富。中国的土地资源主要有五个特点：土地辽阔，类型多样；山地多，平地

① 自然资源部地图技术审查中心．国家版图知识选登（七）：中国海域．自然资源部地图技术审查中心官网，2014-09-25.

② 自然资源部地图技术审查中心．国家版图知识选登（九）：中国领空．自然资源部地图技术审查中心官网，2014-09-29.

少；农业用地占比大，人均占有量少；宜林地较多，宜农地较少，后备的土地资源不足；土地资源分布不平衡，土地生产力地区间差异显著。

（六）基础设施

基础设施是指为社会生产和居民生活提供公共服务的物质工程设施，是用于保证国家或地区社会经济活动正常进行的公共服务系统。它是社会赖以生存和发展的一般物质条件。基础设施包括交通、邮电、供水供电、商业服务、科研与技术服务、园林绿化、环境保护、文化教育、卫生事业等市政公用工程设施和公共生活服务设施等。它们是国民经济各项事业发展的基础。

三、国土安全面临的威胁与挑战

我国国土安全依然面临威胁，陆地边界争议尚未彻底解决，岛屿领土问题和海洋划界争端依然存在，个别域外国家舰机对中国频繁实施抵近侦察，多次非法闯入中国领海及有关岛礁邻近海空域，危害中国国家安全。

我国的陆路边界在漫长历史进程中形成了曲折、复杂的状态。疆域东西跨度约5 200千米，南北跨度约 5 500 千米。陆地领土面积 960 多万平方千米，仅次于俄罗斯和加拿大，居世界第三位。

20 世纪 60 年代我国与缅甸、尼泊尔、朝鲜、蒙古、巴基斯坦、阿富汗协商解决了边境问题；20 世纪 90 年代我国与老挝、俄罗斯联邦、哈萨克斯坦、吉尔吉斯斯坦、塔吉克斯坦、越南签署了边界条约，解决了争议边界问题。目前，除印度和不丹外，我国与其他 12 个邻国的陆地边界问题均已解决。

我国大陆海岸线漫长，北起鸭绿江口，南至北仑河口，沿海岛屿、台湾及包括钓鱼岛在内的附属各岛、澎湖列岛、东沙群岛、西沙群岛、中沙群岛、南沙群岛等都是我国领土。我国领海宽度为 12 海里，主张管辖海域包括渤海全域和黄海、东海、南海的大部分海区。我国的 200 海里专属经济区是领海以外并邻接领海的区域，大陆架为领海以外依本国陆地领土的全部自然延伸，扩展到大陆外缘的海底区域的海床和底土。我国领空为领土和领海以上的整体空域，其外沿与领土和领海的外沿比齐，向上延伸至空气空间与外层空间的交界处。

（一）国土边境、海洋安全面临的问题与挑战

我国边界与领土争端主要有西南部中印边界问题、东部中日东海大陆架及钓鱼岛争端和南部的南海争端等问题。

中国和印度的边界历史上并未正式划定过，而是按照历史传统形成的习惯来划分，

符合国际法原则。2020 年，印度制造了加勒万河谷边境冲突事件。印军的冒险行径严重破坏边境地区稳定，严重威胁中方人员生命安全，严重违背两国有关边境问题达成的协议，严重违反国际关系基本准则。中方就此向印方提出严正交涉和强烈抗议。

日本妄图侵占属于我国的东海大陆架，并不断在钓鱼岛问题上滋生事端，企图将我国固有领土占为己有。中方坚持的原则是大陆架自然延伸的原则，这是 1969 年以后国际法庭正式确认的大陆架原则。

此外，南海问题国际化、复杂化影响着中国南部安全。

（二）反分裂斗争形势依然错综复杂

反对民族分裂，维护祖国统一，是国家最高利益所在，也是边疆各族人民根本利益所在。随着我国综合国力和国际影响力的持续提升，边疆地区发展稳定的局面日益巩固。不管台湾岛内局势出现何种重大变化，大陆和台湾同属一个中国的法理和现实都不会改变，遏制“台独”分裂活动是确保两岸关系和平发展的必然要求。我们必须深刻认识反分裂斗争的长期性、复杂性、尖锐性。民族分裂势力越是企图破坏民族团结，我们就越要加强民族团结，筑牢各族人民共同维护祖国统一、维护民族团结、维护社会稳定的钢铁长城。

（三）国土安全面临严峻的国际舆论环境

1. 西方国家频频制造不实的国际舆论

西方国家为了遏制中国崛起，不断大肆宣传“中国威胁论”。美国等西方国家试图用毫无根据的谎言污蔑中国，让世界误解中国，阻碍中国的和平发展。

2. 部分周边国家制造舆情激化矛盾

日本屡次否认南京大屠杀，参拜供奉二战甲级战犯的靖国神社，叫嚣购买钓鱼岛或宣布钓鱼岛“国有化”。菲律宾曾经发表对黄岩岛主权的不实言论。越南不但侵占了我国岛屿，还曾在渔民作业、石油勘探等问题上屡屡和我国发生冲突。2020 年 6 月，加勒万河谷边境冲突事件以来，印方公然炫耀抢占了班公湖南岸的两个制高点，并且宣称将中国军队置于了印军步枪的射程之内。周边国家为了自身的利益不惜通过各种手段罔顾事实，制造引发边境冲突的言论。

四、维护国土安全的途径与方法

维护国土安全必须加强国防和外交能力建设。中国政府本着和平协商、互谅互让、合情合理的原则，维护领土完整与安全。维护国土安全是一项系统的、复杂的、综合性的长期工作，要从以下四个方面着力，并兼顾整体，全面提升国防、外交能力。对于高校而言，要加强爱国主义教育和国防教育，鼓励学生立志报国。

（一）完善国土安全法律和教育体系

1. 完善维护国土安全的法律法规

在国土安全方面，我国制定了一系列法律法规，如《领海及毗连区法》《专属经济区和大陆架法》《反分裂国家法》《关于划设东海防空识别区的声明》《突发事件应对法》《全国人大常委会关于加强反恐怖工作有关问题的决定》等。此外，在《国家安全法》《海洋环境保护法》《海域使用管理法》《海岛保护法》《海上交通安全法》《铺设海底电缆管道管理规定》《民用航空法》等法律法规中，也包含维护国土安全的内容。

2. 加强国家版图和国土主权的宣传教育

国家国土安全形势不容乐观，加强全民国土安全宣传教育势在必行。应采用多种方法和手段，以多样的形式和丰富的载体进行国土安全宣传教育，以生动的、喜闻乐见的方式使国土安全教育深入民心。大力弘扬爱国主义精神，激发广大干部群众参与维护国家主权和领土完整的主人翁精神，使人民群众深入了解我国面临的维护国土安全的有利条件，增强必胜信心，推动形成自觉维护国土安全的强大人民力量。

（二）坚持兴边富民，强边、固边、稳边

1. 推进兴边富民工程

兴边富民行动，是1999年由国家民委联合国家发展改革委、财政部等部门倡议发起的一项边境建设工程。宗旨就是振兴边境、富裕边民。通过强化政府组织领导，广泛动员全社会参与，加大对边境地区的投入和对广大边民的帮扶，使边境地区尽快发展起来，边民尽早富裕起来，在发展中进一步增强爱国主义感情和加强各民族大团结，最终达到富民、兴边、强国、睦邻的目的。同时，帮助边境民族地区尽快摆脱落后状况，逐步缩小与发达地区之间的差距。

2. 巩固边防安全

边防作为国防的组成部分，其基本职能是抵御外来的侵犯和蚕食，同任何危害国家主权、领土完整和海洋权益的行为进行坚决的斗争。发展边防、巩固边境安全的具体任务包括：（1）组织实施边防防卫。（2）组织实施边防勤务。（3）研究边防历史。（4）加强边防管理。（5）密切关注国际政治斗争动向。（6）坚持和平共处五项原则。（7）促进边疆经济发展、民族团结和社会进步，把严格管理控制和方便经济发展、边防战备建设与边境和沿海经济文化建设紧密结合，从根本上巩固边防。

（三）坚持陆海统筹，建设海洋强国

1. 坚持陆海统筹发展，推进共建“一带一路”

2013 年 9 月和 10 月，中国国家主席习近平分别提出建设“新丝绸之路经济带”和“21 世纪海上丝绸之路”的合作倡议。依靠中国与有关国家既有的双多边机制，借助既有的、行之有效的区域合作平台，“一带一路”旨在借用古代丝绸之路的历史符号，高举和平发展的旗帜，积极发展与沿线国家的经济合作伙伴关系，共同打造政治互信、经济融合、文化包容的利益共同体、命运共同体和责任共同体。“一带一路”建设秉承共商、共享、共建原则。①

2. 推进海洋强国建设

党的二十大报告指出：“发展海洋经济，保护海洋生态环境，加快建设海洋强国。”21 世纪，人类进入了大规模开发利用海洋的时期。海洋在国家经济发展格局和对外开放中的作用更加重要，在维护国家主权、安全、发展利益中的地位更加突出，在国家生态文明建设中的角色更加显著，在国际政治、经济、军事、科技竞争中的战略地位也明显上升。我国是一个陆海兼备的发展中大国，建设海洋强国是全面建设社会主义现代化强国的重要组成部分。

（四）加强国防和外交能力建设

1. 加强国防建设，捍卫国土安全

在国防建设方面，坚持走中国特色强军之路，全面推进国防和军队现代化，深入贯彻习近平强军思想，深入贯彻习近平军事战略思想，坚持政治建军、改革强军、科技兴军、依法治军，聚焦能打仗、打胜仗，推动机械化信息化融合发展，加快军事智能化发展，构建中国特色现代军事力量体系，完善和发展中国特色社会主义军事制度，不断提高履行新时代使命任务的能力。《新时代的中国国防》白皮书指出，新时代中国国防和军队建设的战略目标是，到 2020 年基本实现机械化，信息化建设取得重大进展，战略能力有大的提升。同国家现代化进程相一致，全面推进军事理论现代化、军队组织形态现代化、军事人员现代化、武器装备现代化，力争到 2035 年基本实现国防和军队现代化，到 21 世纪中叶把人民军队全面建成世界一流军队。

《新时代的中国国防》白皮书指出慑止和抵抗侵略，保卫国家政治安全、人民安全和社会稳定，反对和遏制“台独”，打击“藏独”“东突”等分裂势力，保卫国家主权、统一、领土完整和安全。维护国家海洋权益，维护国家在太空、电磁、网络空间等安全

① 陈积敏．正确认识“一带一路”．人民网，2018－02－26.

利益，维护国家海外利益，支撑国家可持续发展。

中国坚定维护国家主权和领土完整。南海诸岛、钓鱼岛及其附属岛屿是中国固有领土。中国在南海岛礁进行基础设施建设，部署必要的防御性力量，在东海钓鱼岛海域进行巡航，是依法行使国家主权。

2. 加强外交工作，塑造良好外部环境

中国致力于同直接有关的当事国在尊重历史事实和国际法的基础上，通过谈判协商解决有关争议。中国坚持同地区国家一道维护和平稳定，坚定维护各国依据国际法所享有的航行和飞越自由，维护海上通道安全，解决台湾问题，实现国家完全统一。

中国坚持“和平统一、一国两制”方针，推动两岸关系和平发展，推进中国和平统一进程，坚决反对一切分裂中国的图谋和行径，坚决反对任何外国势力干涉。中国必须统一，也必然统一。

国家、政府和社会的诸多领域均涉及维护国土安全工作。加强队伍建设和理论研究，努力建设一支忠诚爱国、业务精湛、纪律严明的国土安全工作队伍和国土安全问题研究专家智库队伍，为做好国土安全工作提供力量和智力支撑。建立相关配套体制机制，构建统一高效的保障体系需要做到重视专业人才队伍，健全相关统筹和协调工作机制，加强协调配合，有效整合资源，形成工作合力。妥善应对重大突发事件，紧急状态下需要加强对国土安全现状的监测和未来动向趋势的预判分析，并不断完善应急处置机制。

3. 增强国土安全的国际话语权

从20世纪90年代起一直到2013年，中国一直坚持“互信、互利、平等、协作的新安全观”。2017年1月，习近平主席在联合国发表题为“共同构建人类命运共同体”的演讲，主张建设一个普遍安全的世界，再次强调各方应该树立共同、综合、合作、可持续的安全观，可持续安全观也成为构建人类命运共同体的组成部分，并被写入党的十九大报告。①

4. 运用国际法维护国土安全

在东海问题上，日本以日本跟中国陆地对等的距离划线，拿日本的话来说是日中的中间线。中方坚持的原则是大陆架自然延伸的原则，这是1969年以后国际法庭正式确认的大陆架原则。1969年以后，当时德国、丹麦、荷兰也为一个围绕着北海大陆架自然延伸问题而发生冲突，后来一直闹到国际法院，国际法庭最后判决“大陆架自然延伸原则”完全确立。有了这个案例以后，在世界各国大陆架发生纠纷的时候，一直遵循大陆架自然延伸原则。所以，中方的法理依据就是当时1969年由国际法院正式确立的原则，日方所沿用的中间线原则，已经被当时的国际法院判了败诉。

① 孙吉胜．中国国际安全观话语的构建与传播．搜狐网，2019-03-06.

第二节 绿水青山 生态发展

绿水青山就是金山银山。

——习近平

党的二十大报告强调，必须牢固树立和践行绿水青山就是金山银山的理念，站在人与自然和谐共生的高度谋划发展。这为进一步推进生态保护提供了总方向、总方针和总要求。党的二十大报告对生态文明建设做出了战略部署，明确了提升生态系统多样性、稳定性、持续性的战略任务和重大举措，我们要着力抓好落实。《大中小学国家安全教育指导纲要》中指出，生态安全包括水、土地、大气、生物物种安全等方面，是人类生存发展的基本条件。面对生态破坏、环境污染等威胁，维护生态安全必须践行“绿水青山就是金山银山”理念，加强综合治理，筑牢国家生态安全屏障。

一、生态安全的重要性

保护生态环境就是保护生产力，改善生态环境就是发展生产力。良好的生态环境是最公平的公共产品，是最普惠的民生福祉。生态问题不仅关系到人民群众幸福安康，更直接关系到国家经济社会发展，事关国家兴衰和民族存亡。

（一）生存发展的基本条件

生态安全是人类生存与发展的基本条件。人类的生存与发展离不开环境。人类是地球生态环境演化发展而来的，未来的可持续性发展也离不开生态环境。随着人类改造自然的能力加强，人类对环境的影响越来越大。维护生态安全，首先就是维护人类生命支撑系统的安全。生态系统和人类社会的和谐稳定，需要营养物质循环、气候与水文调节、污染物降解等生态调节过程。生态的可持续发展是经济和社会发展的基础。

（二）经济安全的基本保障

人类社会发展的历程中，因为生态破坏和自然资源枯竭造成经济社会衰退，甚至局部人类文明灭亡的例子举不胜举。如果突破了自然环境的承受能力，并且不断地恶性积累，就会形成一种难以持续发展的恶劣状态：可以利用的资源越来越少；生存环境的质量越来越差；生态系统越来越不稳定。如果彻底打破生态系统承受的底线，那么将造成难以恢复的生态退化或破坏，这就会导致我们的经济系统出现极不安全的状态，并且会严重影响后代的发展和生存环境，更为甚者，会给国家、民族的发展带来巨大的、难以估计的影响。因此，经济长期发展离不开生态安全的保障，生态安全为全域经济的长期发展提供条件。没有生态安全，经济可持续发展就无从谈起，经济安全就成为空中楼阁。

（三）政治安全和社会稳定的坚固基石

人民群众的身体健康和日常的生产生活都以生态安全为基础。生态环境的恶化必然导致人民的生活质量下降，甚至威胁人们的生存与健康。一旦生存资源紧缺，就会导致社会的冲突和动荡。随着人口数量的持续攀升，人类对生产生活资源的需求在持续增长，对环境的破坏日益严重，与生态关联的各种冲突很有可能逐步增多。过度的城市化、气候变暖、森林消失、生物物种减少、荒漠化和人类生存环境的恶化，都有可能导致社会关系紧张，并进一步演变成政治安全问题。从这个意义上讲，维护生态安全对维护政治安全与社会稳定的重要作用不言而喻。

（四）国土安全的重要屏障

从传统安全观来看，国土安全主要是维护边界、主权和国家统一。从总体国家安全观来看，国土安全包括生态安全的内容。没有青山绿水的国土不是安全的国土。土壤、空气、水体不受污染，自然环境和人居环境适宜，国土才是真正安全的。当代的生态问题对国土的影响是多方面的。首先，它可能改变国土的大小。气候变暖所导致的海平面上升，会使一些国家的低海拔地区被淹没。尤其是一些小岛国，其国土甚至会完全消失。其次，它可能影响国土的质量。尤其是资源消耗过大、森林减少、土地退化、人居环境严重污染等问题，都在影响着国土的实用价值、产出效益和发展潜力。鉴于此，只有保护好生态环境，才能保护好国土。

（五）资源安全的重要基础

生态系统作为一个整体，既是人类的生存空间，又是人类获取生产、生活资料的来源。对国家来说，要获得充分的资源，不但取决于国内的生态安全，而且取决于国际和全球生态安全。以水资源为例，2023 年《水行动议程》通过时，联合国环境规划署（UNEP）生态系统司司长在接受专访时提到近几十年来，由于气候变化、过度开采和污染的共同作用，生物多样性急剧下降。拉丁美洲、非洲和亚洲约三分之一的河流受到致病性污染的严重影响，严重和中度污染影响约 10%的河流，使这些水体实际上无法用于我们需要的用途：饮用、农业和娱乐。从生态的角度讲，只有解决好与气候、人口、污染等因素相关的问题，才能更好地维护水资源安全。

二、生态安全的主要内容

生态安全是指生态系统的健康和完整情况，是人类在生产、生活和健康等方面不受生态破坏与环境污染等影响的保障程度。生态安全包括水、土地、大气、生物物种安全等方面。

《2022 中国生态环境公报》显示，2022 年，全国生态质量指数与 2021 年相比无明显变化。生态质量一类的县域面积占陆域国土面积的 27.8%，主要分布在东北大小兴安岭和长白山、青藏高原东南部、云贵高原西部、秦岭和江南丘陵地区；二类的县域面积占 31.5%，主要分布在三江平原、内蒙古高原、黄土高原、青藏高原西北部、四川盆地、珠江三角洲和长江中下游平原地区；三类的县域面积占 30.9%，主要分布在华北平原、东北平原中部、内蒙古阿拉善西部、青藏高原西部和新疆大部分地区；四类的县域面积占 8.9%，五类的县域面积占 0.9%，主要分布在新疆中北部和甘肃西部地区。如图 4－1 所示。

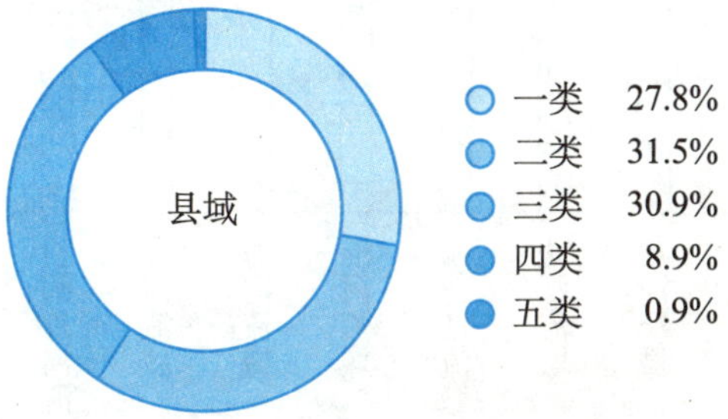

图 4－1　2022 年全国县域生态质量总体状况

（一）水安全

1. 水量保障的安全

南水北调工程在一定程度上解决了我国水量区域分布不均问题。截至 2020 年 6 月 3 日，南水北调中线一期工程已经安全输水 2 000 天，累计向北输水 300 亿立方米，已使沿线 6 000 万人口受益。其中，北京中心城区供水安全系数由 1 提升至 1.2，河北省浅层地下水水位由治理前的每年上升 0.48 米增加到 0.74 米。

2. 水质安全与水污染

（1）地表水总体状况。2022 年，全国地表水监测的 3 629 个国控断面中，Ⅰ～Ⅲ类断面占 87.9%，比 2021 年上升 3.0 个百分点；劣Ⅴ类断面占 0.7%，比 2021 年下降

0.5个百分点，如图4-2所示。主要污染指标为化学需氧量、高锰酸钾指数和总磷。①

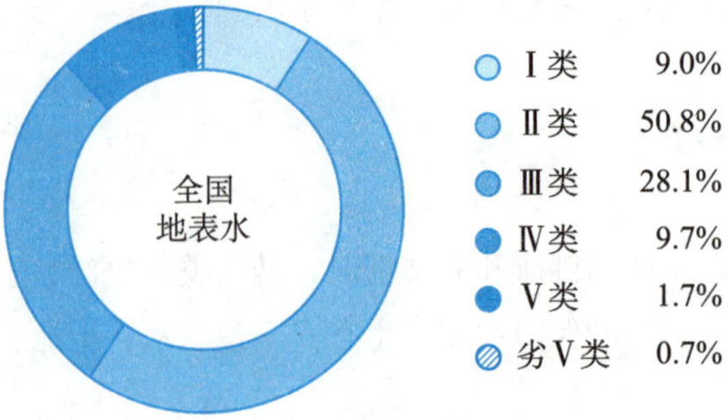

图4-2　2022年全国地表水总体水质状况

（2）主要江河水质状况。2022年，长江、黄河、珠江、松花江、淮河、海河、辽河七大流域和浙闽片河流、西北诸河、西南诸河主要江河监测的3 115个国控断面中，Ⅰ～Ⅲ类断面占90.2%，比2021年上升3.2个百分点；劣Ⅴ类断面的比例为0.4%，比2021年下降0.5个百分点。如图4-3所示。

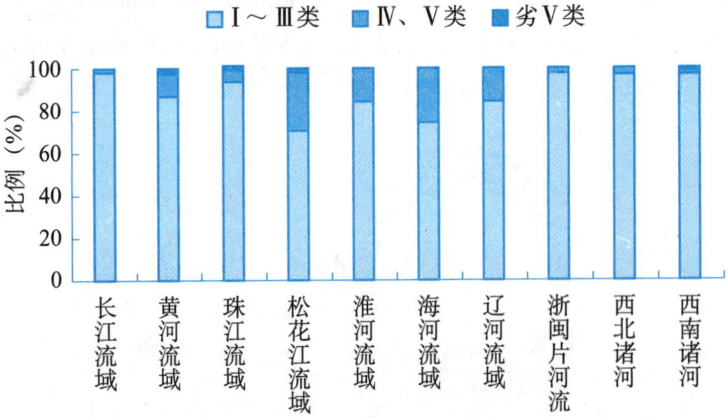

图4-3　2022年七大流域和浙闽片河流、西北诸河、西南诸河主要江河总体水质状况

（3）重要湖（库）水质状况及营养状态。2022年，开展水质监测的210个重要湖泊（水库）中，Ⅰ～Ⅲ类水质湖泊（水库）占73.8%，比2021年上升0.9个百分点；劣Ⅴ类水质湖泊（水库）占4.8%，比2021年下降0.4个百分点。主要污染指标为总磷、化学需氧量和高锰酸盐指数。开展营养状态监测的204个重要湖泊（水库）中，贫营养状态湖泊（水库）占9.8%，比2021年下降0.7个百分点；中营养状态湖泊（水库）占60.3%，比2021年下降1.9个百分点；轻度富营养状态湖泊（水库）占24.0%，比2021年上升1.0个百分点；中度富营养状态湖泊（水库）占5.9%，比2021年上升1.6个百分点。

① 中华人民共和国生态环境部．2022中国生态环境公报．中华人民共和国生态环境部官网，2023-05-29.

（二）土地安全

1. 土壤污染

2022年，全国土壤环境风险得到基本管控，土壤污染加重趋势得到初步遏制。全国农用地安全利用率保持在90%以上，农用地土壤环境状况总体稳定，影响农用地土壤环境质量的主要污染物是重金属。重点建设用地安全利用得到有效保障。

2. 土壤功能破坏

2021年水土流失动态监测成果显示，全国水土流失面积为267.42万平方千米。其中水力侵蚀面积为110.58万平方千米，风力侵蚀面积为156.84万平方千米。按侵蚀强度分，轻度、中度、强烈、极强烈和剧烈侵蚀面积分别占全国水土流失总面积的64.4%、16.6%、7.4%、5.5%和6.1%。第六次全国荒漠化和沙化调查结果显示全国荒漠化土地面积为257.37万平方千米，沙化土地面积为168.78万平方千米。岩溶地区第四次石漠化调查结果显示，岩溶地区现有石漠化土地面积为722.3万公顷。

（三）大气安全

1. 大气污染

2022年，全国339个地级及以上城市（以下简称339个城市）中，213个城市环境空气质量达标，占62.8%；126个城市环境空气质量超标，占37.2%。339个城市中，86个城市细颗粒物PM2.5超标，占25.4%；55个城市可吸入颗粒物PM10超标，占16.2%；92个城市臭氧超标，占27.1%；无二氧化氮、一氧化碳和二氧化硫超标城市。从污染物超标项数看，57个城市1项污染物超标，31个城市2项超标，38个城市3项超标。339个城市环境空气质量优良天数比例，平均为86.5%（见图4-4），比2021年下降1.0个百分点；平均超标天数比例为13.5%，其中由沙尘天气导致的平均超标天数比例为1.9%。①

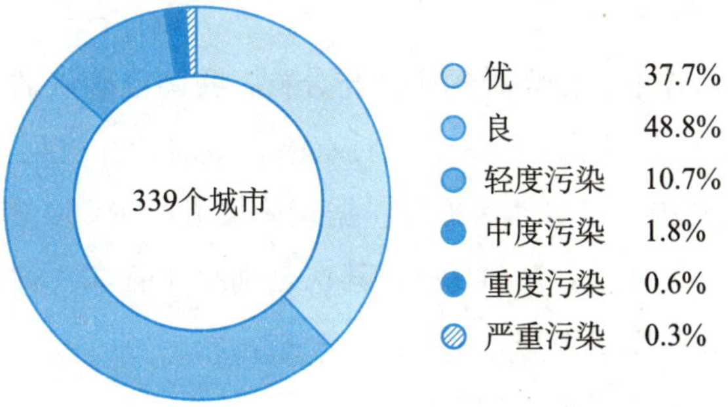

图4-4　2022年339个城市环境空气质量

① 中华人民共和国生态环境部．2022中国生态环境公报．中华人民共和国生态环境部官网，2023-05-29.

2. 气候变化威胁

2022 年，全国平均气温为 10.51℃，较常年（1991—2020 年）平均值偏高 0.62℃，为 1951 年以来历史次高。除 2 月和 12 月气温较常年同期偏低外，其余各月气温均偏高或接近常年同期。除吉林、广西和海南气温较常年偏低外，其他省（区、市）气温均偏高，甘肃、湖北、四川和新疆气温为 1961 年以来历史最高，安徽、河南、湖南、江苏、江西、宁夏和青海为历史次高。2022 年，西北太平洋和南海共有 25 个台风（中心附近最大风力≥8 级）生成，接近于常年平均值（25.1 个），其中 4 个登陆我国，较常年（7.1 个）偏少 3.1 个。共发生 38 次区域性强对流天气过程，与过去 3 年平均值相比偏少。高温（日最高气温＞35℃）日数为 14.3 天，比常年同期偏多 6.3 天，为历史同期最多。共发生 35 次冷空气过程（含寒潮过程 11 次），冷空气和寒潮过程均较常年偏多，其中寒潮过程偏多 6 次。北方地区共出现 8 次沙尘天气过程，比 2000—2021 年同期平均值（10.7 次）偏少 2.7 次，其中沙尘暴过程 1 次。

（四）生物物种安全

1. 生物多样性丧失

2022 年，全国 39 330 种高等植物（含种下单元）的评估结果显示，需要重点关注和保护的高等植物有 11 715 种，占评估物种总数的 29.8%，其中受威胁的有 4 088 种、近危等级的有 2 875 种、数据缺乏等级的有 4 752 种。4 767 种脊椎动物（除海洋鱼类）的评估结果显示，需要重点关注和保护的脊椎动物有 2 816 种，占评估物种总数的 59.1%，其中受威胁的有 1 050 种、近危等级的有 774 种、数据缺乏等级的有 992 种。9 302 种已知大型真菌的评估结果显示，需要重点关注和保护的大型真菌有 6 538 种，占评估物种总数的 70.3%，其中受威胁的有 97 种、近危等级的有 101 种、数据缺乏等级的有 6 340 种。

2. 生物入侵

根据农业农村部对外来入侵物种的研判与分析，我国已确认的外来入侵物种达 660 余种。其中 71 种对自然生态系统已造成或具有潜在威胁，并被列入《中国外来入侵物种名单》，219 种已入侵国家级自然保护区。据媒体报道，在 660 多种外来入侵物种中，最多的是入侵植物，有 370 种，超过 1/2；其次是动物，有 220 种，占到 1/3；也包括少量的菌物、原核生物和原生生物。

3. 生态服务功能退化

我国约有 90%的天然草地处于不同程度的退化之中，其中严重退化草地占 60%以上。长期过度放牧、草地开垦为农田、气候变化、国家投入不足和牧区政策偏差是导致我国草原大面积退化的主要原因。大量研究表明，过度放牧使植被覆盖度和初级生产力降低，生物多样性减少，土壤养分和水分保持能力下降；土壤侵蚀和水土流失加剧，对气候变化的敏感性增强。因此，过度放牧严重影响了不同时空尺度上的生态系统功能，加速了草地的退化演替，进而使草地生态系统服务功能日益衰减，虫鼠害和沙尘暴等灾害频繁发生。这严重威胁着我国北方及其周边地区的生态安全。

三、生态安全面临的威胁与挑战

我国的生态安全形势十分严重，土地退化、生态失调、植被破坏、生态多样性锐减并呈加速发展趋势，生态安全已经向我们敲起了警钟。就当前来说，我国的生态安全危机集中表现为生态破坏、环境污染等威胁。

（一）生态破坏

1. 水资源短缺对生产、生活及地区安全的影响

近年来，我国年均缺水量达 500 多亿立方米，近 2/3 城市不同程度的缺水。海河、黄河和辽河流域地表水资源开发利用率分别高达 106%、82%和 76%，西北内陆河流开发利用已接近甚至超出水环境承载能力。全国年均超采地下水 215 亿立方米，其中华北平原已形成 12 万平方千米的漏斗区。挤占生态用水问题也较为突出，京津冀地区的永定河、大清河等主要河道发生断流，西北内陆河等河湖下游尾闾面临生态消亡，区域水生态系统受损严重。

2. 水土流失对农业和水利工程的影响

经过长期发展，我国耕地开发利用强度过大，一些地方地力严重透支，水土流失、地下水严重超采、土壤退化、面源污染加重已成为制约农业可持续发展的突出问题。全国水土流失面积占国土面积的 37%、沙化土地面积占 18%，生态系统破坏带来的自然灾害频发，耕地土层变薄、酸化、次生盐渍化加重、有机质流失等问题加剧。

3. 森林、草原退化导致生态系统功能紊乱、失调和衰退

我国森林覆盖率和单位面积蓄积量远低于全球平均水平。约 90%的可利用天然草原存在退化问题，草原超载过牧现象仍然严重。湿地面积不断萎缩，湿地开垦、淤积、污染、缺水等问题突出，生态功能降低或丧失。近海生态恶化，自然岸线保有率仅为 37.6%，红树林和珊瑚礁面积较 20 世纪 50 年代减少 70%以上，近海赤潮、绿潮频发，生物资源衰退程度加剧，主要鱼类产卵场大幅萎缩。

4. 生物多样性丧失对生存环境的影响

人类活动干扰及违法开发建设对野生动植物栖息地影响较大。截至 2016 年底，我

国 4 357 种脊椎动物（不含海洋鱼类）中，受威胁物种占 21.4%，其中两栖类物种受威胁比例高达 43.1%；34 450 种高等植物中，受威胁物种占 10.9%，其中裸子植物受威胁比例高达 51%；60%～70%的野生稻分布点已消失或萎缩。部分珍稀或特有种质资源状况堪忧，外来物种入侵事件频繁发生，对自然生态系统平衡、本土物种基因构成严重威胁。

5. 气候变化威胁人类生存发展

近年来，我国的温室气体排放量攀升。受气候变化影响，近百年来，我国陆域平均增温 0.9℃～1.5℃，洪涝、台风和季节性干旱更趋严重，低温冰雪和高温热浪等极端天气事件频发，造成农业生产的不稳定性和成本增加，基础设施建设和运行安全受到影响。《第三次气候变化国家评估报告》显示，1980—2012 年我国沿海海平面上升速率为 2.9 毫米/年，预计 21 世纪末我国海区海平面将比 20 世纪高出 0.4～0.6 米，可能对长三角、珠三角等地区经济社会发展造成重要影响。

6. 生物入侵威胁生物多样性和生产生活

地球上五大洲之间的生物入侵比比皆是，其中以跨太平洋的北美与东亚尤为显著。中国的入侵生物主要来源于北美，尤其是美国。外来物种入侵是全球变化的重要现象之一，直接关系全球环境安全与人类社会经济可持续发展。生物入侵对全球的生态系统、环境和社会经济的影响也日益明显。生物入侵不仅导致生态系统组成和结构的改变，而且能彻底改变生态系统的基本功能和性质，最终导致本地物种灭绝、群落多样性降低，并给社会经济造成重大损失。

（二）环境污染

1. 地表水、地下水污染威胁生产生活和生态系统健康

2022 年，全国监测的 1 890 个国家级地下水环境质量考核点位中，Ⅰ～Ⅳ类水质点位占 77.6%，Ⅴ类占 22.4%，主要超标指标为铁、硫酸盐和氯化物。

2. 土壤污染威胁生产生活和生态系统健康

2022 年，全国土壤环境风险得到基本管控，土壤污染加重趋势得到初步遏制。全国农用地安全利用率保持在 90%以上，农用地土壤环境状况总体稳定，影响农用地土壤环境质量的主要污染物是重金属。

3. 空气污染威胁公众健康、生态环境和农业生产力

《2022 中国生态环境状况公报》显示，全国 339 个地级及以上城市中 126 个城市环境空气质量超标，占 37.2%；86 个城市细颗粒物 PM2.5 超标，占 25.4%；55 个城市可吸入颗粒物 PM10 超标，占 16.2%；92 个城市臭氧超标占 27.1%。

四、维护生态安全的途径与方法

维护生态安全必须践行“绿水青山就是金山银山”理念，加强综合治理，筑牢国家生态安全屏障。生态修复是一项系统工程，需要耗费几十年乃至上百年的时间，短期内难以见效。因此，必须坚持绿色发展，着力改善生态环境。坚持绿色富国、绿色惠民，为人民提供更多优质生态产品，推动形成绿色发展方式和生活方式，协同推进人民富裕、国家富强。要充分认识维护生态安全的长期性、复杂性、艰巨性，逐步建立健全维护生态安全的制度体系，着力解决突出生态环境问题，切实维护我国生态系统稳定和国家利益。

（一）健全生态保护和修复制度

我们要建立突发环境事件应急预案编制和管理体系，建立完善多级联动的突发环境事件应急网络，有效管控生态环境问题引发的社会事件和公共危机；加强资源环境的国情宣传，及时准确披露各类生态环境信息，提高全民生态环境保护意识。

1. 实施重要生态系统保护和修复重大工程

强化自然保护区建设和管理，探索建立以自然生态资源保护为核心的国家公园体系，加强极小种群、重要野生动植物及栖息地的保护和恢复，严格重要种质资源、珍稀濒危野生生物资源的进出口管理，加强外来物种监测预警及风险管理；积极推进重点地区水土流失和沙化、石漠化土地治理。

2. 划定生态保护红线、永久基本农田、城镇开发边界三条控制线

坚定不移地实施主体功能区制度，健全财政、投资、产业、土地、人口、环境等配套政策；强化土地用途管制，划定并严守生态保护红线；严守水资源开发利用、用水效率、水功能区限制红线，加强地下水开采总量控制；积极发展循环经济，强化节能、节地、节水准入，提高全社会资源产出率；实施工业绿色发展战略，加强产业上下游间的衔接与耦合，推进工业集约化发展；严格实施矿产资源规划，强化准入管理，严控采矿活动对生态环境的影响。

3. 开展国土绿化行动

2018 年 11 月，全国绿化委员会、国家林业和草原局印发《关于积极推进大规模国土绿化行动的意见》（以下简称《意见》），提出要大面积增加生态资源总量，力争到 2035 年，美丽中国目标基本实现，到 2050 年，迈入林业发达国家行列；要实施重大生态修复工程，以大工程带动国土绿化；加快推进退耕还林还草，扩大退耕规模，力争实现应退尽退；加强“三北”、长江、珠江、太行山、沿海和平原防护林体系工程建设，

启动实施国土绿化“百县千场”行动，重点推进国土绿化100个重点县、1 000个重点林场建设；加快国家储备林建设，推进实施粤桂琼沿海、浙闽武夷山北部、湘鄂赣罗霄山等一批国家储备林建设工程。

4. 完善天然林保护制度，扩大退耕还林还草范围

加强林草植被保护与建设，提升森林和草原质量；强化天然湿地保护，有计划地推进退耕还湿；调整农业结构，推进农业清洁生产，保护与提升耕地质量；强化自然海岸线保护，控制海岸带环境污染和生态破坏，控制领海内海水污染，推进受损的典型海洋生态系统修复。

5. 保护野生动物和濒危植物

《中华人民共和国野生动物保护法》规定国家保护野生动物及其生存环境，禁止任何单位和个人非法猎捕或者破坏。自然资源部要求从五个方面入手，切实加强野生动物保护执法工作：一要开展野生动物保护执法行动；二要切实强化野生动物分布区的野外巡护和看守；三要全面检查野生动物经营利用场所，清理整顿非法经营利用行为；四要加强林业部门与海关、边防、运输等部门的协调行动，综合整治，严查走私、非法运输野生动物及其产品的行为；五要加强野生动物保护宣传教育。

中国现有野生植物物种中约有6 000种植物处于濒危或濒临绝灭的状况，并且已有100多种植物面临极危或濒危，有相当大一部分的种质资源在野外已经不存在。生存环境的破坏为植物濒危主要因素。人类对自然资源的过度开发与利用，城市化建设，改变土地用途，过度采集，不可持续的农业和林业活动，环境污染，加快了它们走向濒临绝灭的速度。同时，外来入侵物种的蔓延也会使生态系统失去平衡，从而导致物种的灭绝。

6. 构建天地一体化的生态安全监测预警和评估体系

探索建立生态安全监测预警体系，建立完善生态安全动态监测网络；定期对生态风险开展全面、科学的调查评估，加强对苗头性、倾向性、潜在性生态问题的预研预判。

7. 完善相关法律法规和财税制度

加快推进生态安全重点领域立法、修法工作，强化环境保护监督工作；将生态环境保护纳入领导干部政绩考核体系，探索编制自然资源资产负债表，建立领导干部自然资源资产离任审计制度，制定《党政领导干部生态环境损害责任追究办法（试行）》，对失职、渎职、滥用职权的党政领导干部予以严肃追责；落实并完善促进节能减排、保护生态环境的税收政策，深化自然资源及其产品价格改革，探索建立全面反映市场供求和资源稀缺程度、体现生态价值和代际补偿的资源有偿使用制度，建立健全生态保护补偿机制。

8. 加强生态安全国际合作

参与全球生态环境和区域生态环境治理，引导完善国际生态治理体系和规则；强化

“走出去”企业的环境意识和社会责任，加强“走出去”项目及其周边生态环境保护，努力实现合作共赢。

2015 年，第 21 届联合国气候变化大会在巴黎召开，195 个缔约方通过了具有历史意义的全球气候变化新协议——《巴黎协定》。会议期间，中国代表团本着负责任、合作精神和建设性态度积极推动谈判取得进展，为促成气候变化大会达成协议做出重要贡献，充分展现了中国在应对气候变化问题上负责任的大国担当。

9. 重视粮食安全

我国粮食安全面临的问题：内部的问题是耕地数量减少、质量下降；水资源短缺、分布不均；农村青壮劳动力转移较多，从事农业的劳动力素质呈结构性下降；生态环境脆弱、污染增加；极端天气频繁，自然灾害影响加重；技术集成要求与小规模生产方式的矛盾加剧。外部的问题是国际农产品贸易市场波动愈加频繁。为了确保粮食安全，我国农业需要进行以下转变：从注重保供给向保可持续发展转变；从追求全面保障向保重点转变；从小规模家庭分散经营向构建新型农业经营体系转变；从立足国内资源自给自足向合理利用境外资源和市场转变。坚持以持续稳定提高国内粮食综合生产能力为前提，确定开放市场按照“农产品转化品—非基本需求农产品—非口粮谷物—口粮”的优先顺序原则，坚持逐步放开的原则。①

（二）加强环境治理

（1）大气污染防治。开展蓝色海湾整治行动，实施大气污染综合防治，推进清洁生产和节能减排，严控多种大气污染物排放量，切实改善大气环境质量。

（2）水污染防治。加强水生态保护，系统整治江河流域，连通江河湖（库）水系，开展退耕还湿、退养还滩。

（3）土壤污染防治。完善国家土壤环境监测网络，加大土壤重金属污染治理修复力度，强化农产品产地安全和污染场地开发利用监管，实施矿山生态环境保护与恢复治理。

（4）荒漠化和水土流失的防治。推进荒漠化、石漠化、水土流失综合治理，强化江河源头和水源涵养区生态保护。

（三）强化国门安全管理

1. 建立外来有害生物及重大新发突发传染病、动植物疫情防控体系

根据《中华人民共和国生物安全法》的规定，国务院卫生健康、农业农村、林业草

① 韩一军，姜楠．新时期中国粮食安全研究．北京：中国农业科学技术出版社，2017.

原、海关、生态环境主管部门应当建立新发突发传染病、动植物疫情、进出境检疫、生物技术环境安全监测网络，组织监测站点布局、建设，完善监测信息报告系统，开展主动监测和病原检测，并纳入国家生物安全风险监测预警体系。

2. 禁止濒危动植物及产品贸易

为了保护某些野生动物和植物物种不致由于国际贸易而遭到过度开发利用，我们迫切需要采取适当措施。对所有受到和可能受到贸易影响而有灭绝危险的物种，必须加以特别严格的管理，以防止进一步危害其生存。

第三节　循环有序　分享节约

地力之生物有大数，人力之成物有大限。取之有度，用之有节，则常足；取之无度，用之不节，则常不足。

——《资治通鉴》

党的二十大报告关于能源的部署围绕一个核心，就是能源安全，其中提及“确保粮食、能源资源、重要产业链供应链安全”。《大中小学国家安全教育指导纲要》中指出，资源安全包括可再生资源安全、不可再生资源安全等方面，是国家战略命脉和国家发展依托。面对供需矛盾大、对外依存度高、开发利用水平低等问题，维护资源安全必须坚持推进绿色发展、利用好两个市场和两种资源。

一、资源安全的重要性

资源安全在国家安全中居于重要地位。作为战略保障，资源是国家维护政治、军事安全的基础，是经济社会平稳可持续发展必不可少的要素。由于资源是环境的一部分，因此又与生态安全息息相关。

（一）资源安全是国家安全的重要支撑

资源安全是国家战略命脉、国家产业发展基础、国民经济主要支撑、社会稳定的基础。任何国家的生存与发展，都以消费自然资源为条件。没有可靠的资源供应，人类的生产、生活就不能进行，经济就会崩溃，社会就会动荡，进而政权就会失去存在的基础。由于资源对于国家具有生死攸关的重要性，因此国家间往往会因资源问题而发生冲突。资源安全作为国家安全的重要支撑，主要体现在三个方面：

首先，资源是经济发展、人民生活的最基本的投入要素。没有要素投入安全的支撑，经济就不会安全，国家安全的基础就会动摇。

其次，资源的掌控量是衡量国家实力的重要元素。纵观历史，控制资源往往是大国竞争博弈的主要原因之一。即使在当前总体和平的国际环境下，资源安全问题依然是各主要大国国家战略中的重要方面。

最后，随着经济社会的发展变化，资源的内涵不断发生变化。资源安全不仅体现在占有资源的数量上，还反映在资源的利用水平和精深加工技术水平上，资源安全的深度和广度不断延伸，支撑作用进一步凸显。

（二）资源安全是其他领域安全的依托

资源安全是经济安全和社会安全的依托，是科技安全的有效载体。资源安全与其他领域安全都直接或间接相关联，发挥着重要的依托作用。例如，资源的权属关系是国家政治制度的重要部分；控制国土上的资源是维护国土安全的重要内容；没有充足的、稳定的资源供应，经济就无法正常运行，社会就无法稳定，军事安全、科技安全、网络安全、核安全也得不到原料保障；只有高效利用资源，才能使生态安全和资源安全协调兼顾。

二、资源安全的主要内容

资源安全是一个国家或地区可以持续、稳定、及时、足量和经济地获取所需自然资源的状态。① 资源安全在国家安全中占有基础地位。资源就是资财的来源，是人类生存与发展不可或缺的自然物质。

资源安全包括可再生资源安全、不可再生资源安全等方面。可再生资源是指能够通过自然力以某一增长率保持或增加蕴藏量，消耗以后可以在较短时间内再度恢复的自然资源。主要指动植物、土地和水资源等。不可再生资源是指经人类开发利用后，在相当长的时期内不可能再生的自然资源。如矿石资源、煤炭、石油等。矿产资源是指经过地质成矿作用而形成的，天然赋存于地壳内部或地表，埋藏于地下或出露于地表，呈固态、液态或气态的，并具有开发利用价值的矿物或有用元素的集合体。矿产资源属于非可再生资源，其储量是有限的。化石能源是由上古时期遗留下来的动植物的遗骸在地层下经过上

---

① 谷树忠．不要漠视资源安全．光明网，2002－04－12．

万年的演变而形成的一种碳氢化合物或其衍生物。化石能源有煤炭、石油和天然气。

（一）可再生资源安全

1. 水资源保护和开发利用

（1）实施最严格的水资源管理制度。具体包括用水总量控制制度、用水效率控制制度、水功能区限制纳污制度、水资源管理责任和考核制度。

（2）合理规划生产、生活、生态用水格局，建设水生态文明。

（3）合理布局重大水资源工程。

（4）合理配置水资源，建立高效节水的产业结构。

（5）调整、优化与水相适应的产业布局。

（6）建立有利于长远发展的科学决策机制。①

2. 土地资源保护和开发利用

（1）控制耕地面积的增长，改广种薄收为少种高产多收。

（2）扭转过牧超载为“以草定畜”，大力建设基本草牧场，贯彻实施退牧还草政策。

（3）建立生态补偿制度。

（4）适当推行生态移民工程。

3. 生物资源保护和开发利用

生物资源保护对策是开展生物资源的本地调查、建立自然保护区、加强资源生物的引种和驯化、建立和完善保护生物资源的法律法规。

生物资源的开发利用原则有：制定生物资源开发利用规划；树立综合利用生物资源的观念；提高生物资源综合利用的技术和能力；提高生物资源产品的科技含量，加快生物资源基地建设，走产业化、规模化、一体化经营之路；加强保护。

4. 海洋资源保护和开发利用

海洋资源是指赋存于海洋环境中，可以被人类利用的物质和能量以及与海洋开发有关的海洋空间。海洋资源按其属性可分为海洋生物资源、海洋矿产资源、海水资源、海洋能与海洋空间资源。

我国海洋开发存在的主要问题包括：沿海水域开发不充分，利用不够合理；海洋生物资源遭到严重破坏；近海遭到不同程度的污染；特殊生态系统遭到破坏，岛屿生态环境恶化。

海洋资源保护和开发利用的措施有：海洋的开发要统筹规划和管理；加强海洋环境

---

① 肖培伟．切实加强水资源保护与开发．中央党校网站，2020-01-01.

及资源的调查研究；大力发展沿海水产养殖业，保护近海渔业资源，逐步发展外海和远洋渔业；加强海洋污染监测；控制陆地污染，实行对陆源污染的总量控制；控制与管理海上活动引起的海洋污染；加强海岸带、海岛资源的开发与保护。

5. 可再生能源保护和开发利用

利用可再生能源进行生产不仅可以节约资源、遏制废弃物泛滥，而且与利用原生能源进行生产相比，具有消耗低、污染物排放少的特点。发展可再生能源利用产业几乎涉及所有行业。如果该产业能够得到健康快速发展，便可带动其他相关产业的快速发展，并为城市人口创造大量就业岗位。发展可再生能源可以降低发展中国家对煤炭的过分依赖，保障能源供应安全。自20世纪80年代以来，开发新能源逐步成为新技术革命的一项重要内容。在可再生能源中，太阳能资源取之不尽、清洁安全，是最理想的可再生能源。风能的利用主要是发电，风力发电技术成熟，单机容量大，建设周期短，风能完全是一种安全可靠的能源。从长远看，不论是工程投资还是发电成本，都会逐步接近火电成本。因此，风力发电是一个极具发展潜力的产业。

（二）不可再生资源安全

1. 矿产资源保护和开发利用

我国矿产资源既有分布广泛又有相对集中的特点，许多矿藏的分布很广，如煤炭分布于全国28个省（自治区、直辖市），61%探明储量的煤炭集中于山西、内蒙古；27个省（自治区、直辖市）有铁、铜的分布，23%以上探明储量的铁集中于辽、川、冀、晋、皖、鄂、蒙、鲁、滇。① 我国矿产资源的特点如下：

（1）资源丰富，种类齐全。

我国幅员辽阔，地质条件复杂，矿产资源十分丰富。截至2021年底，全国已发现173种矿产。其中，能源矿产13种，金属矿产59种，非金属矿产95种，水气矿产6种。已探明的矿产资源总量较大，有不少矿种的储量居世界前列。

（2）贫矿多、富矿少，共（伴）生矿多、独立矿少。

我国的矿藏不论是金属还是非金属，多为低品位的。而且，我国的许多对经济建设有重要意义的矿产资源，如铁、锰、铝、铜、金、硫、磷等，组合条件都不佳，共（伴）生矿的分选和冶炼复杂、困难，生产成本高，易造成资源浪费。

（3）大矿少、中小型矿多，坑采矿多、露采矿少。

我国已探明的2万多个矿床，多为中小型矿床，大型矿床只占4%左右。而且，可露天开采的煤炭储量仅占7%。70%的铝土矿、80%以上的铜矿和硫矿、90%以上的镍

---

① 吕拉昌，李文翎. 中国地理. 2版. 北京：科学出版社，2016.

矿，都需要地下开采。

我国铝土矿、镍矿和钼矿资源储量变化如图 4－5 所示，铁矿、锰矿和铬铁矿资源储量变化如图 4－6 所示。

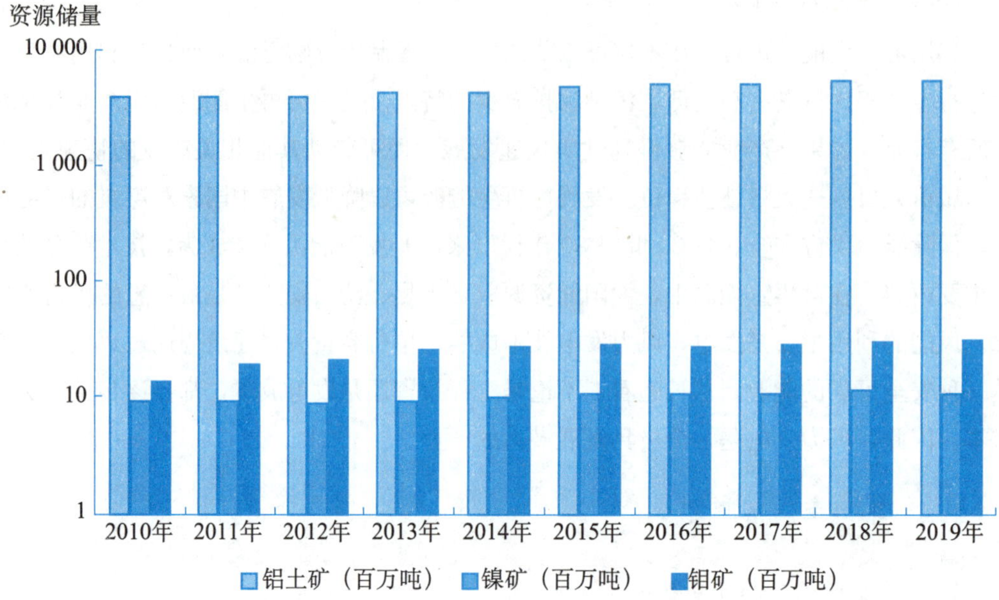

图 4－5　我国铝土矿、镍矿和钼矿资源储量变化

资料来源：中华人民共和国自然资源部．中国矿产资源报告（2020）．北京：地质出版社，2020．

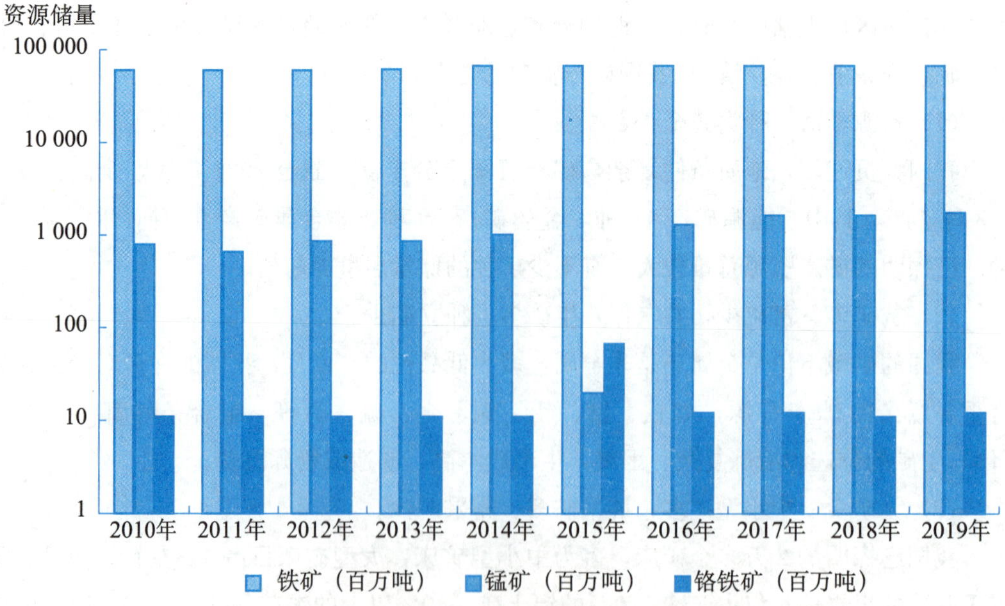

图 4－6　我国铁矿、锰矿和铬铁矿资源储量变化

资料来源：中华人民共和国自然资源部．中国矿产资源报告（2020）．北京：地质出版社，2020．

2. 不可再生能源保护和开发利用

在我国，煤炭资源、石油资源集中于北方地区，天然气资源集中于西部地区。2021年主要能源矿产储量煤炭 2 078.85 亿吨、石油 36.89 亿吨、天然气 63 392.67 亿立方米、煤层气 3 659.68 亿立方米、页岩气 5 440.62 亿立方米。我国主要能源矿产储量地区分布如图 4－7 所示。

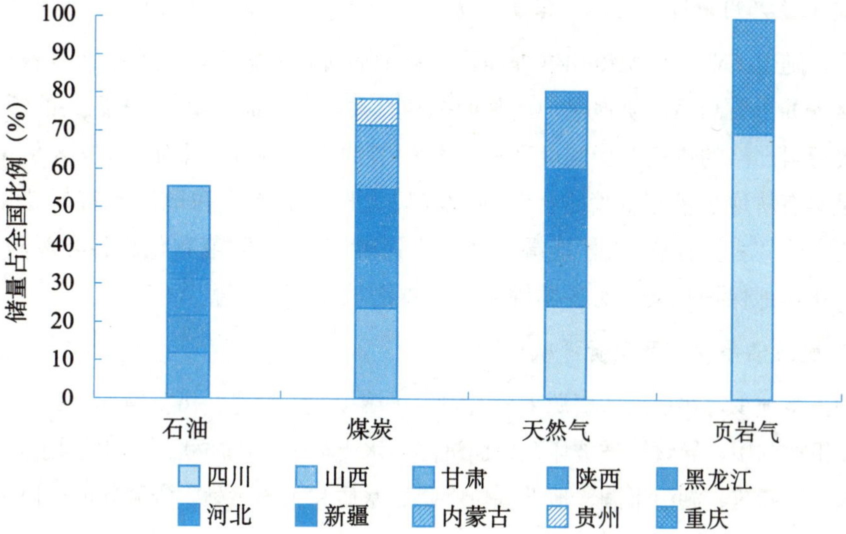

图 4－7 我国主要能源矿产储量地区分布

资料来源：中华人民共和国自然资源部．中国矿产资源报告（2022）．北京：地质出版社，2022.

三、资源安全面临的威胁与挑战

我国既是世界主要的资源生产大国，也是世界主要的资源消费大国，资源禀赋总体并不优越。长期以来，由于重经济发展、轻环境保护，生态、环境和水土资源处于不同程度的失衡或危机状态。我国资源安全面临供需矛盾大、对外依存度高、开发利用水平不高等问题。

（一）资源供需矛盾形势严峻

1. 资源开采和利用过度

我国铝土开采和利用就是一个典型例子。虽然中国铝土矿山产量较多，但是铝土矿的储量只占世界总量的 3%，整体呈现过度开采态势，这种开采模式会严重影响未来一段时间的资源供应。工业化加速发展，提高了对氧化铝的需求量。在过去的 10 年中，我国的氧化铝需求量翻了四倍，进一步刺激了我国铝土矿的消费规模，我国铝土矿消费量处于高速增长水平。

2. 人均资源量少，地区分布不均

我国水资源总量居世界第六位，但人均占有水资源仅为世界人均水资源量的 28%，且时空分布严重失衡，北方地区水资源严重不足。用水方式粗放增加供水压力，资源性、工程性、水质性缺水并存，华北、西北等地区水资源、水环境承载能力严重不足。

3. 工业生产用地过量，红线保护形势严峻

当前，随着工业化、城镇化进程加快，耕地后备资源减少，供养人口日益增多，我国人多地少的矛盾凸显，耕地保护面临的挑战日益严峻。面对事关 14 亿人的饭碗问题，要坚持实行最严格的耕地保护制度和最严格的节约用地制度，牢牢守住 18 亿亩耕地红线，确保实有耕地数量基本稳定。就耕地在民生层面的作用和地位而言，守住耕地红线，才能守住“大国粮仓”，才能端牢“手中饭碗”，从容防范和化解各类风险。因此，要全面强化耕地保护政策，对各类耕地“非农化”行为坚决说“不”。

4. 环境污染导致可利用资源减少

我国人多地少，耕地后备资源十分有限，土壤侵蚀、沙化、污染情况严重。资源的无序开发和粗放利用，导致植被破坏、地面沉陷、水土流失，优质耕地、生态用地被大量占用，出现江河断流、湖泊干涸、地下水位下降、水质和土壤污染，资源环境难以承受。

（二）资源对外依存度高

长期以来，我国一直存在着能源和矿产资源供给能力严重短缺的问题。我国资源总量大、人均少、质量不高，一些主要资源人均占有量与世界平均水平相比普遍偏低。

1. 能源（石油、天然气）大量依赖进口

近年来，我国重要能源对外依存度进一步攀升。由于国内资源短缺，资源对外依存度呈上升趋势，且居高不下。从进口运输通道看，我国资源进口集中于海运，主要海运通道均须穿过马六甲海峡和南海，通道安全保障面临多种威胁。

2. 矿产资源稀缺程度增高

预计未来几年，我国资源净进口品种将增加，铜、镍、铬等多数矿种对外依存度还将扩大，铁矿石、铝等少数矿种尽管需求总量将趋于稳定，但对外依存度将长期维持高位。锆、钴、铂族、钽、铌等战略性小品种矿产储量较为短缺，对外依存度也将加大。

（三）资源开发利用水平不高

从国内的资源生产来讲，由于过去十余年的高强度开发，主要矿种产量占全球比重高于储量占全球比重，开发强度超过世界平均水平。特别是优势资源大量出口发达国家，产量普遍占全球的一半以上，有的甚至高达 80%～90%。

1. 开发技术不高

我国资源开采方式粗放，科技创新能力不足，初级冶炼加工产能过剩，产品深加工和终端应用严重依赖国外技术，资源浪费严重，环境污染等问题突出。

2. 利用效率偏低

由于我国矿产冶炼加工产能扩张过快、利用效率偏低，高强度开采所导致的国内资源大量消耗，进一步削弱了我国资源的可持续供应能力。

3. 管理水平落后

特别是非法开采、超指标开采、采富弃贫等问题屡禁不止。矿产开采引发的生态破坏问题造成了高昂的经济成本和社会成本。

四、维护资源安全的途径与方法

人类生存竞争体现在生存和发展所需的资源的竞争，每个国家都从社会发展需要来解决资源问题。维护我国资源安全面临内外部各种挑战，必须加强谋划，综合施策，重点把握好坚持推进绿色发展、利用好两个市场和两种资源。在充分利用两个市场、两种资源的方针指导下，我国国内资源供应能力在提升，扩大资源“走出去”的战略取得积极成效，国内优势资源保护取得积极进展，经济社会发展所需的资源供应基本得到满足，主要资源产品没有出现断供等重大问题，资源安全总体上得到了较好保障。图 4-8 所示为全国一次能源消费结构。

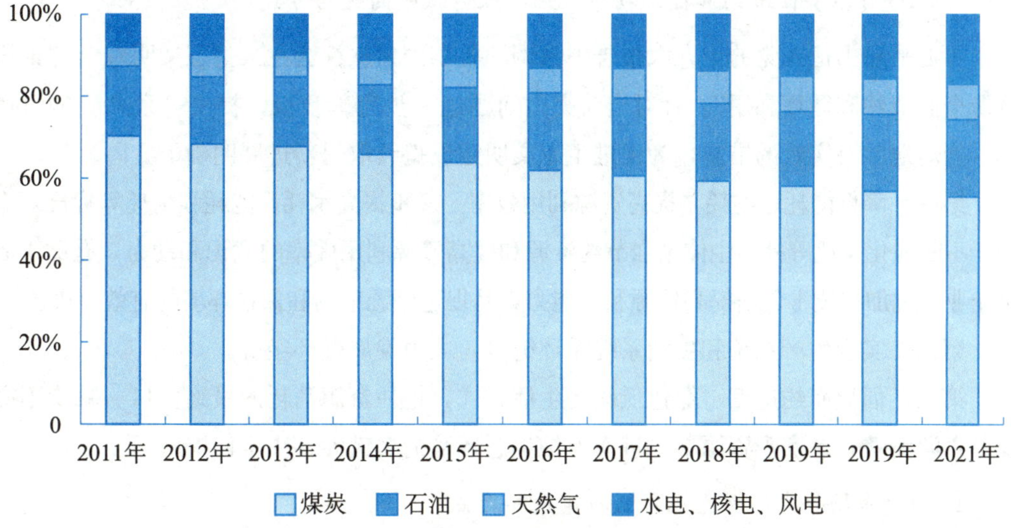

图 4-8 全国一次能源消费结构

资料来源：中华人民共和国自然资源部．中国矿产资源报告（2022）．北京：地质出版社，2022.

（一）推进绿色发展

1. 推进能源生产和消费革命，构建清洁低碳、安全高效的能源体系

党的十八大以来，我国能源技术水平不断提升，能源科技创新能力显著提高，技术进步已成为我国能源生产和消费革命的根本推动力。我国建成全球最大的可再生能源开发利用系统，连续多年保持水电、风电、太阳能发电等全球最大新增市场位置，新能源汽车保有量占全球总量一半以上，在能源清洁、低碳发展方面已形成广泛社会共识，并打下了坚实的产业基础。党的十九届五中全会强调了创新在新发展阶段的重要作用，显示出党中央对未来创新发展的坚定决心。习近平主席在 2020 年 12 月举行的气候雄心峰会上，提高了 2030 年我国应对气候变化的自主贡献目标，充分彰显了我国坚定走能源清洁、低碳发展道路的信心和决心，也进一步明确了我国能源清洁、低碳发展的战略导向。

2. 实施国家节水行动

《国家节水行动方案》指出，我国人多水少，水资源时空分布不均，供需矛盾突出，全社会节水意识不强、用水粗放、浪费严重，水资源短缺已经成为生态文明建设和经济社会可持续发展的瓶颈制约。计划到 2035 年，形成健全的节水政策法规体系和标准体系、完善的市场调节机制、先进的技术支撑体系，节水护水惜水成为全社会自觉行动，全国用水总量控制在 7 000 亿立方米以内，水资源节约和循环利用达到世界先进水平，形成水资源利用与发展规模、产业结构和空间布局等协调发展的现代化新格局。

3. 推进资源全面节约和循环利用，倡导绿色低碳的生活方式

习近平总书记在党的十九大报告中强调“要牢固树立社会主义生态文明观”，“推进资源全面节约和循环利用”。针对当前突出问题进一步完善政策，提出一系列新的可操作、能落地、有实效的措施，为促进生态文明建设持续取得新进展明确了方向。

第一，降低能耗、物耗，提高资源利用效率。逐步提高水耗、能耗和物耗等标准，有助于不断强化企业等社会主体增强节约资源和提高资源利用效率的意识和动力，有助于激励企业通过加快技术创新提高资源利用能力，是促进资源节约和保护环境的有效手段。

第二，实现生产系统和生活系统循环链接，大力发展循环经济。

第三，倡导简约适度、绿色低碳的生活方式，把住资源消耗的最终关口。减少不必要的资源消费，是实现资源节约进而保护生态环境的关键性、决定性措施。

4. 构建市场导向的绿色技术创新体系和产业

运用创新思维促进绿色发展，解决长期存在的安全隐患。要加快建立绿色生产和消费的法律制度和政策导向，建立健全绿色低碳循环发展的经济体系。构建市场导向的绿

色技术创新体系，发展绿色金融，壮大节能环保产业、清洁生产产业、清洁能源产业。推进能源生产和消费革命，构建清洁低碳、安全高效的能源体系。推进资源全面节约和循环利用，实施国家节水行动，降低能耗、物耗，实现生产系统和生活系统循环链接。倡导简约适度、绿色低碳的生活方式，反对奢侈浪费和不合理消费，开展创建节约型机关、绿色家庭、绿色学校、绿色社区和绿色出行等活动。

5. 支持资源型地区经济转型发展

依靠资源以至于依赖资源，是资源型地区的典型特点。为破解难题，资源型城市纷纷做出了在推动转型发展中走出自己路径的战略选择。一些城市统筹推进新型工业化、信息化、城镇化和农业现代化的同步发展，加快转型发展的实践，取得了一定的成就。资源型城市转型发展之所以能取得成效，得益于抓住了关键的重点问题。而要想持续发展，仍然需要在这几个问题的解决上下大力气，这是破解瓶颈的有效途径。

新型工业化、信息化、城镇化和农业现代化是一个互为支撑的系统工程。协调推进“四化”建设，实现“四化统筹”，推动“四化”同步发展，是加快转变发展方式的重要途径。做好“统筹”文章，要处理好四个关系：一是正确处理工业化和城镇化关系；二是正确处理工业化和农业现代化关系；三是正确处理农业现代化和城镇化关系；四是正确处理信息化和城镇化关系。

（二）提高资源开发利用水平

1. 强化资源综合利用，提高资源利用效益

高举绿色发展大旗，推进资源综合利用向高值化、规模化、集约化方向发展，建立技术先进、清洁安全、吸纳就业能力强的现代化工业资源综合利用产业新模式，促进工业领域资源综合利用与信息产业、工业服务业、城镇化建设和社会管理服务深度融合，主要从以下五个着力点推进工业资源综合利用：一是不断扩大产业规模。进一步提高大宗工业固体废物综合利用率及主要再生资源回收利用率，显著提升资源利用水平。二是加强创新。把创新摆在强化资源综合利用产业发展的核心位置，加快完善以企业为主体、市场为导向、“政产学研用”相结合的技术创新体系，营造有利于激励创新的制度环境。三是推动区域协同发展。根据主体功能定位、区域经济特点、资源禀赋和环境承载力等状况，科学确定各地区资源综合利用发展重点，发挥区域优势，突出地方特色。四是高效安全利用。要强化监管，防止资源综合利用过程中产生二次污染，确保安全，实现经济效益、环境效益与社会效益相统一。五是政策引导。强化政府对资源综合利用产业的引导支持作用，健全法规标准，完善经济政策，充分发挥市场配置资源的基础性作用，形成有效的激励和约束机制，增强企业发展综合利用的内生动力。

2. 加强再生资源利用

我国资源安全面临的突出问题是资源开发利用总体水平不高，不但导致资源浪费严重，加剧资源供需紧张，而且造成高昂的环境代价。因此，维护资源安全需要提高不可再生资源的开发以及节约和重复利用水平，积极开发新的可再生资源，推动可再生资源（例如水能、风能等绿色能源）对不可再生资源（例如煤炭、石油等化石能源）的替代功能，找到资源开发利用和环境保护的平衡点。一是高度重视资源节约，加快转方式调结构步伐，有效降低资源消耗强度；二是加强资源开发利用的生态监管，治理资源开发利用造成的各种环境污染；三是加大科技创新力度，不断提高资源利用和深加工水平，解决高端产品和装备对外依赖问题。

3. 保护稀有资源供应可持续性

稀土是不可再生的重要自然资源，在经济社会发展中的用途日益广泛。中国政府高度重视稀土资源的综合利用。近年来，国家加强了离子型稀土矿山地质构造研究，积极推进绿色矿山和综合利用示范基地建设，开发绿色高效开采技术，大幅度提高稀土回收率，支持开发新型浮选药剂和选矿设备，提高稀土选矿回收率，开展贫矿和尾矿稀土回收工作。中国大力支持发展循环经济，积极开展稀土二次资源回收再利用。如鼓励开发稀土废旧物收集、处理、分离、提纯等方面的专用工艺、技术和设备，支持建立专业化稀土材料综合回收基地，对稀土火法冶金熔盐、炉渣、稀土永磁废料和废旧永磁电机、废镍氢电池、废稀土荧光灯、失效稀土催化剂、废弃稀土抛光粉以及其他含稀土的废弃元器件等二次稀土资源回收再利用。

（三）利用好两个市场、两种资源

运用市场就是要打破自私的局限和各种壁垒，学会相互分享。用我多余而你短缺的资源换取我短缺而你多余的资源，相互取长补短，克服资源地域分布的不均，促进人类共同发展。

1. 加大资源勘查力度，增加国内资源储备

立足国内市场，提升自给能力。保持国内供应占总需求的合适比例，达到资源安全对国家安全的支撑作用的最低限度。一方面，加大矿产等资源的勘查力度，争取取得突破，增加国内资源储量；另一方面，合理规划矿业等的规模，高度重视优势资源保护，防止、限制外部对我国资源的不当获取和掠夺。

2. 有效开发原生资源

在保护中开发，在开发中保护。加强矿产资源勘查，合理开发和节约使用资源，努力提高资源利用效率，走出一条科技含量高、经济效益好、资源消耗低、环境污染少、

人力资源优势得到充分发挥的新型工业化道路。

3. 加大海外资源投资权益保护

保障资源安全必须充分利用外部资源，减少国内资源消耗并保护环境。综合采取加大海外资源权益投资、强化储备应急能力建设、加强运输通道保障等多方面措施，着力提升我国对境外资源的掌控力，增强话语权和定价权，变依赖国际资源为运筹国际资源，切实保障海外资源安全供应。

（四）健全预防预备体系

1. 完善资源安全法律法规体系

从立法现状看，我国的资源安全保障立法存在以下问题：第一，我国没有专门的资源安全保障立法。资源安全保障方面的法律法规散见在相关环境资源保护法中，其规定比较零散，原则性较强，缺乏可操作性，还没有形成统一的资源安全保障法律体系。第二，一些有关资源安全的重要法律法规缺位。比如我国还没有资源综合利用法，从而不能为资源的高效综合利用提供强有力的资源综合利用基本法支持，而资源的综合利用又是资源安全的一个十分重要的部分。我国还没有石油储备法和战略性矿产资源储备法，从而不能很好地建立矿产资源储备制度，也无法在矿产资源方面为资源安全提供有力支持。

2. 统筹国家资源供需战略，建立健全预防预备体系

资源储备战略是指为了在国际上保持独立自主的地位，保障国家的国防安全和经济安全，由国家实施的对具有较强供应脆弱性的资源和急需资源进行储备的战略。我国目前面临的资源形势极为严峻，资源对外依赖性过大带来了很多风险，在这样的情况下，建立适合我国国情的资源储备机制十分必要。资源储备战略是一个国家不可或缺的资源安全战略，关系到国家的安全与未来发展。未来经济格局难以预料，现在的储备就是将来的发展。因此，我们应该看到资源安全问题在建设和谐社会目标中的重要地位，面对现在的资源形势，将资源安全意识提高到国家安全的高度，完善我国的资源储备战略，维护我国的资源安全和国家安全。

3. 打击跨境资源走私，维护国家资源利益

以被称为“工业维生素”的稀土为例，我国稀土产量占全球市场的93%，由于出口管理不完善等原因，我国稀土资源流失严重。一些稀土买家大肆从中国走私稀土产品。有媒体报道，2008年中国稀土出口走私就有2万吨左右，而同年稀土氧化物出口量只有3.95万吨。走私如同一个“吸血导管”，不断从国家“命脉”里疯狂抽血，不仅使我国稀土矿产品大量流失，更破坏了我国的经济秩序，威胁着国家的经济安全。因此，打击矿产品走私形势紧迫。

课后训练与活动

1. 思考题

（1）如何推进兴边富民工程？

（2）如何巩固边防安全？

（3）如何增强国土安全的国际话语权？

2. 活动与训练

（1）翻看中国地图，指出我国哪些地区面临领土争端。

（2）设计电子海报，宣传国土安全、生态安全、资源安全常识。

（3）拍摄自主创意的爱国或保护资源和生态环境视频，利用新媒体传播国土安全、生态安全、资源安全知识。

（4）收集历史上保家卫国的事迹，和同学们分享这些事迹。

（5）考察家乡或所在地的资源与生态状况，提出当地存在的资源与生态问题，以及解决生态问题、促进绿色发展的做法。

第五章

拓展安全领域　维护发展利益

知识结构（思维导图）

- 拓展安全领域　维护发展利益
  - 文明上网　守护安全
    - 网络安全的重要性
    - 网络安全的主要内容
    - 网络安全面临的威胁与挑战
    - 新时代维护网络安全的途径与方法
  - “核”平利用　造福人类
    - 核安全的重要性
    - 核安全的主要内容
    - 核安全面临的威胁与挑战
    - 维护核安全的途径与方法
  - 海外安保　利国利民
    - 海外利益安全的重要性
    - 海外利益安全的主要内容
    - 海外利益安全面临的威胁与挑战
    - 维护海外利益安全的途径与方法
  - 新型安全　国之利益
    - 新型领域安全的重要性
    - 新型领域安全的主要内容
    - 新型领域安全面临的威胁与挑战
    - 维护新型领域安全的途径与方法

学习目标

1. 了解网络安全事关国家安全和发展及国家网络主权，大学生群体需合理、理智运用网络；了解核安全是国家安全的重要组成部分，是当前国内国际形势下我国国家安全的新生领域，在国家安全体系中具有重要地位；了解海外利益安全是国家安全的重要组成部分，成为我国与世界各国相互联系的重要途径，维护海外利益安全是关乎我国国计民生的大事；了解新型领域安全是战略新疆域，涉及潜在的重大国家利益，是未来国际竞争的新焦点。

2. 理解网络安全面临的威胁与挑战、核安全面临的威胁与挑战、海外利益安全面临的威胁与挑战、新型领域安全面临的威胁与挑战。

3. 掌握新时代维护网络安全的途径与方法、维护核安全的途径和方法、维护海外利益安全的途径和方法、维护新型领域安全的途径与方法。

4. 能够自觉维护网络安全、核安全、海外利益安全以及新型领域安全，妥善应对网络安全、核安全、海外利益安全以及新型领域安全面临的威胁与挑战；能够熟练运用有效途径与方法维护国家安全；增强国家安全意识，培养正确的国家安全观；始终树立国家利益高于一切的观念。

网络安全、海外利益安全以及核安全属于非传统安全领域，太空安全、深海安全、极地安全和生物安全属于新型领域安全。作为国家安全体系的重要组成部分，它们之间相互渗透、密不可分。这些领域为人类发展带来了新的动力，同时也面临着新的安全威胁与挑战。如何应对新的威胁与挑战，已成为当今社会面临的重大问题。

第一节　文明上网　守护安全

《军谶》曰：“将谋欲密，士众欲一，攻敌欲疾。将谋密，则奸心闭。士众一，则军心结。攻敌疾，则备不及设。”

——《三略·上略》

一、网络安全的重要性

“没有网络安全就没有国家安全，没有信息化就没有现代化。”21 世纪人民的生活水平有了质的飞跃，网络技术高速发展。我国的互联网基础资源不断攀升，截至 2020 年 12 月，我国 IPv6（互联网工程任务组设计的 IP 协议）地址数量如图 5－1 所示。如何让大学生既能有效地利用网络获取信息又能避免负面影响，是安全教育中一个重要的问题。

为了保障网络安全，维护网络空间主权和国家安全、社会公共利益，保护公民、法人和其他组织的合法权益，促进经济社会信息化健康发展，在《国家安全法》的基础上，第十二届全国人民代表大会常务委员会第 24 次会议通过了《网络安全法》，并于 2017 年 6 月 1 日施行。

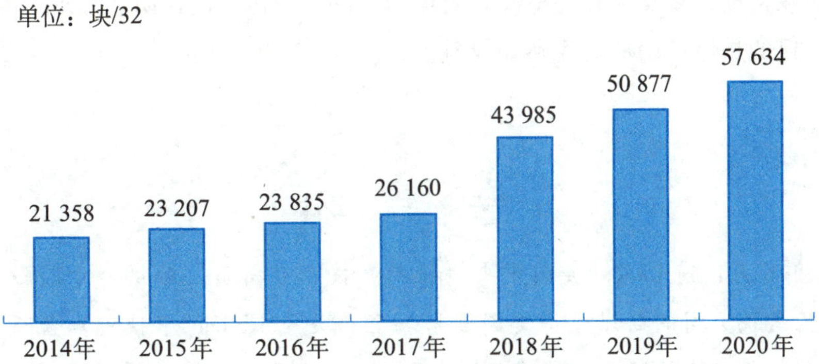

图 5－1 截至 2020 年 12 月我国 IPv6 地址数量

二、网络安全的主要内容

网络安全是指通过采取必要措施，防范对网络的攻击、侵入、干扰、破坏和非法使用以及意外事故，使网络处于稳定可靠运行的状态，保障网络数据的完整性、保密性、可用性的能力，以及网络系统的硬件、软件及其系统中的数据受到保护，不受偶然的或者恶意的原因而遭到破坏、更改、泄露，保证系统连续、可靠、正常地运行，网络运行不中断。从广义上说，凡是涉及网络上信息的保密性、完整性、可用性、真实性和可控性的相关技术和理论，都是网络安全的研究领域。

（一）基础设施安全

国家对公共通信和信息服务、能源、交通、水利、金融、公共服务、电子政务等重要行业和领域，以及其他一旦遭到破坏、丧失功能或者数据泄露，可能严重危害国家安全、国计民生、公共利益的关键信息基础设施，在网络安全等级保护制度的基础上，实行重点保护。关键信息基础设施的具体范围和安全保护办法由国务院制定。国家鼓励关键信息基础设施以外的网络运营者自愿参与关键信息基础设施保护体系并建立了安全产业的有力布局与发展。

（二）运行与服务安全

1. 网络服务安全

网络服务安全包括系统安全、网络安全、信息传播安全和信息内容安全。系统安全即保证系统运行和信息处理的安全，主要侧重于系统运行。网络安全包括数据信息的安全、数据存储权限、计算机病毒防治、数据加密等。信息传播安全即信息传播后的安全，包括信息过滤，防止和控制非法有害的信息传播造成的信息失控。信息内容安全是保护信息的保密性、真实性和完整性，避免遭到网络攻击者的窃听、盗取、冒用、诈骗等，其根本目的是保护用户的隐私和权益。

案例

“棱镜门”事件

2013年6月，前CIA（美国中央情报局）技术分析员，后供职于国防项目承包商博思艾伦咨询公司的斯诺登将美国国家安全局关于PRISM（棱镜）监听项目的秘密文档披露给了《卫报》和《华盛顿邮报》，随即遭美国政府通缉，事发时斯诺登在香港，随后飞往俄罗斯。6月21日，斯诺登通过《卫报》再次曝光英国“颞颥”秘密情报监视项目。

“棱镜”监听项目揭露了美国政府在世界范围内广泛监听、收集个人隐私信息，并以黑客方式攻击、窃取各国重要机密的真相，引发世界舆论大哗。

2. 信息系统运行安全

信息系统运行安全包括信息数据安全、系统应用安全和系统技术保障。保证信息系统运行安全的措施有：提高网络信息攻击事件的应对和防范能力，防止有害信息传播；系统运行安全应采用专人负责制度，健全电子认证服务体系，推动电子签名在金融等重点领域和电子商务中的应用，建立和完善安全等级保护制度；系统技术保障更应致力于密码技术的开发和利用；健全信息安全风险评估机制；完善信息安全监控体系；等等。

3. 网络软件产品安全

网络软件产品即网络操作系统，也可以理解为网络通信协议和应用级提供网络服务功能的专用软件，又分为用户系统和资源系统两种形式。网络软件产品的安全是提升基于基础网络架构、应用协议等的漏洞挖掘、深度渗透检测、攻击检测发现、溯源取证、漏洞修复等的基础安全能力。

（三）信息安全

1. 数据传输安全

数据传输安全一般是指安全数据的传输。比如数据的传送方能够确保只有接收方可解密，第三方无法获取、截取。数据的接收方可知晓数据的来源和中途有没有被截获、纂改过。

2. 网络信息安全

网络信息安全是指网络运营者应当对其收集的用户信息严格保密，并建立健全用户信息保护制度。网络运营者收集、使用个人信息，应当遵循合法、正当、必要的原则，公开收集、使用规则，明示收集、使用信息的目的、方式和范围，并经被收集者同意。网络运营者不得收集与其提供的服务无关的个人信息，不得违反法律、行政法规的规定和双方的约定收集、使用个人信息，并应当依照法律、行政法规的规定和与用户的约定，处理其保存的个人信息。[①] 网络运营者不得泄露、篡改、毁损其收集的个人信息；未经被收集者同意，不得向他人提供个人信息。

3. 有害信息监察监管

有害信息是指有害数据，即一切与现实不符、有危害的信息，可以为图像、文字、声音等形式。包括一切有攻击人民民主专政、社会主义制度、党和国家领导人，破坏民族团结等危害国家安全的内容；含有宣传封建迷信、淫秽色情、凶杀、教唆犯罪等危害社会秩序的内容。1997 年 12 月 30 日，公安部实施了《计算机信息网络国际联网安全保护管理办法》，在发生或者可能发生有害信息的情况下，应当立即采取补救措施，按照规定及时向有关主管部门报告。网络运营者应当建立有害信息安全投诉、举报制度，公布投诉、举报方式等信息，及时受理并处理有关网络信息安全的投诉和举报。

4. 防范网络诈骗、网络暴力

网络诈骗常指为达到某种目的在网络上以各种形式向他人骗取财物的诈骗手段。[②] 网络暴力是指一类由网民发表在网络上并具有“诽谤性、诬蔑性、侵犯名誉、损害利益和煽动性”特点的言论、文字、图片、视频等。这些内容对他人的名誉、权益和精神造成伤害，人们习惯称其为“网络暴力”。近年来，网络诈骗多出现在购物、“中奖”、购买虚拟游戏装备、彩票预测、网络钓鱼等事件中，此外，还有一些电话诈骗、校园贷等行为。目前，网络诈骗较多，如果构成犯罪，将依法追究刑事责任。利用互联网销售伪劣产品或进行虚假宣传，利用互联网侮辱他人或捏造事实进行诽谤，由公安机关依照法律法规进行处罚或依法承担法律责任。

三、网络安全面临的威胁与挑战

（一）网络信息影响民众意识形态和价值取向

1. 不良、不实网络信息误导民众价值取向风险凸显

从 2013 年斯诺登披露美国国家安全局监听秘密文档事件开始，网络安全受到了国家和广大网民的重视。网络信息给民众工作、学习、生活带来帮助的同时也带来潜在的

① 中华人民共和国网络安全法. 北京：中国民主法制出版社，2016.
② 刘志彧. 大学生安全教育教程. 北京：高等教育出版社，2016.

威胁，很多网络负面信息扑面而来，不良、不实网络信息误导民众价值取向风险加剧。

2. 网络意识形态安全问题凸显

近年来，网络意识形态安全问题受到了前所未有的重视，“意识形态工作是党的一项极端重要的工作”“互联网已经成为舆论斗争的主战场”等观念深入人心。突发社会事件上升为意识形态论证的频率增大，网络意识形态争论的形式日趋多样化，对于民众心理的影响日趋深刻，而且出现向政治事件转化的动向。

3. 民众网络安全意识薄弱，应对网络风险能力亟待提升

普通民众对网络主权、网络边界和网络安全的认识不清，认识不到“网络安全，人人有责”，缺乏危机意识、紧迫意识和参与意识。由于无线网络的覆盖和智能手机的普及，各种软件随时随地可网络互连，而人们的个人隐私保护意识和防诈骗意识薄弱，对网络信息识别能力不够。规范网络秩序、净化网络环境，是我们当前面临的重大问题。

4. 网络舆情事件呈现高发态势

网络舆情是指在互联网上流行的对社会问题持不同看法的网络舆论，是社会舆论的一种表现形式，是通过互联网传播的公众对现实生活的某些热点、焦点问题所持有的有较强影响力、倾向性的言论和观点，是以网络为载体，以事件为核心，广大网民情感、态度、意见、观点的表达、传播与互动的集合。① 网络作为公共资源，有时会被居心不良的人所利用，用以进行对他人的人身攻击，给受害者带来严重的身心方面、不同层次的伤害。

（二）关键基础设施面临的安全隐患

1. 安全产业促进政策不完善

从政府政策角度看，我国已发布了大量安全产业促进政策并取得了一定的成效，但在政策的深度、广度和落实效果上，与国际先进水平尚存在一定差距。安全产业已成为近年来网络与信息安全政策制定着力考虑的主要方面。我国《信息安全产业“十二五”发展规划》成为推动信息安全产业向体系化、规模化、特色化、高端化方向发展，做大、做强信息安全产业的指导文件。《中国制造 2025》提出应加强智能制造工业控制系统网络安全保障能力建设，健全综合保障体系。

2. 企业对政策贯彻不足

我国入侵检测、病毒查杀、防火墙、安全网关、认证与加密、漏洞扫描、统一威胁管理等技术产品相对成熟，部分已接近或基本达到国际先进水平，但在流量检测分析、

① 乔晓阳．中华人民共和国国家安全法释义．北京：法律出版社，2016.

基础性漏洞挖掘、数据保护等方面存在较大技术差距，威胁特征库、病毒样本库等知识库建设仍有待完善。目前，我国对于通畅政企合作渠道、开展面向产业的技术竞赛等并没有直接规定，尚未形成企业解读、落实政策的有效机制，政策的针对性和实际收效不匹配。我国与欧美各国在安全产业政策数量、针对性方面差距并不显著。经调研，我国部分企业的关注重点集中在行业采购政策层面，对国家宏观顶层政策了解不足，尚不善于从政策中援引规定为自己拓展业务或争取其他合法利益。企业对政策贯彻能力的不足直接影响了我国产业政策的实施效果。①

（三）网络犯罪层出不穷

1. 网络犯罪造成重大危害

网络犯罪是指利用计算机、网络技术等信息技术或其特征，危害计算机、网络和数据安全，危害社会信息安全及社会危害性严重的行为。② 近年来，一些违法分子利用网络平台、自媒体等信息传播迅速、不受地域限制等特点，大量发布违法犯罪信息，严重扰乱网络秩序。

2. 网络窃密高发、后果严重

我国近几年发布的网络领域发展指导性文件均将保障网络安全作为基本原则或重点任务，网络安全是关乎国家安全的重要指标。网络非法外之地，我们每天都用到的众多 App 也会读取手机中个人的信息和定位等，如图 5－2 所示。

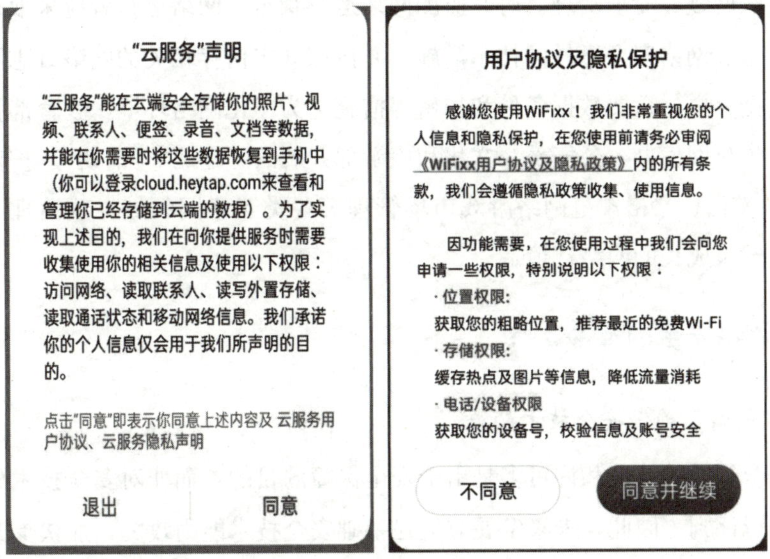

图 5－2 侵害用户权益例证

① 中国信息通讯研究院：网络与信息安全产业白皮书．北京：中国互联网络信息中心，2015.

② 刘志彧．大学生安全教育教程．北京：高等教育出版社，2016.

四、新时代维护网络安全的途径与方法

（一）依法治网

作为现实社会在网络空间的延伸，网络社会也应是法制社会。《网络安全法》的实施有效地净化了网络环境，打造诚信、健康、文明、法制的网络空间。国家实行网络安全等级保护制度，只有以秩序为基础，网民才能更充分享有参与的自由，网络社会才能得到良性、持续发展。

不断加强网络安全信息收集、分析、通报和应急处置。根据《网络安全法》第 42 条的规定，网络运营者应当采取技术措施和其他必要措施，确保其收集的个人信息安全，防止信息泄露、毁损、丢失。第 54 条第 1 款要求有关部门、机构和人员及时收集、分析、报告有关信息，加强对网络安全风险的监测。若发生网络安全事件，则应当立即启动网络安全事件应急预案，对网络安全事件进行调查和评估，要求网络运营者采取技术措施和其他必要措施，消除安全隐患，防止危害扩大，并及时向社会发布与公众有关的警示信息。

（二）网络管理

进行互联网领域专项治理，时时监测网络运行状态。网络运营者应采取监测、记录网络运行状态、网络安全事件的技术措施，并按照规定留存相关的网络日志不少于六个月；采取数据分类、重要数据备份和加密等措施。为净化网络环境，教育部积极配合中央宣传部、中央网信办、公安部、文化和旅游部开展的“净网”“清朗”“护苗”等学生类 App 集中整治、严格规范网络游戏市场管理等各类互联网领域专项治理工作，营造有利于学生健康成长的网络环境。

（三）网络安全的技术支持

1. 技术创新，确保安全技术领先

我国安全领域的认证和许可多是出于安全保障的目的，而非对安全技术先进性、产品成熟度进行评判。因此，未来发展应加强基础安全技术能力攻关，加快提升基于基础网络架构、应用协议等的漏洞挖掘、深度渗透检测、攻击检测发现、溯源取证、漏洞修复等基础安全能力；加快防火墙、入侵检测、防御等网络与边界安全类产品，病毒查杀、身份管理与访问控制、内容安全管理等终端安全类产品的创新和应用。

2. 加强安全产业政策引导

一是加强政策引导与落实，以政府采购为引导，推动形成产品；二是引导安全创新，顺应大众创业、万众创新的产业氛围，鼓励安全企业开展技术创新；三是加强金融扶持；四是优化人才培养。

（四）宣传培训

建立维护国家安全的根本目标，保证国家独立自主地发展、监督、管理我国互联网事务，防止我国互联网受到外部入侵和攻击。互联网对国际政治、经济、文化、军事等领域产生深刻的影响。开展社会网络安全意识宣传，加强提高网络安全教育，开展网络安全宣传周、活动日等主题活动，结合实际案例向民众讲解网络安全常识和如何防范网络诈骗与犯罪活动。

（五）国际合作

首先，以《网络空间国际合作战略》为指导，以和平发展、合作共赢为目标，加强网络合作，共建网络空间秩序。2015 年 12 月，习近平主席在第二届世界互联网大会上的重要讲话指出："网络空间是人类共同的活动空间，网络空间前途命运应由世界各国共同掌握。各国应该加强沟通、扩大共识、深化合作，共同构建网络空间命运共同体。"

其次，进行国际网络技术研发和标准制定。按照《中华人民共和国国民经济和社会发展第十四个五年规划和 2035 年远景目标纲要》《国家标准化发展纲要》中关于工业互联网标准的部署要求，到 2025 年，制定工业互联网关键技术、产品、管理及应用等标准 100 项以上，建成统一、融合、开放的工业互联网标准体系，形成标准广泛应用、与国际先进水平保持同步发展的良好局面。[①] 2020 年 12 月发布的第 47 次《中国互联网络发展状况统计报告》显示，截至 2020 年 12 月，我国 IPv6 地址为 57 634 块/32。虽然在安全技术和标准领域我国取得了积极进展，但与国际先进水平相比，在技术先进性和创新性、标准全面性和主导力等方面仍相对落后。

最后，国际合作打击网络犯罪。近年来，网络的飞速发展给人们带来生活便利的同时，也加快了人们的信息交流和商业往来，给了一些不法分子可乘之机，网络犯罪频发且出现跨国形态，譬如境外远程攻击计算机数据系统、盗取个人信息、电信诈骗、利用国外域名传播淫秽色情图片与视频等。在共同遵守《网络犯罪公约》的前提下，国际合作打击违法犯罪活动有利于架构网络安全防控体系建设，打造和谐虚拟网络社会。

① 工业和信息化部，国家标准化管理委员会．工业互联网综合标准化体系建设指南（2021 版），2021.

第二节 “核”平利用 造福人类

夫祸患常积于忽微，而智勇多困于所溺。

——《伶官传序》

党的十八大以来，党中央高度重视国家安全工作，成立了中央国家安全委员会，提出总体国家安全观。核安全作为总体国家安全观的要素之一，事关国家安危、社会稳定、经济发展、人民健康。习近平指出，人类要更好利用核能、实现更大发展，就必须应对好各种核安全挑战，维护好核材料和核设施安全。① 在核工业快速发展以及核恐怖主义的威胁并存的新形势下，作为新时期的大学生，我们应了解核安全的基本内涵，掌握核安全的主要内容以及维护核安全的途径和方法，加强忧患意识、国家意识、核安全意识，克服贪恋安逸享受、不思进取的精神状态，树立正确的世界观、人生观、价值观，真正成为国家的栋梁之材。

一、核安全的重要性

核安全通常是指核材料及放射性物质的管理和使用处于没有任何危险的状态，包括放射性物质的管理、核资源的开采利用、核电站的运行、乏燃料的处理、防止核扩散等。需要采取核安全措施的设施和活动包括核电厂和其他核设施以及医用、发电用、工业用和军用核物资的运输、使用与存储等。②

核安全是国家安全的重要组成部分，是当前国内国际形势下我国国家安全的新生领域，在国家安全体系中占有非常重要的地位。

（一）核安全是核能事业发展的前提和基础

核安全是环境安全的重要组成部分，关乎国家其他安全的各个方面，是国家安全的重要脊柱。习近平指出发展和安全并重，以确保安全为前提发展核能事业。③ 发展是安

① 习近平．在荷兰海牙核安全峰会上的讲话．人民日报，2014－03－25.
② 乔晓阳．中华人民共和国国家安全法释义．北京：法律出版社，2016.
③ 习近平．在荷兰海牙核安全峰会上的讲话．人民日报，2014－03－25.

全的基础，安全是发展的条件。只有实现更好发展，才能真正管控安全风险；只有实现安全保障，核能才能持续发展。核能是一种低碳能源，发展核能是我国能源供应的有力保障，但核安全是核能事业发展的生命线，因此保障核安全是实现核能事业可持续发展的前提和基础。

（二）核安全事关人民群众的生命和人类的前途命运

自人类发现核能以来，核能为人类的发展带来了希望和光明，同时核安全也面临着诸多挑战与威胁。例如 1979 年三里岛核泄漏事故、1986 年切尔诺贝利核电厂泄漏事故和 2011 年福岛核电站爆炸事故，从世界三大核事故的经验教训和影响后果可以看出，人类必须确保核设施的安全运行以及核材料的安全管理，必须做到“万无一失”。核安全关乎人民群众的生命以及人类的前途命运，是全世界需要关注的重要问题。

二、核安全的主要内容

（一）核材料安全

1. 放射性物质和核材料安全以及相关活动

根据《中华人民共和国核安全法》（以下简称《核安全法》）第 2 条，核材料是指：(1) 铀-235 材料及其制品；(2) 铀-233 材料及其制品；(3) 钚-239 材料及其制品；(4) 法律、行政法规规定的其他需要管制的核材料。

根据《核安全法》第 2 条，放射性废物是指核设施运行、退役产生的，含有放射性核素或者被放射性核素污染，其浓度或者比活度大于国家确定的清洁解控水平，预期不再使用的废弃物。放射性废物中的放射性物质对人体以及动物会产生严重的损害作用。

核活动指的是放射性物质或核材料的研究、生产、提取、处理、加工、应用、贮存运输、扩散和处置等活动的统称。

核材料对人体的健康、社会环境以及社会安全产生重大影响。最近几年国际社会有关核材料被盗、丢失以及非法贩卖的案件不断增多，如何确保核材料能够得到合理利用，不被恐怖组织用于恐怖活动，各个国家都采取了相应的措施，我国也颁布了一系列法律法规，比如 1987 年发布的《核材料管制条例》、1990 年发布的《核材料管制条例实施细则》、2018 年施行的《核安全法》等。世界各国应提升对核材料安全的重视程度。

案例

中美俄联手将一批危险核材料运出非洲

2018 年 10 月至 12 月，来自中美俄等国的联合团队密切合作，在非洲国家尼日利亚成功回收转移一批高浓缩铀，消除了恐怖分子抢夺危险核材料的风险。美国媒体对中国发挥的重要作用予以高度评价，认为“中国在核材料运储过程中发挥了关键作用”。

资料来源：中国经济网，2019 - 01 - 20.

2. 核辐射危害与警示标志

核辐射指的是放射性物质放射出的电磁辐射，核辐射主要是 α，β 和 γ 三种射线。其中 α 射线是氦核，吸入体内具有较大的危害性，其质量较大，电力作用强。β 射线指的是高速运行的电子流，电力作用较小，人体皮肤触碰以后容易烧伤。这两种射线穿透力较小，影响范围较小，只要辐射源没有进入人体，对人体的危害不大。γ 射线的穿透力较强，具有波长短的特点，和 X 射线具有一定的相似之处，能够穿透人体和建筑物，危害的范围较大。自然界中产生的放射性物质较多，但其危害不大。而核爆炸或者核电站事故等对人类和环境的影响较大。[①]

首先，对人类身体健康的影响。核辐射可以损伤人类的身体组织，慢性和急性辐射都会给人的机体带来伤害。如果人体摄入辐射量超过 100 拉德，经过 2 月治疗可基本恢复健康，但是会出现贫血、白内障等症状。多年后，患癌症的概率较大。人体摄入辐射量为 100～200 拉德，免疫系统减弱引起感染，最终死亡。人体摄入辐射量 200 拉德以上，情况更加严重。其次，对环境产生污染。核辐射对环境会造成一定的破坏和污染。不仅对空气造成严重的污染，而且对生物、植物以及土壤都会产生重大影响，从而影响人类的生命以及正常的生活。

核辐射的警示标志如图 5 - 3 所示。

核辐射标志　　核辐射防护标志

图 5 - 3　核辐射的警示标志

（二）核设施安全

根据《核安全法》第 2 条，核设施是指：（1）核电厂、核热电厂、核供汽供热厂等核

① 胡晓梅．核辐射及其安全防护．中国新技术新产品，2014（8 下）.

动力厂及装置；（2）核动力厂以外的研究堆、实验堆、临界装置等其他反应堆；（3）核燃料生产、加工、贮存和后处理设施等核燃料循环设施；（4）放射性废物的处理、贮存、处置设施。国家对核设施的选址、建设进行统筹规划，科学论证，合理布局；核设施营运单位应当具备保障核设施安全运行的能力；核设施营运单位应当依照法律、行政法规和标准的要求，设置核设施纵深防御体系，有效防范技术原因、人为原因和自然灾害造成的威胁，确保核设施安全；国家建立核设施安全许可制度等。① 因此，核设施营运单位应采取各种措施，加强核设施的安全运行，防范恐怖主义进行恐怖活动，使核能和平利用，造福人类。

（三）核技术安全

党的二十大报告中指出：基础研究和原始创新不断加强，一些关键核心技术实现突破，战略性新兴产业发展壮大。如核电技术取得重大成果，已进入创新型国家行列。

1. 核技术的分类

（1）军用核技术。

军用核技术是以原子核裂变、聚变或衰变释放的能量和射线的军事应用为研究对象的一门综合性科学技术。军用核技术是军事技术的重要组成部分，是核武器、军用核动力及相关科技工业发展的技术基础。军用核技术的研发及应用，反映了国家综合国力和高新技术的发展水平，对国家安全战略、军事战略及军队体制和作战模式等都有重大影响。

（2）核动力。

核动力是利用可控核反应来获取能量，从而得到动力、热量和电能。产生核电的工厂被称作核电站，将核能转化为电能的装置包括反应堆和汽轮发电机组。核能在反应堆中被转化为热能，热能将水变为蒸汽推动汽轮发电机组发电。我国核电站的建设始于20世纪80年代中期。首台核电机的组装在秦山核电站进行，1985年开工，1994年商业运行，电功率为300MW，为我国自行设计建造和运行的原型核电机组。

（3）民用核技术。

民用核技术在当前最为活跃。属于民用核技术的主要有核分析技术、辐射加工技术、离子束技术、放射性药物、核诊断技术、核仪表等。

2. 核技术的应用

目前，核技术已经在工业、农业、医学、环境治理等方面发挥着重要的作用。比如核技术在工业中的应用，主要是工业核仪表（厚度计、密度计、料位计、核子秤等）；

---

① 中华人民共和国核安全法.

核技术在医学中的应用，主要分为放射性诊断和放射治疗；在农业中的应用，主要是辐射诱变育种技术、辐射加工技术、昆虫辐射不育防治技术、食品辐照保藏方法等；在环境治理中的应用，主要是利用辐照技术进行三废处理。

（四）核扩散安全

当前国际安全形势复杂多变，核扩散已成为当今国际社会关注的一个热点问题。核扩散不仅是国家性课题也是全球性课题。核扩散主要指的是把核武器、核技术扩散到其他国家和地区。核扩散既包括核武器战争、核武器扩散，又包括核能核技术材料的扩散流失以及核恐怖主义的威胁等。

核扩散也是核安全维护的重要内容。核安全维护需要防范核攻击、核事故或者核犯罪行为的发生，坚持核不扩散的立场，防止和应对核材料的非法获取与贩运之类的行为，防范核恐怖主义袭击的发生等。无论是传统安全意义上的核战争与核扩散，还是非传统安全意义上的核安全事故与核废料污染，或者核恐怖主义威胁，可能发生的核安全危机已经是刻不容缓需要面对的人类危机之一。[①]

（五）核事件分级

国际核事件和放射事件分级表把核事故（事件）划分为七级：七级为特大事故，是指放射性物质大量释放，具有大范围健康和环境影响，要求实施所计划的和长期的应对措施。六级为重大事故，是指放射性物质明显释放，可能要求实施计划的应对措施。五级为影响范围较大的事故，是指放射性物质有限释放，可能要求实施部分所计划的应对措施，辐射造成多人死亡。四级为影响范围有限的事故，是指放射性物质少量释放，除需要局部采取食物控制外，不太可能要求实施计划的应对措施，至少有一人死于辐射。三级为重大事件，是指受照剂量超过工作人员法定年限值的 10 倍，辐射造成非致命确定性健康效应（如烧伤）。二级为一般事件，一般公众成员的受照剂量超过 10 毫希弗，1 名工作人员的受照剂量超过法定年限值。一级为异常。四级及以上称为事故，三级及以下称为事件。[②] 国际核事件分级如图 5－4 所示。

在人类核开发史上，共发生过三次影响比较大的五级以上核安全事故，在不同程度上出现了核泄漏和造成人员伤亡及经济损失。最早的是 1979 年美国三里岛核电站发生了五级安全事故，事故中有少量放射性气体溢出，造成 24 亿美元经济损失。最严重的和最令人记忆深刻的是 1986 年苏联的切尔诺贝利核安全事故。事故造成 56 人直接死亡，核泄漏造成 6 万多平方千米土地被直接污染，320 多万人受到不同程度的核辐射，

① 余潇枫，陈佳．非传统视角下的核安全与中国核安全维护．湖南师范大学社会科学学报，2019（6）.

② 中国的核应急（白皮书）：中国的核能安全情况．国家国防科技工业局网站，2016－01－27.

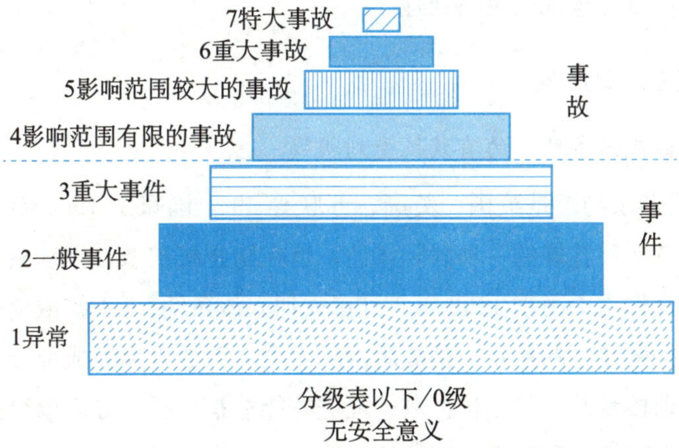

图 5－4 国际核事件分级

4 000 多人因辐射患癌症，造成经济损失 67 亿美元。据专家估计，完全消除事故对自然环境的影响至少需要 800 年，而核辐射危害将持续 10 万年。①

三、核安全面临的威胁与挑战

核能发展伴生着核安全风险和挑战。人类要更好利用核能、实现更大发展，就必须应对好各种核安全挑战，维护好核材料和核设施安全。核能事业发展不停步，加强核安全的努力就不能停止。②

（一）核事故风险

1. 核电存在的泄漏与污染

核事故风险之一是核电站发生泄漏事故。核电是一种清洁、高效和相对安全的能源，核技术的发展满足了社会的需要，同时也伴随核安全风险和挑战。核电站发生核泄漏事故时，会造成环境污染，并使公众受到核辐射的危害。1986 年苏联切尔诺贝利核事故和 2011 年日本福岛核事故所造成的重大灾难，警醒世界各国必须确保核能利用安全。

2. 核废料处理不当

核废料如果处理不当，会对人体造成不可挽回的影响，甚至死亡。核辐射的能量非常大，短短接触一到两个小时，就可能把皮肤灼伤甚至导致截肢。如果放射性废物被吸入人体内，会在人体内继续产生辐射，并对人体的内脏造成致命的损伤。内脏受损后，

① 中国的核应急（白皮书）：中国的核能安全情况．国家国防科技工业局网站，2016－01－27.

② 中共中央宣传部，中央国家安全委员会办公室．总体国家安全观学习纲要．北京：学习出版社，人民出版社，2022.

容易诱发癌变。所以应重视核废料处理。

（二）核扩散形势严峻

1.《不扩散核武器条约》的有效性受到挑战

《不扩散核武器条约》是英国、美国、苏联等 59 个国家于 1968 年 7 月 1 日分别在伦敦、华盛顿和莫斯科签署的一项国际条约，旨在防止核扩散、推动核裁军和促进和平利用核能的国际合作。中国于 1992 年 3 月正式加入该条约。《不扩散核武器条约》是国际核裁军与核不扩散体系的基石，是战后国际安全体系的重要组成部分。条约达成半个世纪以来，在推动核裁军、阻止核扩散、促进核能造福人类等方面取得积极成效。但当前，国际局势中不确定和不稳定因素持续增多，单边主义盛行，有些国家违反或退出条约，给全球战略安全带来诸多消极影响，条约有效性和权威性受到挑战。

2. 核能核技术核材料扩散流失风险和核恐怖主义威胁

当今核安全面临核能核技术核材料扩散流失风险和核恐怖主义威胁。2001 年以来，以各种恐怖袭击为代表的非传统安全威胁日趋严峻，核恐怖主义威胁更加紧迫。核能与核技术的广泛应用导致越来越多的核材料分散在世界各地，而一些国家和地区对这些核材料与核技术缺乏有效的保护，核材料与核技术流失现象严重。国际上核材料与放射源的失窃与非法交易也屡有发生，周边部分国家及中亚地区核材料管控能力薄弱，存在核走私活动。核设施网络安全事件也时有发生，2010 年伊朗铀浓缩设施遭受“震网”病毒攻击，大大延迟了伊朗的核计划。至今已有三起公开的攻击核电厂事件：2014 年，日本 Monju 核电厂控制室被入侵并且数据被泄露。2014 年 12 月，韩国核电站遭受网络攻击，部分资料外泄，黑客甚至威胁将进一步破坏核电站。2016 年 4 月，德国 Gundremmingen 核电厂在 IT 系统中发现恶意攻击软件。2022 年 2 月 24 日自俄罗斯与乌克兰冲突爆发一周年后，扎波罗热核电站多次遭到袭击。国际原子能机构总干事格罗西表示，该核电站的周边状况未得到改善，附近的军事活动正在加强。格罗西强调，应当采取一切可能的措施来保障扎波罗热核电站免受攻击。与此同时，我国核材料、核设施众多，放射源使用普遍。随着核材料及放射源使用范围不断增大，核恐怖袭击风险不容忽视。[①] 可见，当今世界核扩散形势严峻。

（三）核武器扩散

第二次世界大战后，核武器逐步扩散，核武器国家和跨入核门槛的国家逐渐增多。导致核武器扩散的原因有：核科学和核工艺知识的传播，加上核反应堆和核材料的扩

① 核能论坛．总体国家安全观下核安全的纵深与维度．中国核能行业协会网站，2017－11－15.

散，大大减小了研制与生产核武器的困难；随着战争的潜在破坏性剧增，同盟国次要伙伴愈加怀疑同盟国首要成员是否会冒自身毁灭的风险来信守条约义务，因而某些无核武器国家倾向于研制自己的核武器；国家间军事安全威胁随着主权国家数目迅速增加而愈加分散，军事安全方面的对抗和冲突愈加地区化、局部化。处于彼此对抗或冲突中的国家往往不可能从世界性安全机构或任何大国取得支持和保护，而需要依靠本国的力量参与这种地区性、局部性的对抗或冲突，于是核武器就成了某些国家向往并努力获得的工具。

四、维护核安全的途径与方法

（一）践行“四个强化”

强化政治投入，既有效应对现实挑战，又构建以合作共赢为核心的新型国际关系，推进全球安全治理，从而把握好标本兼治方向；强化国家责任，从国家层面部署实施核安全战略，见之于未萌、治之于未乱，实现日常预防和危机应对双管齐下，从而构筑严密持久防线；强化国际合作，以国际原子能机构为核心，发挥联合国等国际组织作用，协调、整合全球核安全资源，从而努力打造核安全命运共同体；强化核安全文化，弘扬法治意识、忧患意识、自律意识、协作意识，做好核安全知识普及，从而营造共建共享氛围。①

（二）保持核设施始终处于较高安全水平

（1）加强核安全保障措施，完善核安全法规体系。加强核基础设施建设质量保证，进行安全改造、技术提升以及更新换代，加强核电厂的安全管理。

（2）提高预防核事故发生的能力、安全隐患预警的能力。

（3）推行放射性废物分类处置，低中水平放射性废物在符合核安全要求的场所实行近地表或中等深度处置，高水平放射性废物实行集中深地质处置。核设施营运单位、放射性废物处理处置单位依法对放射性废物进行减量化、无害化处理处置，确保永久安全。各省、自治区、直辖市全部建成城市放射性废物库，集中贮存并妥善处置核技术利用放射性废物。②

（4）提升核设施及核材料的安全保护措施和防范核恐怖主义。把核安保作为保障核安全的重要屏障，按照最严格标准对核材料实施管制。核电厂、核燃料循环设施和放射

① 习近平．在华盛顿核安全峰会上的讲话．新华网，2016－04－02．

② 中华人民共和国国务院新闻办公室．中国的核安全（白皮书）．北京：人民出版社，2019．

源安保系统符合国际标准，规章制度健全完备，防扩散、反核恐怖机制日益完善。按照国际最新标准开展新建核设施的核安保系统建设，投入数十亿元专项资金改造升级原有核设施安保系统，安全防范能力大幅加强。迄今为止，未发生核材料被盗、丢失或非法使用事件，做到了核材料“一克不丢、一件不少”[①]。

（5）加强对核材料、核技术管控能力建设。对核材料以及核技术进行全方位监管，加强管控能力建设。

（三）提升应急处置能力

（1）加强核事故缓解。迅速缓解控制核事故，立即组织专业力量、装备和物资等开展工程抢险，缓解并控制事故，努力使核设施恢复到安全状态，防止或减少放射性物质向环境释放。[②]

（2）构建核安全应急体系。在核应急法律法规标准建设、体制机制建设、组织管理建设等方面构建核安全应急体系。

（3）制定境外核事件应对机制与预案。其他国家发生核事故已经或可能对我国产生影响时，由国家核应急协调委参照《国家核应急预案》统一组织开展信息收集与发布、辐射监测、部门会商、分析研判、口岸控制、市场调控、国际通报及援助等工作。必要时，成立国家核事故应急指挥部，统一领导、组织、协调核应急响应工作。

（4）提升核事件社会影响监测和舆情应对能力。各级政府、核企业以及核安全监督部门应当建立核事件社会影响监测预警机制，统筹开展对核舆情的监测、分析、判断以及引导工作，政府应构建权威的信息发布制度，提升媒体的科学素养，正确地引导舆论。

（四）信息公开和舆论引导

（1）核安全相关信息依法公开，构建公开透明的信息交流平台，增加行业透明度。制定核设施信息公开制度，明确政府部门和营运单位信息发布的范围、责任和程序。完善核安全突发事件公共关系应对体系，及时权威发布相关信息，释疑解惑，消除不实信息的误导，维护社会稳定。[③]

（2）增强核安全科普活动。组织开展“全民国家安全教育日”“公众开放日（周）”“核安全文化进校园、进社区”“科普中国、绿色核能”等各类核科普活动，通过研讨交流、实地体验、媒体宣传等形式，增进全社会对核安全的了解和认识。[④]

---

① 中华人民共和国国务院新闻办公室．中国的核安全（白皮书）．北京：人民出版社，2019.

② 中华人民共和国国务院新闻办公室．中国的核应急（白皮书）．北京：人民出版社，2016.

③ 核安全与放射性污染防治“十二五”规划及 2020 年远景目标．国家能源局官网，2012－10－17.

④ 中华人民共和国国务院新闻办公室．中国的核安全（白皮书）．北京：人民出版社，2019.

（3）坚持科学引导与民众监督，依法加强政务公开，建立新闻发言人制度和媒体定期座谈交流制度，开展核安全重大政策信息解读，及时发布许可审批、监督执法、总体安全状况、辐射环境质量、事故事件等权威信息，增强政府工作透明度，保障公众知情权、参与权、监督权。①

（五）核安全的监督检查

（1）不断健全核安全法规建设。中国持续强化核安全法规标准建设，形成了法律、行政法规、部门规章相衔接，法规要求和技术标准相补充，中央和地方相结合的法规标准体系，实现了核能开发利用安全监管全覆盖，为依法治核夯实了基础。截至2023年6月，颁布《中华人民共和国核安全法》《中华人民共和国放射性污染防治法》法律2部，《民用核设施安全监督管理条例》《民用核安全设备监督管理条例》《核材料管制条例》《核电厂核事故应急管理条例》等行政法规9部，发布部门规章30余项和安全导则100余项，制定核安全相关国家标准和行业标准1 000余项，31个省、自治区、直辖市制定地方性法规文件200余个。及时总结国内外核安全实践经验，密切跟踪国际原子能机构和核电发达国家最新安全要求，不断更新法规标准，始终保持国际先进水平。

（2）完善核安全监督检查制度。完善核与辐射安全审评方法。加强运行核设施安全监管，强化对在建、拟建设施的安全分析和评估，完善核安全许可证制度。完善核设施的安全管理。加强对核材料、放射性物品生产、运输、存储等环节的安全监管。加强核技术利用安全监管，完善核技术利用辐射安全管理信息系统。加强辐射环境质量监测和核设施流出物监督性监测。加强放射性污染防治。推进早期核设施退役和放射性污染治理。②

（3）大力加强核安全监管能力和人才队伍的建设，完善分级分类的核安全人员培训顶层设计，加快打造领军人才，培育青年骨干，提高队伍专业素养和管理能力。

（六）加强国际合作，维护国际核安全体系

支持和参与核安全国际组织与履行国际公约，中国先后加入《及早通报核事故公约》《核事故或辐射紧急情况援助公约》《核材料实物保护公约》《核安全公约》《制止核恐怖主义行为国际公约》《乏燃料管理安全和放射性废物管理安全联合公约》等国际公约，并认真履行公约，参加了包括“桑戈委员会”“核供应国集团”等在内的国际防扩散机制。

以各国共同目标为基础顺利推进核安全峰会进程，构建全方位、多层次、网络化的

① 中华人民共和国国务院新闻办公室．中国的核安全（白皮书）．北京：人民出版社，2019.

② 国务院关于印发国家环境保护“十二五”规划的通知（国发〔2011〕42号）．中国政府网，2011-11-15.

国际核安全体系。

积极开展应对核事故的合作交流，切实履行《核事故或辐射紧急情况援助公约》国际义务，向出事故的国家提供辐射监测、医疗救护等援助与信息共享。

引进核安全先进技术和合作开发，加强国际上的核安全合作和交流，拓展国家合作平台，提升核安全能力，维护国际核安全体系。

第三节　海外安保　利国利民

谋深计远，所以久安而无穷也。

——《素书·六章》

海外利益安全是国家安全的重要组成部分，当代我国的海外利益涵盖广泛，维护海外利益安全是关乎我国国计民生的大事。新时代的大学生应时刻关心国家大事，增强国家安全意识，自觉维护国家利益。

一、海外利益安全的重要性

海外利益是国家利益的重要组成部分，是国家利益在海外的延伸。随着我国国家利益不断向海外拓展和延伸，我国公民和海外资产分布广泛，并在世界上形成了巨大的海外利益格局。海外利益关乎国家和人民的切身利益，因此维护海外利益是保护国家利益、增进人民福祉的重要保障；目前我国已经成为全球货物贸易大国和主要对外投资大国，随着新一轮对外开放全面推进，特别是“一带一路”建设加快实施，海外利益安全关乎我国整体发展利益和国家安全，维护海外利益安全成为新一轮对外开放的必然要求。当前国际形势复杂严峻，全球风险点以及动荡源不断增加，危害我国主权、安全、发展利益的事件时有发生，面对一系列风险挑战，我们必须统筹国内国际两个大局，为我国的发展营造良好的外部环境，因此维护海外利益是统筹国内国际两个大局的时代召唤。

二、海外利益安全的主要内容

近年来中国经济快速增长，综合国力不断提升，目前中国已成为世界上第二大经济体，仅次于美国，同时中国的海外利益规模不断扩大，海外利益安全问题随之而来。海外利益安全主要包括海外中国公民、机构和企业合法权益以及海外战略性利益安全。

（一）海外中国公民、机构和企业合法权益

《国家安全法》第 33 条规定：国家依法采取必要措施，保护海外中国公民、组织和机构的安全和正当权益，保护国家的海外利益不受威胁和侵害。

随着中国日益走近世界舞台中央，我国与世界各国的交流合作不断深入，中国公民的出境人数、对外投资流量和境外中资企业规模快速增长。同时，当前国际形势错综复杂，海外中国公民安全和权益受损的各类案件数量不断上升。2021 年 11 月 19 日，习近平总书记在第三次“一带一路”建设座谈会上强调，要加强海外利益保护、国际反恐、安全保障等机制的协同协作。2018 年，针对涉及海外中国游客的重大突发事件，习近平总书记多次做出重要批示，要求“绷紧防范安全风险这根弦，切实落实安全工作责任制”，“加强防范工作，完善应急措施，确保人民群众生命财产安全”。因此，和平稳定的国际环境和国际秩序是国家安全的重要保障。要坚持共同、综合、合作、可持续的新安全观，积极塑造外部安全环境，加强安全领域合作，引导国际社会共同维护国际安全。切实维护我国海外利益安全，保护海外中国公民、组织和机构的安全和正当权益，努力形成强有力的海外利益安全保障体系。①

知识链接

中国海外利益现状

1. 境外资产

中国在海外的投资覆盖了全球大部分地区和众多行业。自 2012 年以来，中国对外直接投资流量稳居全球前三，投资存量也在 2017 年后保持世界前三位，2022 年中国对外直接投资 9 853.7 亿元人民币，增长 5.2%（折合 1 465 亿美元，增长 0.9%）。当前，逆全球化思潮会在一定时期存在，但经济全球化总趋势难以阻挡，在可以预见的未来，中国海外资产无论是规模还是范围都将会进一步扩大，因此，保护境外资产安全的重任愈加艰巨。

2. 海外人员

改革开放推动了越来越多的中国人走出国门。海外留学方面，多年来中国一直是世界最大留学生生源国，2020 年中国海外留学人员总数为 160 万；人员出境游方面，中国出境游人数长期居世界第一位；对外劳务合作方面，2022 年，中国企业共向境

① 中共中央宣传部．习近平新时代中国特色社会主义思想学习纲要．北京：学习出版社，人民出版社，2019.

外派出各类劳务人员 25.9 万人；驻外机构方面，中国外交部驻外使馆 175 个，驻外总领馆 99 个，另在联合国、非盟、东盟等多个国际组织设置驻外团、处 11 个。此外，商务部及文化和旅游部在海外也设立了多处驻外机构和办事处。随着海外机构和人员数量的增多，中国人成为各类恐怖组织绑架、勒索和袭击目标的可能性增大，保护好他们的安全，也是维护中国海外利益的重要内容之一。

3. 战略资源

经济的快速发展，使中国对海外资源的依赖度逐年提高，主要货物运输通道的重要性进一步凸显。2022 年中国进口原油 50 828 万吨。原油进口主要来自中东、非洲和亚太地区，而上述地区也是全球受恐怖主义影响最严重地区。在运输通道方面，海运和陆运以价格优势成为中国货物贸易运输的主要途径，但这些路径并不安宁。陆运通道上，中巴经济走廊自建设以来长期受到巴基斯坦境内恐怖组织的袭击，中欧班列穿越中亚多国动荡地区等；海运通道上，亚丁湾海域和马六甲海峡海盗猖獗，中国商船长期需要武装护航。因此，保障我国海外战略资源安全是一项十分艰巨的任务。

资料来源：周宝砚．当前中国海外利益面临的恐怖主义威胁及应对策略．中国人民警察大学学报，2022，38（1）.

（二）海外战略性利益安全

我国的海外利益除了以公民及企业利益形式表现之外，还以国家海外战略性利益形式表现，比如，战略物资、能源供应和重要海上通道安全的保障，国家形象以及国家规则等。例如随着我国经济总量规模的日益扩大和工业化城镇化的深入推进，对石油等能源资源的需求及进口量会持续增加，石油及重要矿产资源对外依存度会继续提高，因此需要重要的海上通道安全的保障。

习近平指出："海上通道是中国对外贸易和进口能源的主要途径，保障海上航行自由安全对中方至关重要。中国政府愿同相关国家加强沟通和合作，共同维护海上航行自由和通道安全，构建和平安宁、合作共赢的海洋秩序。"① 维护这些能源资源获取和运输通道安全的任务更加重要和艰巨。可见，构建海外利益保护体系，综合运用政治、经济、外交、军事、法律等手段，形成全面系统有力的海外利益保护体系，加大海外利益保护力度，实现对海外利益的有效保护，有利于全面维护我国海外利益安全，有利于展现我国的大国地位、维护我国的国际形象、提高我国的国际影响力，有利于提高中华儿女的民族自豪感。

① 习近平．携手追寻中澳发展梦想，并肩实现地区繁荣稳定．人民日报，2014－11－18.

三、 海外利益安全面临的威胁与挑战

世界面临百年未有之大变局，尤其是国际安全环境发生复杂深刻的变化，各种传统和非传统安全问题突出，我国海外利益面临的安全风险增加，部分地区局势动荡、国际恐怖主义多发、重大自然灾害和传染病疫情频发。

（一）冲突与政局动荡

政局动荡是影响中国海外利益最具周期性的影响因素。中国海外利益目前主要依靠“一带一路”倡议拓展，但“一带一路”沿线国家中约30%的国家发生过政局动荡，8个国家长期处于战乱状态，23个国家内政遭受别国的严重干涉。地区动荡是影响中国海外利益的常态化因素。东道国政局不稳影响双边合作进展。中国海外利益目前已经布局和大规模拓展的非洲、南亚、中东等地区存在地区动荡的现象。非洲地区战乱不断，南亚地区的印巴冲突、克什米尔问题，中东地区的也门内战、叙利亚冲突、伊朗问题、巴以冲突等地区热点问题，都是地区动荡的爆发成因。[①] 因此，部分地区政局动荡与内战冲突威胁我国公民与法人在当地的利益安全，还会影响双边的合作进展。

（二）国际恐怖主义活动多发

恐怖袭击是中国海外利益面临的最直接、最现实的安全风险。中国海外利益拓展过程中面临较大的恐怖主义威胁，特别是“一带一路”沿线国家和地区，防范打击恐怖主义形势尤为严峻。

1. 中东地区

中东地区不仅地处交通要道，也是中国原油进口的主要来源地和中国能源企业的重要投资地，在“一带一路”倡议中更是具有不可或缺的地位。但中东地区的恐怖活动极度猖獗，多个恐怖组织长期活跃于此，中国在中东的利益面临极大的恐怖主义威胁。虽在国际反恐联盟打击下，中东地区多个恐怖组织被击溃，但残余势力依然存在。

2. 西非地区

西非地区市场广阔、资源众多，中国与西非国家之间贸易往来频繁。如2020年，尼日利亚与中国的进出口商品总值高居非洲第二，但恐怖组织曾多次威胁在西非地区的中国公民及项目，2016年更是造成了中国维和人员1死4伤。虽在西非国家的持续打

---

① 李云龙．中国海外利益当前面临的安全风险与对策．中国经贸导刊，2020（8）．

击下，恐怖组织活动有所收敛，但非洲大陆整体动荡的局势使得恐怖主义问题难以被彻底解决，还将持续威胁在西非中国人的生命和财产安全。

3. 南亚地区

南亚地区是中国“一带一路”建设的重要支点，中国在许多南亚国家投资规模巨大，涉及领域众多。然而，南亚地区正处于全球两大恐怖势力循环圈之一，恐怖袭击呈高发态势，严重影响着中国在南亚地区的利益安全。随着“一带一路”倡议的持续推进，中国与南亚地区国家的经贸往来将会更加频繁，中国在南亚地区的人员、企业将持续面临这种威胁。①

（三）重大自然灾害，重大新发突发传染病、动植物疫情等时有发生

地震、海啸等自然灾害，以及重大新发突发传染病情对海外中国公民的安全威胁日益凸显。例如 2018 年 9 月印度尼西亚中苏威西省米纳哈沙半岛附近发生了 7.7 级地震，震源深 10 千米，大量建筑被毁，人员伤亡惨重。强烈的地震引发了海啸，2 米多高的海啸冲走了房屋与人员，至少两座城市受到海啸的侵袭，导致大量中国游客被困，对中国游客的人身安全造成了较大的影响。

四、维护海外利益安全的途径与方法

（一）健全维护海外利益安全的工作机制

1. 加强海外利益风险监测、评估、预警、沟通及处置能力

维护海外利益安全工作机制，涉及个人、企业、机构、地方等多个方面，是一个系统工程，因此政府相关部门要加强海外利益风险监测、评估、预警、沟通及处置能力。一是要继续做好应急处置，及时、迅速对突发事件做出反应，牵头协调各相关方，竭尽全力维护海外中国公民和机构的安全和正当权益。二是要加强预防性领保工作，抓好上游治理。一方面做好风险评估，及时发布预警；另一方面通过宣传和培训，强化公民和机构的风险意识，提高自保能力。② 因此，政府相关部门将以人民需求为导向，以人民利益为宗旨，以人民满意为标准，不断完善工作机制，持续构建以“法律支撑、机制建设、风险评估、安全预警、预防宣传、应急处置”为支柱的海外中国平安体系，全力维护海外同胞安全和正当权益。③

---

① 周宝砚．当前中国海外利益面临的恐怖主义威胁及应对策略．中国人民警察大学学报，2022，38（1）.

② 谢杭生．有力维护海外中国公民和法人的正当权益．中国新闻网，2012－03－12.

③ 王毅．打造海外中国平安体系．中国驻日本使馆网站，2018－03－08.

案例

2019 年 3 月 10 日，埃塞俄比亚航空公司飞机坠毁，157 名乘客和机组人员全部遇难。领事保护中心立即启动应急机制，就涉我公民情况连夜密集开展大量工作，及时回应社会关切，确保了善后处置工作有序进行。2018 年 10 月，台风“玉兔”席卷美国塞班岛，导致近 1 500 名中国游客滞留。当塞班岛机场有限度开放后，领事保护中心马上协调有关航空公司按商业模式接返全部滞留中国游客，展示了“中国速度”。2018 年 7 月，泰国普吉岛海域发生游船倾覆，47 名中国游客遇难。领事保护中心迅速协调各方，全力开展搜救处置工作，并牵头成立联合工作组连夜赶赴泰国，协助使领馆工作。经过持续 13 个日夜的奋战，高质量完成各项任务。

2. 加强国家对于海外机构和人员的安全保护力量

2014 年，习近平总书记在中央外事工作会议上指出：“要切实维护我国海外利益，不断提高保障能力和水平，加强保护力度。”全面推进新形势下的对外工作，必须加强党的集中统一领导，改革完善对外工作体制机制，强化对各领域各部门各地方对外工作的统筹协调，加大战略投入，规范外事管理，加强外事干部队伍建设，为开创对外工作新局面提供坚强保障。①

3. 构建社会力量和机构广泛参与的维护海外利益的综合性安全网

要统筹资源，引入社会力量。安全不能单纯依靠政府和企业，还要充分挖掘和合理利用国际红十字会等国际组织、专业安保公司、志愿者等社会资源，形成合力，广泛参与。还要不断完善“四位一体”工作机制，发挥行业主管部门、地方政府和企业的重要作用。同时根据新形势，及时加大在人力、物力、财力和队伍建设上的投入。②

4. 加强海外安全文明出行的宣传教育

为了增强“走出去”中国公民的安全意识，提高自我保护能力和主动维权意识，各级政府应通过各种渠道积极开展海外安全文明出行的宣传教育工作。广大公民在出国前应关注当地的治安状况、风土民情、报警和医疗求助等。密切关注当地的安全形势，加强安全防范，并认真阅读《中国领事保护和协助指南》《中国企业海外安全风险防范指南》，加强防范意识。

5. 加强维护海外利益安全和保密的宣传教育培训

为教育引导准备出国的广大公民增强维护海外利益安全和保密自觉性，各级各类政

① 习近平．在中央外事工作会议上的讲话．人民日报，2014－11－28.

② 谢杭生．有力维护海外中国公民和法人的正当权益．中国新闻网，2012－03－12.

府应多措并举、创新思路，开展多种形式维护海外利益安全与保密知识教育，不断提高广大公民的保密工作水平。

（二）加强维护海外利益安全的国际合作

1. 建立常态化国际反恐合作机制

迄今为止，我国依托联合国反恐、区域反恐和双边反恐这三个层次的反恐平台构筑了我国反恐多边合作机制。通过各方的共同努力，就国际反恐主义问题在思想认识上逐渐形成共识，在情报交流、司法协助、金融监管等领域逐步开展了务实合作，通过培训、论坛、联合军演，不断提升了反恐能力。各国政府应当达成对反恐的一致共识，最大限度地发挥各个国家的个体价值，形成全球反恐统一战线。中国应当以“一带一路”安全合作框架，以“经济一体化”推进“反恐一体化”，建立常态化国际反恐合作机制，进一步扩展反恐国际合作的空间。①

2. 加强国际执法合作打击跨国犯罪

首先，加强国家之间的警务合作能力。打击跨国犯罪分子需要各个国家共同努力与共同参与，面对错综复杂的犯罪组织，单靠一国之力不可能解决问题，因此，加强国家间的警务合作能力，已成为打击跨国犯罪分子的主要手段，各个国家需要紧密配合，在处理跨国案件时，取长补短，从多角度、多方位对跨国犯罪分子进行打击，维护国家安全利益。其次，加强国家间的司法合作。为了保障国际刑事司法协助的正常进行，加强刑事司法领域的国际合作，有效惩治犯罪，保护个人和组织的合法权益，维护国家利益和社会的秩序，2018 年 10 月 26 日十三届全国人民代表大会常务委员会第六次会议表决通过《中华人民共和国国际刑事司法协助法》。该法的通过加强了打击跨国犯罪国际合作。

（三）强化海外非战争军事行动

（1）增强军队海外护航、灾害救援等行动能力。《国家安全法》第 18 条规定：开展国际军事安全合作，实施联合国维和、国际救援、海上护航和维护国家海外利益的军事行动，维护国家主权、安全、领土完整、发展利益和世界和平。

（2）积极参加国际灾难救援和人道主义援助，派遣专业救援力量赴受灾国救援减灾，提供救援物资与医疗救助，加强救援减灾国际交流，提高执行任务能力和专业化水平。忠实履行国际义务，根据需要继续开展亚丁湾等海域的护航行动，加强与多国护航力量交流合作，共同维护国际海上通道安全。广泛参与地区和国际安全事务，推动建立突发情

① 张桂霞．我国反恐国际合作机制．广西警察学院学报，2019（4）．

况通报、军事危险预防、危机冲突管控等机制。随着国力不断增强，中国军队将加大参与国际维和、国际人道主义救援等行动的力度，在力所能及范围内承担更多国际责任和义务，提供更多公共安全产品，为维护世界和平、促进共同发展做出更大贡献。[①]

第四节 新型安全 国之利益

> 凡事豫则立，不豫则废。
>
> ——《中庸》

一、新型领域安全的重要性

国家主权管辖范围外的外层空间、国际海底区域或极地等，未来国家利益拓展和战略新疆域被称为新型领域安全。新型领域安全于 20 世纪 80 年代引起西方各国重视，并逐步立法。我国的新型领域安全包括太空安全、深海安全、极地安全和生物安全四个方面。

（一）战略新领域安全，涉及潜在的重大国家利益

新领域安全对国家的重要性日益凸显，近几年来也得到世界各国的同等重视。我国《国家安全法》第 32 条规定：国家坚持和平探索和利用外层空间、国际海底区域和极地，增强安全进出、科学考察、开发利用的能力，加强国际合作，维护我国在外层空间、国际海底区域和极地的活动、资产和其他利益的安全。

（二）未来国际竞争的新焦点

美国、日本、俄罗斯等国通过法律和国家政策保障本国在新型领域国家利益的安全。我国在此领域目前也有着现实和潜在的国家重大利益，同时也面临着威胁和挑战。国家应立法做出原则性规定，为相关工作提供法律依据和保障。

（三）健全安全保障体系建设

强化国家安全工作协调机制，完善国家战略体系、风险监测预警体系，强化网络、

① 中华人民共和国国务院新闻办公室．中国军事战略（白皮书），2015－05－26.

生物、资源、核、太空、海洋等安全保障体系建设，健全反制裁、反干涉、反“长臂管辖”机制。①

二、新型领域安全的主要内容

（一）太空安全

太空安全也可以理解为外层空间安全，它指的是地球外层空间领域。因为航天技术的发展，太空成为各国追逐的对象，严重影响国际战略的稳定。具体包括卫星频轨资源的缺失、太空碎片的数量日增和太空军事化武器化等问题。目前国际法上对于太空安全的公约有五个，分别为《关于各国探索和利用包括月球和其他天体在内外层空间活动的原则公约》（简称《外空条约》）、《援救、送回宇宙航天员以及归还发射到外层空间的实体的协定》、《空间物体所造成损害的国际责任公约》、《关于登记射入外层空间物体的公约》和《关于各国在月球和其他天体上活动的协定》。②

1957 年苏联第一颗人造卫星发射升空，随后美国、苏联不断将自己的卫星发射升空，并成功发射了宇宙飞船，把人送入太空，实现了深空探测。③ 2003 年我国成为第三个载人飞船升空的国家。随着航天技术的快速发展，各国竞相争夺外层空间，空间武器化、太空安全问题继而产生。根据《外空条约》的规定：外层空间属于全人类共同所有，各国不得通过主权要求、使用和占领等方法，把外层空间据为己有。太空资源的利用原则为：共同利益原则，平等共有原则，和平利用原则，不得据为己有原则。我国空间科学领域探索也在不断跟进，建有月球和深空探测领域办公室和太空应用重点研究室。目前的研究方向为空间应用和探索战略规划、新概念空间探索技术、太空智能制造技术、虚拟现实中建模技术等。

（二）深海安全

深海安全是指和平探索和利用国际海底区域，增强安全进出、科学考察、开发利用的能力，维护我国在国际海底区域活动、资产和其他利益的安全。我国于 1996 年批准并加入《联合国海洋法公约》，拥有参与国际海底区域及其资源开发利用的权益。目前我国对于深海资源的开发和利用有海底矿产资源、海洋生物资源、海水化学资源和海洋能源。目前在中国政府的担保下，中国大洋矿产资源研究开发协会及五矿集团与国际海

---

① 习近平．高举中国特色社会主义伟大旗帜，为全面建设社会主义现代化国家而团结奋斗：在中国共产党第二十次全国代表大会上的报告．中国政府网，2022－10－25.

② 乔晓阳．中华人民共和国国家安全法释义．北京：法律出版社，2016（3）.

③ 何其松．太空安全问题研究．上海：复旦大学出版社，2014.

底管理局签署了 4 份勘探合同，并发布出台了一系列文件，如《全国海洋经济发展“十二五”规划》《国家重大科技基础设施建设中长期规划（2012—2030 年）》，其中涉及深海区域的有：

（1）持续开展国际海洋地质调查和国际海底矿产资源勘查；

（2）加强国际海底区域矿产资源勘查、研究与开发；

（3）加强国际海域的基础能力建设，发展深海生物基因资源采集、提取、保藏、培养等相关技术；

（4）增强我国参与国际海洋事务的能力；

（5）加强国际合作。

（三）极地安全

极地安全是指维护国家和平探索和利用极地，增强安全进出、科学考察、开发利用的能力，维护我国极地的活动、资产和其他利益的安全。极地区域包括南极地区和北极地区，南极地区包括南极大陆、周围岛屿和海洋；北极地区主要是北冰洋。《南极条约》规定：南极永远只用于和平目的，科学调查自由、各国科学合作、各国对南极有环境保护义务。北极没有完备的法律制度，以《联合国海洋法公约》为适用标准①。相比其他航道，北极航道的行程更短，北极航道的通航具有很高的经济性和商业价值。

（四）生物安全

生物安全一般是指由现代生物技术开发和应用对生态环境和人体健康造成的潜在威胁，及对其所采取的一系列有效预防和控制措施。基于生物技术发展有可能带来的不利影响，人们提出了生物安全的概念。2020 年 10 月 17 日，十三届全国人大常委会第二十二次会议表决通过了《生物安全法》，这部法律自 2021 年 4 月 15 日起施行。《生物安全法》对生物安全风险防控体制，防控重大新发突发传染病、动植物疫情，生物技术研究、开发与应用安全，病原微生物实验室生物安全，人类遗传资源与生物资源安全，防范生物恐怖与生物武器威胁，生物安全能力建设及法律责任方面进行了一系列的预防和控制措施。

任何单位和个人发现传染病、动植物疫病的，应当及时向医疗机构、有关专业机构或者部门报告。任何单位和个人不得瞒报、谎报、缓报、漏报，不得授意他人瞒报、谎报、缓报，不得阻碍他人报告。应当依照有关法律法规和应急预案的规定及时采取控制措施，通报国家生物安全工作协调机制其他成员单位和国务院其他有关部门。地方各级人民政府统一履行本行政区域内疫情防控职责，加强组织领导，开展群防群控、医疗救治，动员和鼓励社会力量依法有序参与疫情防控工作。

---

① 乔晓阳．中华人民共和国国家安全法释义．北京：法律出版社，2016.

国家加强对生物技术研究、开发与应用活动的安全管理，禁止从事危及公众健康、损害生物资源、破坏生态系统和生物多样性等危害生物安全的生物技术研究、开发与应用活动。加强对病原微生物实验室生物安全的管理，制定统一的实验室生物安全标准并符合生物安全国家标准和要求。从事病原微生物实验活动，应当严格遵守有关国家标准和实验室技术规范、操作规程，采取安全防范措施。国家采取一切必要措施防范生物恐怖与生物武器威胁。禁止开发、制造或者以其他方式获取、储存、持有和使用生物武器。禁止以任何方式唆使、资助、协助他人开发、制造或者以其他方式获取生物武器。国家加强对我国人类遗传资源和生物资源采集、保藏、利用、对外提供等活动的管理和监督，保障人类遗传资源和生物资源安全。国家对我国人类遗传资源和生物资源享有主权。

三、新型领域安全面临的威胁与挑战

（一）太空安全面临的威胁与挑战

随着外层空间技术的快速发展和外层空间领域竞争的日益加剧，尤其是主要航天大国在外层空间武器化问题上的矛盾和争议，现行外层空间面临的挑战和问题逐渐突出。主要表现在：（1）对外层空间武器化约束有限；（2）外层空间活动普及带来新的法律问题，如外层太空商业化和私营化趋势加快，私人或非政府组织进行太空探索的权利、义务和责任认定缺乏法律界定。① 卫星频轨资源短缺、太空碎片增加阻碍人类活动；太空越来越拥挤，老化的卫星和太空碎片挤满了近地轨道；航天器自身故障或被干扰破坏和航天器与其他飞行器或物体相撞引发事故等安全问题频发。

（二）深海安全面临的威胁与挑战

随着发展海洋经济、建设海洋强国目标的确立，深海的开发愈发活跃，随之而来的是因勘探与开发所带来的海洋酸化、海洋微塑料等一系列问题。深海区域具有高压、黑暗、低温、缺氧的特性，不利于人类深入海底作业。中国以开放的心态与严谨的态度，合力推动、与国际社会共同应对深海资源与开发带给人类的挑战。

（三）极地安全面临的威胁与挑战

随着全球变暖，极地环境面临外来物种侵入、生物食物链脆弱、海洋环境恶化等退行性变化，自然环境受到严重影响，同时还受到条约体系内的监管挑战等。② 如极地公

---

① 乔晓阳．中华人民共和国国家安全法释义．北京：法律出版社，2016.

② 脆弱南极面临诸多挑战．生物通，2012－07－25.

域的“私域化”趋势严峻。中国在极地的权益和利益处于不断变化和发展之中。中国对北极的安全体现在：(1) 作为潜在的北极航道和资源利用大国，中国参与北极开发合作需要和平稳定的地区安全环境作为保障；(2) 美俄在北极地区部署的导弹防御系统、核潜艇等军备设施对包括中国在内的北半球其他国家存在战略威慑；(3) 北冰洋沿岸国对北极公域“私域化”的种种举措，将损害我国《国家安全法》所维护的在北极公域的“安全进出、科学考察、开发利用”等利益。

(四) 生物安全面临的威胁与挑战

我国当前面临三大生物安全风险：一是生物袭击的风险；二是传染病的风险；三是生物技术的风险。面对这些风险，我们要将应对生物传染病、生物恐怖主义和生物武器三种威胁的路径进行有效整合①。生物因素对生态环境的影响主要是会导致生态平衡的破坏甚至毁灭。生物因素对社会经济有着深远的影响，转基因等技术的运用挑战着社会的伦理。生物因素导致环境严重破坏，污染问题大面积暴发对国家利益产生巨大的危害。

四、维护新型领域安全的途径与方法

(一) 推进新型领域安全的顶层设计

我国在新型领域安全推进的同时加入了一些国际公约，也在国内颁布了多项法律法规。1983 年加入《外空条约》，1996 年加入《联合国海洋法公约》，2002 年发布了《民用航天发射项目许可证管理暂行办法》，2013 年发布了《国家重大科技基础设施建设中长期规划（2012—2030 年）》。

我国海洋强国目标的确立，对维护我国国际海底区域的合法权益提出了新的要求与部署。主要包括：持续开展国际海底矿产资源勘查和地质调查；加强国际海底区域矿产资源勘探、开采、选冶的技术设备的研发力度；发展深海生物基因资源采集、保藏、提取、培养等相关技术；增强我国参与国际海洋事务的能力；加强国际合作。② 2014 年国家海洋局制定了《南极考察活动行政许可管理规定》，提出了明确的要求：继续加强南、北极基础测绘；积极参与开发海洋生物资源；加大重要国际海运通道和北极事务的研究和参与力度，支持企业参与北极航线的运行，加强国际海运保障能力建设；等等。③

(二) 加快新型领域安全的科技创新和人才培养

国际上围绕新型领域的斗争愈演愈烈，新型领域安全作为“战略新疆域”属于未来

① 疫情凸显人类面临的全球生物安全威胁和挑战．新浪网，2020－09－12.
②③ 乔晓阳．中华人民共和国国家安全法释义．北京：法律出版社，2016.

国家利益拓展区域。先进的科学技术将成为影响国家发展战略安全的核心竞争力，加快核心科技创新与研发是推动新型领域发展的根本动力。面对新型领域，太空、深海、极地、生物各区域面临着威胁与挑战，分析我国面临的形势和现状，尽快培养出高素质新兴领域人才队伍，成为我国新型领域安全体系建设中的一项长期全局性战略任务。为维护国家太空安全、捍卫国家海洋安全、保证国家生物安全应加快新型领域基础设施设备建设。从2001年美国海军的EP-3型侦察机闯进我国专属经济区上空与王伟驾驶的歼-8Ⅱ战斗机发生碰撞，致飞行员王伟牺牲，从GPS到我国北斗导航系统正式投入运营，说明在国际领域我们的国防力量必须扬长板补短板，坚定信念保障我国享有的国际权利。

（三）开展新型领域安全国际合作

以“人类命运共同体”为主旨推动新型领域安全建设重在合作，推动新型领域国际治理和规则制定，构建以合作共赢为核心的新型国际关系，推进新型领域的国际合作，构建互利共赢可持续发展的环境。

1. 太空安全方面

卫星频轨资源是有限的，尤其是地球同步轨道资源更是如此。作为世界上第三个掌握卫星返回技术的国家，我国对卫星的关键技术已跻身世界前列，作为负责任的航天大国，我国理应为世界太空安全做出贡献。我国在卫星频轨自愿公平分配、太空碎片减缓、防止太空武器化方面，做了大量工作，取得了相当成效。在满足我国对卫星频轨资源需求的条件下，尽最大努力促进国际社会公平分配此类资源。采取措施减缓太空碎片，保护太空环境。在应对太空武器化方面，除了进行国际外交努力外，我们还应加强太空军事能力建设，确保国家安全与维护国际和平与稳定。①

2. 深海安全方面

各国陆续开展深海矿物资源勘探与开发活动，面对因不规范勘测导致的海洋酸化、海洋微塑料等需要治理的各种规范性问题，我国除加入《联合国海洋法公约》外，先后出台了一系列文件，包括《国务院关于印发〈全国海洋经济发展规划纲要〉的通知》（国发〔2003〕13号）、《国务院关于印发〈全国海洋经济发展“十二五”规划〉的通知》（国发〔2012〕50号）等，对我国积极参与国际海底区域科学考察开发利用和国际合作具有深远意义。②

3. 极地安全方面

我国在南极建了4个科考站，分别是1985年的长城站、1989年中山站、2009年昆

① 何其松．太空安全问题研究．上海：复旦大学出版社，2014.

② 乔晓阳．中华人民共和国国家安全法释义．北京：法律出版社，2016.

仑站和 2014 年的泰山站。2004 年还在北极建立了黄河科考站。在科考过程中遵守并维护《南极条约》和适用于北极的《联合国海洋法公约》。此外，我国于 1991 年批准了《关于环境保护的南极条约议定书》，2007 年与澳大利亚、印度、罗马尼亚和俄罗斯联合设立了东南极拉斯曼丘陵南极特别管理区，还与澳大利亚联合申请了南极特别保护区，建立常态化共同维护极地安全空间。

4. 生物安全领域

生物安全关乎各国人民生命健康。习近平总书记强调，要把生命安全作为国家总体安全的重要组成部分。生命安全是全人类面临的共同挑战，进入 21 世纪，生物科技的迅猛发展，一方面推动了人类的进步与发展，另一方面也隐含着新型生物安全风险，需要国际社会就面临的新型生物安全风险进行综合治理。只有加强生物安全领域的国际合作，建立生物安全国际合作的工作机制，协同、协调、联合各国相关技术力量和资源，才能提升各国生物安全保障能力。国际社会要积极推进全球生物安全治理，加强生物安全政策制定、风险评估、应急响应、信息共享、能力建设等方面的双多边合作交流，携手应对日益严峻的生物安全挑战。

课后训练与活动

1. 思考题

（1）如何从意识形态看网络安全与国家安全存在于大学生生活之间？

（2）当今社会，国家面对核安全的威胁与挑战主要表现在哪些方面？如何应对？

（3）海外利益安全包括哪些内容？

（4）新型领域安全在国家安全中面临的主要威胁是什么？该如何应对？

2. 活动与训练

（1）开展以“网络安全在身边”的活动月，对生活中大学生网络安全现状进行调查，并提出大学生在生活中如何应对维护网络安全的建议。

（2）结合“国家安全教育日”开展核安全、海外利益安全和新型领域安全等教育宣传活动。

下篇

大学生个人安全教育

患生于所忽，祸起于细微。

——汉·刘向

第六章

用火用电规范　交通出行平安

知识结构（思维导图）

- 用火用电规范　交通出行平安
  - 预防火灾　警钟长鸣
    - 校园火灾的类型
    - 校园火灾的预防
    - 校园火灾的扑救
    - 火灾的逃生自救
  - 安全用电　防患未然
    - 安全用电的常识
    - 触电事故的防护
    - 触电事故的急救
  - 各行其道　路路畅通
    - 校园的交通事故
    - 交通事故的防范
    - 交通事故的处理
  - 人在旅途　平安是福
    - 旅游事故的原因
    - 旅游安全的防范
    - 旅游避险的知识
    - 旅游过程的防盗、防骗

学习目标

1. 了解火灾报警和火灾处置的基本方法；了解用电安全常识，预防意外伤害；了解出行安全的基本知识和旅游避险知识。

2. 熟悉预防火灾的基本常识和一般的灭火知识；熟悉常见的触电事故原因及触电的急救知识；熟悉各种交通出行和旅游安全的注意事项。

3. 掌握正确使用明火和用电的安全知识；掌握在各种场所的消防逃生知识；掌握交通事故发生后的正确处置措施；掌握道路交通信号及旅游防骗的知识。

4. 能够正确使用灭火器；能够认识安全用电标志、交通信号和交通标志。

5. 能够熟练进行火灾的逃生和自救；在触电和交通事故发生时能够熟练进行报警求救。

6. 培养自觉遵守和维护国家的消防法律法规和交通法规的意识，提高用火用电行为、交通出行行为的安全素质与能力。

7. 树立消防安全责任重于泰山的重要意识，懂得遵守交通法规和交通规则是一个公民最基本的国民素质。

“消防安全不是一切，但失去了消防安全就一切都没有了。”消防是一件关乎人民生命财产安全的大事。党和政府历来都十分重视消防安全，《中华人民共和国消防法》由第九届全国人民代表大会常务委员会第二次会议于1998年4月通过，历经2008年修订，2019年、2021年两次修正，并规定每年的11月9日是我国的消防宣传日，这一天在全国范围内开展消防知识的普及活动。

“重门朝已启，起坐听车声。要欲闻清佩，方将出户迎”，这首诗形象地描述了坐立不安、等待归人的焦灼心情。出门在外无论是上班、访友或是旅游，每个人都希望平安、顺遂，每个行路人都承载着亲人的一丝牵绊、一份挂念，平安归来是对牵挂你的人的最好回报。

第一节 预防火灾 警钟长鸣

千丈之堤，以蝼蚁之穴溃；百尺之室，以突隙之烟焚。

——《韩非子·喻老》

党的二十大报告指出：“坚持安全第一、预防为主，建立大安全大应急框架，完善公共安全体系，推动公共安全治理模式向事前预防转型。”

火，作为一种自然现象，与天地同生，与日月共存。取火是人类进化的重要标志，用火是人类文明的必要条件。然而，火也是一把双刃剑，在带给人们无尽福祉的同时，也给人们带来深重的灾难。在大学校园里，由于不重视火灾预防，不该发生的火灾发生了；由于缺乏现场扑救知识，本可以控制的火情失控了；由于缺乏自救逃生知识，本可以避免的人员伤亡、财产损失却伤亡损失严重。因此，加强火灾预防、扑救、自救、逃生知识的教育就显得格外重要。

一、校园火灾的类型

大学校园里，火灾是威胁学生安全的重要因素之一。尽管全国各高校对防火工作都十分重视，加大了整治火灾隐患的经费投入，采取了很多预防火灾的措施，但每年在部分高校火灾仍时有发生。

校园火灾从发生原因上可分为生活火灾、电气火灾、实验室火灾、自然现象火灾、人为纵火等类型。

（一）生活火灾

生活用火一般是指人们的炊事用火、取暖用火、照明用火、点蚊香、吸烟、燃放烟花爆竹等，由生活用火造成的火灾称为生活火灾。学生生活火灾的原因多种多样，主要有以下几种。

1. 擅自使用炉具

高校宿舍是同学们学习和休息的地方，但个别学生违反学校的管理规定，在寝室使用酒精炉、汽油（煤油）炉等炉具做饭，给校园安全带来极大的隐患。酒精（乙醇）是易燃液体，其燃点为 12.78℃，最易引燃浓度是 7.0%，如使用不当很容易引起火灾事故。

案例

2022 年 5 月 5 日，某学院学生在宿舍使用固体酒精加热外卖烤鱼，形成大量烟雾，触发烟雾报警器，所幸处理及时，未造成严重后果。

2. 随意燃点蚊香

蚊香具有很强的阴燃能力，点燃后没有火焰，但能长时间持续燃烧，中心温度可高达 700℃，超过了纸张、木材和棉花、麻、化纤织物等可燃物的燃点，一旦接触到可燃物就会引起燃烧，甚至扩大成火灾。

点燃蚊香后，一定要把蚊香固定在与蚊香配套的铁架上，最好是把蚊香放置在瓷盘或金属的器皿内，切忌用纸张、书籍、纸箱等垫放，千万不要放在木桌、椅子上。点燃的蚊香应远离窗帘、蚊帐、床单、衣物等可燃物，以防止着火。切记：无论在什么地方点燃蚊香，人员一旦离开，一定要将蚊香熄灭。

3. 胡乱丢弃烟头

燃着的烟头体积虽小，但它却仍是一个燃烧着的物体，温度很高。据测定，其表面温度为 200℃～300℃，中心温度高达 700℃～800℃，而一般可燃物质的燃点都在这个温度以下，如棉花为 150℃，纸张为 130℃，麻绒为 150℃，布匹为 200℃。

许多同学对其“威力”认识不足，乱扔烟头，当烟头的火源与这些可燃物接触时，很有可能把这些物质加热到它们的燃点而引起燃烧，甚至酿成火灾。

案例

2021 年 9 月 21 日，某校学生公寓 1106 宿舍引发一起火灾事故，起火原因是该宿舍学生中秋节放假期间在宿舍吸烟，把烟头顺手从窗口扔下，导致雨篷着火，致使 1006 宿舍、806 宿舍学生衣服被烧毁。

2022 年 6 月 4 日，某学院男生宿舍楼 6 栋 2 层 223 室突发火灾，消防救援站立即出动 2 台消防车、14 名消防救援人员，赶赴现场救援，所幸无人员伤亡，起火原因为吸烟遗留火种引发的火灾。

4. 肆意焚烧杂物

使用明火，最易发生火灾，因为明火实际上是正在发生的燃烧现象，一旦失去控制马上便会转化为火灾。道理虽然简单明了，但有的同学却常常不以为然，随意在宿舍内焚烧废弃物，若靠近蚊帐、衣被等可燃物或火苗未彻底熄灭人就离开，火星很有可能飞到这些可燃物上引起火灾，最终不仅自食苦果，还会殃及他人。

5. 树下、草坪用火

在树下、草坪吸烟、玩火、野炊、烧荒，都能引起火灾。因树下有较多落叶、枯草，冬季草坪枯萎，特别是天气干燥时，一遇火种，极易引发火灾。

案例

2019 年 5 月 2 日，山东省栖霞市亭口镇与庙后镇交界处发生山林火情。5 月 3 日，山东省莱州市郭家店镇返岭子村附近发生山林火情。经查，两起山林失火皆因村民丢弃烟头所致。

2019 年 5 月 11 日，内蒙古自治区呼和浩特市青城公园内突发大火。经查，是有游人乱扔烟头引燃了地面上堆积的柳絮，从而引燃游船。

资料来源：慧聪消防网 .

有统计表明，生活火灾已占校园火灾事故总数的 70% 以上。安全使用生活火源必须引起大学生的高度重视，大学生必须学会自防自救。

（二）电气火灾

现代的大学生宿舍，学生拥有大量的电器设备，大到电视机、电脑，小到台灯、充电器、电吹风，还有违章购置的电热炉、电热毯等电热器具，很容易导致火灾发生。引起电气火灾的主要原因如下。

勿乱拉电线

1. 乱拉乱接电线

由于学生宿舍所设电源插座较少，随着学生用电器具逐步增多，有的同学便私拉乱接电线，增加了线路负荷，加上使用的大多是低负荷的软电线，长期超负荷运行后出现绝缘老化，从而易引起线路短路和触电事故，发生火灾。

案例

2021 年 11 月 13 日，某大学一宿舍楼顶层起火，据初步调查，火灾原因为宿舍内电气线路发生故障导致。

2022 年 2 月 19 日下午 2 时许，某学院一女生宿舍突发火灾，起火原因初步调查系变电阀电路老化引起。

勿使用大功率电器

2. 使用大功率电器

学生宿舍内的供电线路、供电设备，都是根据实际使用情况进行设计的，如果学生在宿舍内使用大功率电器，如电炉、电饭锅、电吹风等，超出负荷，电线就会发热，加速线路的老化，极易引起火灾。

案例

2019 年 9 月 10 日，某学院宿舍燃起了熊熊烈火，学生逃离火灾地点后立刻报警求救。当地消防人员随即赶到火灾现场，第一时间将大火扑灭，该着火寝室内浓烟笼罩并大量向外扩散，以至于消防队出动了 3 台消防车与 16 名消防队员。事后调查得知，该火灾是由于学生使用宿舍违规大功率电器所导致，虽然无人员伤亡，但是对学校公共设施造成了严重损害。

3. 使用电器不当

因使用电器不当在高校发生火灾的现象比较普遍。如电吹风未及时关闭引燃衣物；在室内给电动车电池充电易引起火灾或者爆炸；充电器长时间充电，又被衣被覆盖，散热不良，也能引起燃烧；灯泡靠近纸张等可燃物，长时间烘烤易起火；长时间使用电器不检修，电线绝缘老化，漏电短路而起火；等等。

案例

2020 年 12 月 21 日，某大学学生宿舍发生火灾，起火原因系学生使用大功率电器后，宿舍跳闸断电。次日，学生到宿管处请求恢复用电后便离开宿舍去上课，致使宿舍内未关闭的电吹风引燃床铺棉被，造成火灾。

2022 年 4 月 3 日下午，某大学城宿舍 K 栋三楼发生宿舍内着火，所幸消防员及时赶到，无人员伤亡。经初步调查，起火原因为同学携带电动车电池回宿舍充电。

4. 购买不合格电器

个别大学生购置的电器设备为不合格产品，这也是引发火灾的重要原因之一，因此，一定要购买合格电器。

案例

2019 年 10 月 30 日晚，某校一大学生，半夜在宿舍床上睡觉时被烫醒，她发现充电宝起火连忙逃下床，所幸室友紧急断电灭火，没有酿成大祸，不过床上的床垫、被子、蚊帐都被烧得黑乎乎的，火灾现场触目惊心。

（三）实验室火灾

着火是实验室特别是有机实验室和物理实验室里最容易发生的事故，常见原因有以下几点。

1. 存放的化学药品多

实验室需要经常存放品种繁多的化学药品，其中不乏易燃易爆物品，如乙醚、酒精、丙酮、二硫化碳、苯等易燃有机溶剂，这些药品实验室里不得存放过多，且不可倒入下水道；用明火加热易燃有机溶剂时，必须有冷凝装置或合适的排放装置。一旦管理不善，即可造成火灾。

2. 配置的电器设备多

有些实验室内配置有风干机、电烤箱、电热炉等电热设备，由于管理、设置、质量等问题可能直接成为发生火灾的火源，极易发生因线路短路、断路、超负荷等引起电火花的电气火灾。因此，电气设备严禁超载、超负荷运行，要特别关注大功率的电器，防止线路短路。

3. 违反实验操作规程

大学生用火、用电及使用危险物品做实验时，若违反操作规程，也会引起火灾。如在使用有电感的实验设备时用物品覆盖在散热孔上，使设备聚热，导致设备燃烧；用火时，周围的可燃物未清理完，火星飞到可燃物上引起燃烧；化学实验时将相互抵触的化学试剂混在一起，实验温度过高或操作不当，也能引起火灾事故。

（四）自然现象火灾

自然现象火灾不常见，这类火灾主要有两种：一是雷电；二是物质的自燃。

雷电是常见的自然现象，它是大气层运动产生高压静电再放电，放电电压有时达到几万伏，释放能量巨大。当作用于地球表面时，具有相当大的破坏性。它产生的电弧可成为引起火灾的直接火源，引起多种多样的火灾。所以，预防雷电火灾就必须合理设置避雷设施。

自燃是物质自行燃烧的现象。如黄磷、锌粉、铝粉等燃点低的一类物质在自然环境下就可燃烧；钾、钠等碱金属遇水即剧烈燃烧；不干燥的柴草、煤泥、沾油的化纤、棉纱等大量堆积，经生物作用或氧化作用积聚大量热量，使物质达到自燃点而自行燃烧发生火灾。所以，对自燃物品一定要以科学的态度和手段加强日常管理。

（五）人为纵火

纵火都带有目的，一般多发生在夜深人静之时，有较大的危害性。有旨在毁灭证据、逃避罪责或破坏经济建设等多种形式的刑事犯罪分子纵火，还有旨在烧毁他人财产或危害他人生命的私仇纵火等。这类纵火都是国家严厉打击的犯罪行为。

另外，还有精神病人纵火，这是由于病人对自己的行为无法控制而发生的，所以，精神病人的监护人一定要履行好自己的监护职责。

二、校园火灾的预防

火灾固然可怕，但只要我们防患于未然，是可以避免的。

（一）学生宿舍防火

大学生宿舍是高校的防火重点部位之一，全面做好大学生宿舍防火工作有极其重要的意义，大学生应自觉遵守宿舍安全管理规定。为了杜绝大学生宿舍内火灾事故的发生，同学们要做到十戒：

（1）戒私自乱拉乱接电源线路，避免电线穿行于可燃物中间。

（2）戒擅自拆除、迁移、自增宿舍内的供电线路及设施。

（3）戒使用电热器具，使用煤炉、液化器具、酒精炉等。

（4）戒使用插头、插座等有破损的接线板。

（5）戒使用假冒伪劣及不合格电器。

（6）戒使用电器无人看管。

（7）戒明火照明，电器照明戒用可燃物作灯罩。

（8）戒床上吸烟，室内乱扔烟头、乱丢火种。

（9）戒室内燃烧杂物、燃放烟花爆竹。

（10）戒室内存放易燃易爆物品。

（二）实验室防火

实验室一旦发生火灾，损失大、人员伤亡大且难于扑救，历来是高校的防火重点部位，对进入实验室的人员提出严格要求是十分必要的。针对实验室的特点，应采取如下消防安全防范措施：

（1）应充分做好实验前的准备，熟悉实验内容，掌握实验步骤。进行实验时，严格按实验规程操作，防止因不规范操作造成火灾。

（2）服从实验指导老师的指导，严格遵守实验室纪律，禁止在实验室玩耍、打闹，防止打破仪器设备酿成火灾。

（3）严禁摆弄与实验无关的设备和药品，特别是电热设备。

（4）严禁携带任何火种和其他与实验无关的易燃易爆物品进入实验室。

（5）严禁闲杂人员特别是小孩进入实验室，防止因外人的违章行为导致火灾。

（6）严禁在实验室居住，更不能在实验室内及附近使用生活用火，特别是不能使用明火，更不准燃放烟花爆竹，防止引燃室内易燃物和其他可燃物发生火灾。

（7）注意电热器具的正确使用和保管，正在使用的电热器具不准接近可燃物。

（8）严格实验室用电制度，用电及电器安装必须符合国家规定的技术规范。

（9）详细掌握所处实验室内药品的化学特性，严禁将化学性质相抵触的药品混装、混放。

（10）实验完毕关闭电源、火源、气源、水源等，实验剩余的药品必须按规定处理，严禁带走或倒入下水道。

（三）公共场所防火

除了学生宿舍、实验室，大学生也频繁进出公共场所，这些场所人员密度大，管理较松散，易发生火灾。因此，同学们在公共场所停留时，应掌握如下防火知识和方法：

（1）严格遵守公共场所的防火规定，摒弃一切不利于防火的行为。如不携带易燃易爆品，不吸烟或随地丢弃烟头、火种，保持安全通道畅通，等等。

（2）进入公共场所，首先要了解所处场所的基本情况，熟悉防火通道。

（3）善于及时发现初起火灾，做出准确判断，能及时扑救的要及时扑救，火势已经蔓延的要立即疏散逃生。

（四）山林草坪防火

严禁到山林、草坪吸烟、玩火，一旦发现火苗要及时扑救或拨打火警电话。

三、校园火灾的扑救

灭火的基本要求是：积极抢救生命，及时控制火势，迅速扑灭火灾。为了达到这一要求，在扑救初起火灾时，必须遵循的灭火原则为：先救人后灭火，先控制后消灭，先重点后一般。

（一）火灾后的应急处理

发生火灾后头脑一定要冷静，因为任何火灾，都有一个从小到大的发展过程，通常分为三个阶段，即初起阶段、发展阶段和猛烈阶段。掌握了火灾各阶段的特点，就能正确地扑救和逃生。

1. 火灾初起阶段——正确灭火

这时火焰面积小，燃烧温度低，易于扑救，只要及时发现，立即用灭火器材灭火，均能将火扑灭。

具体方法：一是要勇敢地以快速、有效的办法进行灭火，同时呼喊其他同学帮忙。二是如果是电器导致的火灾，首先要迅速切断电源，防止触电。

2. 火灾发展阶段——及时报警

如果火势较猛不能立即扑灭，要一边灭火，一边报警。

请牢记火警电话：119。在拨打火警电话时，必须讲清以下内容：

（1）起火单位名称、详细地址（如：某大学某校区某宿舍楼某房间），以利于消防队能迅速及时地到达火灾现场，进行灭火。如果讲不清楚，请说出地理位置，并讲明周围明显建筑物或道路标志。

（2）起火物，房屋着火最好讲明是何建筑，如棚尾、砖木结构、高层建筑等，尤其要讲明起火物为何物，如液化气、汽油、化学试剂、棉花等。

(3) 火势情况。如着火物质、着火部位、火势大小（只见冒烟、有火光、火势猛烈)，燃烧面积有多大，有无被困人员，有无爆炸和毒气泄漏，以便于消防指挥中心有针对性地派出警力。

(4) 报警人的姓名和电话号码，便于消防指挥中心及时与你联系，了解火场情况。不要急于挂断电话，要冷静回答接警人员的提问。

3. 火灾猛烈阶段——理性逃生

火灾发生后如被大火围困，头脑要冷静，不要慌乱，应争取时间尽快逃离现场，选择最佳的疏散方法进行逃生自救。火灾发生后不要为穿衣、找钱等琐碎小事而延误宝贵的逃生时间，要选择与火源相反的通道按顺序迅速逃离险境。

火警电话

（二）火灾的灭火方法

根据燃烧物质的特点和火场的具体情况，及时、正确地选择一种或几种灭火方法扑灭初起火灾，减少火灾损失，是杜绝火场致人死亡的最重要一环。灭火的基本方法有四种，如表 6-1 所示。

表 6-1 常见的几种灭火方法

种类	基本原理	适用情况
隔绝空气灭火法	根据可燃物质发生燃烧需要足够的空气（或氧气）这个条件，采取适当措施来防止空气流入燃烧区，使燃烧物隔绝空气，因缺氧而熄灭	1. 点燃的蜡烛燃烧了课桌上的纸张、书本等物品时，不能挥舞拍打，用一条湿润的毛巾覆盖在上面，火就能熄灭； 2. 食堂炒菜时，油锅内的油起火，盖上锅盖，就可使火熄灭； 3. 电器、煤气着火可用毛毯、棉被覆盖灭火
冷却降温灭火法	根据可燃物质发生燃烧时必须达到一定的温度这个条件，用水、干冰等直接喷、撒在燃烧物上，水、干冰气化吸收热量降温，使可燃物的温度降低到燃点以下，从而使燃烧停止	对房屋、家具、木柴、纸张等可燃物质，都可以用水来冷却灭火。但对于某些物品的失火则不能用水扑救，只能使用专门的灭火器材和设备。 1. 金属钠、钾、钙、碳化钙等遇水会发生反应，产生氢气和热量，引起剧烈燃烧或爆炸； 2. 轻于水的油类物质着火，用水扑救会扩大燃烧范围； 3. 高压电器设备未断电时，若用水扑救可能引起导电； 4. 其他如纸制品仓库、精密仪器、高温生产装置失火都不宜用水扑救； 5. 储备有浓硫酸、浓硝酸等化学品的仓库失火也不宜用水扑救

续表

种类	基本原理	适用情况
可燃物隔离灭火法	根据发生燃烧必须具备可燃物的条件，将燃烧物体与附近未燃物质隔离，从而使燃烧停止	1. 把失火处附近的液化气罐和其他可燃物移开； 2. 把不大不重的着火物移至空旷处等； 3. 拆除与火源相邻的可燃建筑结构，形成阻止火势蔓延的空间地带等； 4. 森林灭火常开辟隔离带，使火势不再蔓延从而控制火情
化学抑制灭火法	将含氟、溴的化学灭火剂喷向火焰，参与燃烧反应，使游离基链锁中断反应，以达灭火目的	1. 可使用的灭火剂有干粉 1211（二氟一氯一溴甲烷）、1202（二氟二溴甲烷）、1301（三氟一溴甲烷）； 2. 进行抑制灭火时，一定要将灭火剂准确地喷射在燃烧区内，使灭火药剂参与燃烧反应，否则，将起不到抑制反应的作用。同时，要采取必要的冷却降温措施，以防止复燃

（三）灭火器的适用范围

火灾依据物质燃烧特性，可划分为 A、B、C、D、E 共 5 类，不同的火灾类型应选用不同的灭火器，如表 6－2 所示。

表 6－2　火灾分类及适用的灭火器

火灾类型	适用范围	选用灭火器
A 类火灾，指固体物质火灾	如木材、煤、棉、毛、麻、纸张等火灾	可选择水型灭火器、泡沫灭火器、磷酸铵盐干粉灭火器、卤代烷灭火器
B类火灾，指液体火灾和可熔化的固体物质火灾	如汽油、煤油、柴油、原油，甲醇、乙醇、沥青、石蜡等火灾	可选择泡沫灭火器（化学泡沫灭火器只限于扑灭非极性溶剂）、干粉灭火器、卤代烷灭火器、二氧化碳灭火器
C类火灾，指气体火灾	如煤气、天然气、甲烷、乙烷、丙烷、氢气等火灾	可选择干粉灭火器、卤代烷灭火器、二氧化碳灭火器
D类火灾，指金属火灾	如钾、钠、镁、铝镁合金等火灾	可选择粉状石墨灭火器、专用干粉灭火器
E类火灾，指带电物体和精密仪器等物质的火灾	如家用电器、电子元件、电气设备以及电线电缆等	可选择干粉灭火器、卤代烷灭火器、二氧化碳灭火器等

相对于扑灭同一火灾而言，不同灭火器的灭火有效程度有很大差异。二氧化碳和泡沫灭火剂用量较大，灭火时间较长；干粉灭火剂用量较少，灭火时间很短；卤代烷灭火剂用量适中，时间稍长于干粉。配置时可根据场所的重要性、对灭火速度要求的高低等

方面综合考虑。

（四）常用灭火器和消火栓的使用

灭火器是火灾扑救中常用的一种轻便灭火工具。火灾初起时，由于范围小、火势弱，是扑救火灾的最有利时机，正确使用灭火器，可避免巨大的损失。下面分别介绍几种常见灭火器和消火栓的使用。

1. 干粉灭火器

干粉灭火器（见图 6－1）适宜于扑救石油产品、油漆、有机溶剂火灾，也适宜于扑灭液体、气体、电气火灾，有的还能扑救固体火灾，不能扑救轻金属燃烧的火灾。

使用干粉灭火器时，首先将干粉灭火器提到火源近处，拉出喷射胶管并展开，拔出保险销，开启扳直阀门手柄，将喷枪头对准火焰根部，使粉雾横扫重点火焰，注意切断火源，由近及远向前推进灭火。如图 6－2 所示。

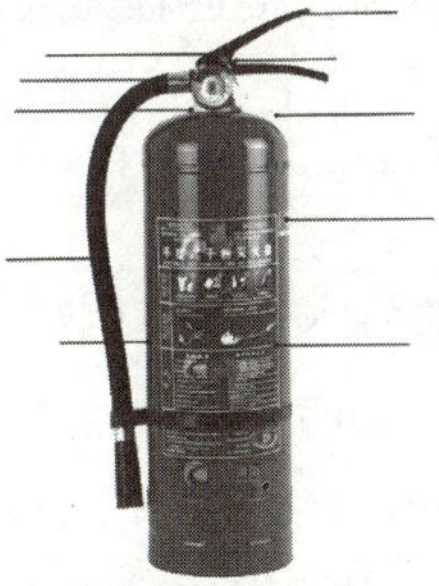

图 6－1 干粉灭火器

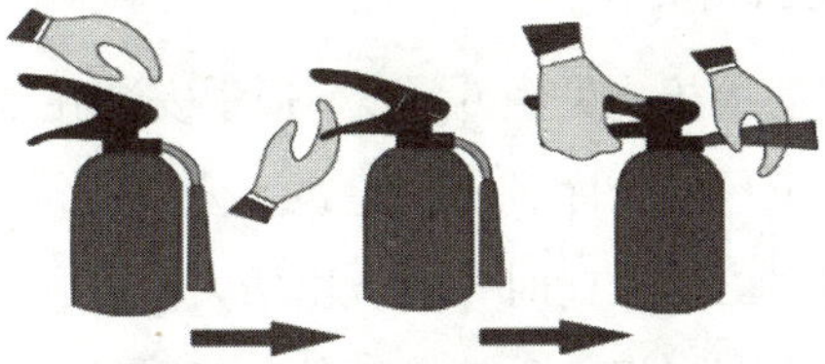

图 6－2 灭火器的操作示意图

2. 泡沫灭火器

泡沫灭火器（见图 6－3）最适宜扑救液体火灾，不能扑救水溶性可燃、易燃液体的火灾（如醇、酯、醚、酮等物质）和电器火灾。

使用时，先将泡沫灭火器快速提到火源近处展直喷射胶管，转开手轮，扳直阀门手柄，将喷枪头直对火源根部周围覆盖重点火源。

3. 二氧化碳灭火器

二氧化碳灭火器（见图 6－4）灭火后不留痕迹，适宜于扑救贵重仪器设备、档案资料、计算机室内火灾。它不导电，因此也适宜于扑救带电的低压电器设备和油类火灾，但不能用它扑救钾、钠、镁、铝等物质火灾。

使用时，鸭嘴式的先拔掉保险销，压下把手即可；手轮式的要先取掉铅封，然后按逆时针方向旋转手轮，药剂即可喷出。注意手指不宜触及喇叭筒，以防冻伤。二氧化碳灭火器射程较近，应接近着火点，在上风方向喷射。

4. 1211 灭火器

“1211”灭火器（见图 6－5）灭火时不污染物品，不留痕迹，特别适用于扑救精密仪器、仪表、贵重的物资、珍贵文物、图书档案等初起火灾。

图 6－3　泡沫灭火器

图 6－4　二氧化碳灭火器

图 6－5　1211 灭火器

使用时要首先拔掉保险销，然后握紧压把开关，即有药剂喷出。使用时灭火筒身要垂直，不可平放和颠倒使用。它的射程较近，喷射时要站在上风，接近着火点，对着火源根部扫射，向前推进，要注意防止复燃。

5. 室内消火栓

室内消火栓（见图 6－6），通常安装在消火栓箱内，与消防水带和水枪等器材配套使用，是工厂、仓库、高层建筑、公共建筑及船舶等室内固定消防设施。

使用室内消火栓时一般应由两人配合：一人打开消火栓箱门，迅速取下挂架上的水带或拉出水带甩出，手持接口的一端和水枪冲向起火处，途中将水枪和水带接口接好，并紧握水枪；另一人将水带接口另一端连接在消火栓出水口上，接到出水指令后逆时针旋转消火栓手轮打开阀门，水即喷出。操作示意图如图 6－7 所示。但如果是电器起火或着火部位有用电器具和电气线路时，要确定切断电源后再向起火物喷水。

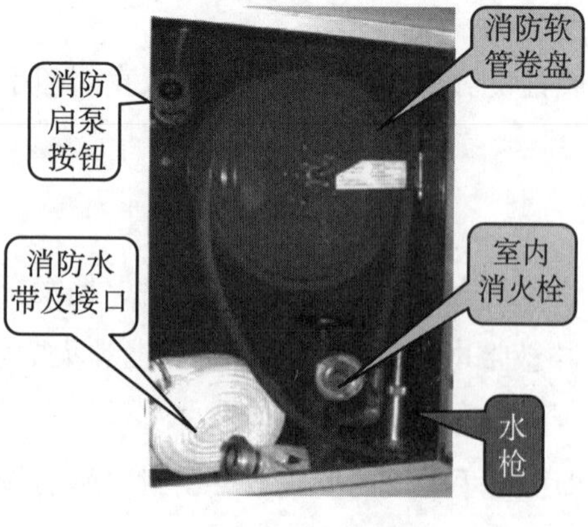

图 6－6　消火栓

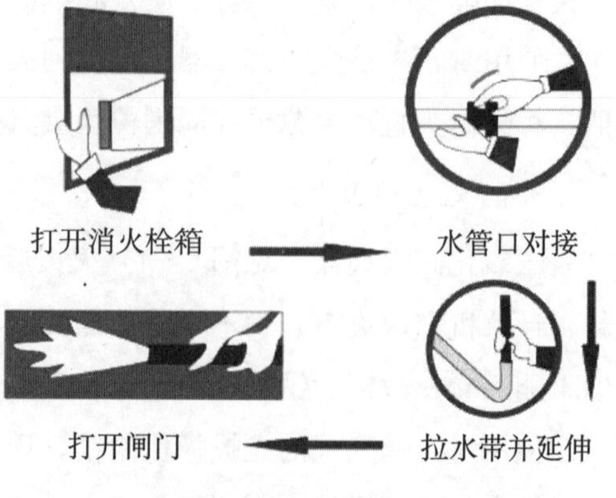

图 6－7　消火栓的操作示意图

四、火灾的逃生自救

火灾是恐怖的，但伤亡并非不可避免，在火场中生死系于一瞬间。面对滚滚浓烟和熊熊烈焰，只要我们冷静机智地运用自救与逃生知识，就有极大可能拯救自己。因而，大学生平时多掌握一些逃生自救的知识尤为重要。

（一）火灾逃生的基本原则

1. 抓紧时机，迅速撤离

一旦发生火灾，同学们要抓住有利时机，就近利用一切可利用的工具、物品，想方设法迅速撤离危险区，不要因抢救个人珍贵物品或钱财而贻误最佳时机。

2. 顾全大局，救助结合

一是自救与互救结合。当被困人员较多，特别是有生病或残疾同学在场时，要主动积极地帮助他们首先逃离危险区，有序地进行疏散。

二是自救与等待相结合。当逃生的通道被大火封死后，要注意保护自己，等待救援人员开辟通道，逃离火灾危险区。

（二）发生火灾时常见的行为误区

害怕和恐怖是人们遇险时的共同反应，其程度因人而异。发生火灾时，不安和恐怖的心理会导致一些错误行为。发生火灾时常见以下几种行为误区。

1. 愿意靠近人群

由于着火，人们汇集到一起，这些汇集起来的人群的心理又起到相乘的作用。若遇到火灾时的烟雾、异臭、停电、嘈杂等状况，常常会导致群体恐慌。

2. 朝着亮光处跑

人们在日常生活中，除了就寝之外，大部分时间生活在明亮的环境下，对黑暗都有一种不安的感觉。因此，当突如其来的烟雾遮挡住视线，陷入无法照明的黑暗世界时，习惯上都朝着有亮光的方向逃跑。

3. 回避危险

有烟和火时，往往朝着看不见烟和火的方向逃跑。疏散行动变成了只着眼于眼前危险的单纯行动。被烟和火苗追得走投无路，没有其他逃生办法时，往往会采取从高处跳下等意想不到的冲动行为。

4. 从众行为

不是自己来判断逃生的方向，而是跟在前面的人或是大多数人的后面，而这样有时往往很危险。

5. 恐慌行为

由于烟雾和火的刺激，人的判断力减弱，一看见烟和火就会陷入不知所措的状态中。疏散时，如果出现停电、听见惨叫或怒吼声，也会导致恐慌。如疏散通道被烟和火隔断、疏散门上锁或有障碍物时，疏散人员左右乱窜，互相撞倒，心理上更加惊慌，最终陷入恐慌状态。

一旦由于上述原因发生恐慌，人们就很难接受外部的控制，这些失去正常判断能力的人们聚集在一起，有时会导致极为惨痛的灾难。

（三）火灾逃生自救的方法

火灾发生后如被大火围困，头脑要冷静，不要慌乱，应选择最佳的方法进行逃生自救。下面是一些火场逃生常识。

1. 熟悉环境，临危不乱

为了自身安全，每个人对自己工作场所、学习场所或住所的建筑物的结构及逃生路线平日就要做到了然于胸，同学们务必留心学校教学楼、实验楼及宿舍等场所的疏散通道、安全出口和楼梯方位等；而当身处陌生环境，如入住酒店、在商场购物、进入娱乐场所时，务必留心疏散通道、安全出口以及楼梯方位等，以便在关键时候能尽快逃离火场。

重要提示：

火灾的自救原则

“三要”

“要”熟悉自己住所的环境

“要”遇事保持沉着冷静

“要”警惕烟毒的侵害

“三救”

选择逃生通道“自救”

结绳下滑“自救”

向外界“求救”

“三不”

“不”乘普通电梯

“不”轻易跳楼

“不”贪恋财物

2. 临危镇定，明辨方向

突遇火灾时，面对浓烟和烈火，首先要强令自己保持镇静，迅速判断危险地点和安全地点，千万不要盲目地跟从人流相互拥挤、乱冲乱撞。撤离时要注意朝明亮处或外面空旷地方跑，要尽量往楼层下面跑，若通道已被烟火封阻，则应背向烟火方向离开，通过阳台、窗等通往室外的出口逃生。

3. 不入险地，不贪财物

在火场中，人的生命最重要，不要把宝贵的逃生时间浪费在穿衣服或寻找、搬运贵重物品上。一旦意识到自己可能被火包围，千万不要迟疑，应立即选择正确的逃生路线。已逃离火场的人，千万不要重返险地。

4. 简易防护，掩鼻匍匐

由于火灾发生时烟气大多聚集在上部空间，因此在逃生过程中应尽量将身体贴近地面匍匐或弯腰前进，当浓烟滚滚、视线不清时，应迅速趴在地上或蹲着，以便寻找逃生之路。这是因为离地面 60 厘米以内的空间烟气较少，较为安全。为保护呼吸系统，可用毛巾或餐巾布、衣服等将口鼻捂严。一条干毛巾以折叠八层为宜，湿毛巾则要注意含水量不宜过多，实在没水时，也可用自己的尿液将毛巾浸湿。

5. 善用通道，莫入电梯

发现火灾后，人们为了阻止大火沿着电气线路蔓延开来，都会拉闸停电，有时大火会将电线烧断，如乘坐普通电梯逃生，遇上停电就麻烦了。同时由于电梯井犹如贯通的烟囱般直通各楼层，有毒的烟雾直接威胁被困人员的生命。因此，千万不要乘普通电梯逃生，尽量选择从楼梯、通道疏散，还可利用建筑物的阳台、窗台、屋顶等攀到周围的安全地带；在确保安全的情况下，也可沿着下水管、避雷线等建筑上的凸出物，滑下楼脱险。

火灾时莫入电梯

6. 避难场所，固守待援

假如用手摸房门已感到烫手，那么一旦开门，火焰与浓烟势必迎面扑来。此时，首先应关紧迎火的门窗，打开背火的门窗，用湿毛巾、湿布等塞住门缝，或用水浸湿棉被，蒙上门窗，然后不停用水淋透房间，防止烟火渗入，主动与外界联系，固守房间，等待救援人员到达。不要为躲避烟火往阁楼、地下室、床底、柜子内钻。

7. 传送信号，寻求援助

当被烟火围困无法逃避时，尽量待在阳台、窗口等易于被人发现和能避免烟火近身的地方。在白天可向窗外晃动鲜艳的衣物等；在晚上，可用手电筒不停地在窗口闪动或敲击东西，及时发出有效求救信号。在被烟气窒息失去自救能力时，应努力滚到墙边或门边，既便于消防人员寻找、营救，也可防止房屋塌落时砸伤自己。

温馨提示：

自救口诀

一楼着火往外走，千万不能向上行。
烟火视线看不清，靠边摸墙找门出。
毛巾八层捂口鼻，躬身行走不能停。
二楼着火走楼梯，人多拥挤可跳楼。
手扒窗台身下垂，提前要把软物抛。
三楼着火走通道，梯杆抛绳把人救。
紧急情况要想跳，手攥被毯才能行。

8. 火已及身，切勿奔跑

火场上如果发现身上着火，千万不可奔跑或用手拍打，因为奔跑或用手拍打只会形成风势，加速氧气补充，促旺火势。正确的做法是当身上衣服着火时，应赶紧设法脱掉衣服或就地打滚，压灭火苗，若能及时跳进水中或让人往身上浇水就更有效。

9. 缓降逃生，滑绳自救

高层、多层建筑发生火灾后，可迅速利用身边的绳索或床单、窗帘、衣服等自制简易救生绳，并用水打湿后，从窗台或阳台沿绳滑到下面的楼层或地面逃生。身处火灾烟气中的人，精神上往往陷于极端恐怖和接近崩溃，惊慌的心理极易导致不顾一切的伤害性行为，如跳楼逃生等。

应该注意的是：只有消防员准备好救生气垫并指挥跳楼时，或在楼层不高、非跳楼即烧死的情况下，才采取跳楼的方法。

跳楼也要讲技巧，跳楼时应尽量往救生气垫中部跳或选择有水池、软的雨篷、草地等地方跳；如有可能，要尽量抱一些棉被、沙发垫等松软物品或打开大雨伞跳下，以减缓冲击力。

如果徒手跳楼一定要扒窗台或阳台使身体自然下垂跳下，以尽量降低垂直距离，落地前要双手抱紧头部身体弯曲蜷成一团，以减少伤害。跳楼虽然可求生，但会对身体造成一定的伤害，所以要慎之又慎。

防范校园火灾，保护我们共同的家园，是每一位师生员工的共同责任，让我们每个人都肩负起防火安全的责任，在日常工作学习生活中，时刻敲响消防安全的警钟，从思想上牢固树立消防安全意识，从我做起，从现在做起，构筑一道防范火灾的钢铁长城，共同创造一个安全、稳定、和谐的学习生活环境。

第二节 安全用电 防患未然

谨慎能捕千秋蝉，小心驶得万年船。

——《庄子》

随着科学技术的发展，电能已成为工农业生产和人民生活不可缺少的重要能源之一，电气设备的应用也日益广泛，人们接触电气设备的机会随之增多。如果没有安全用电知识，就很容易发生触电、火灾、爆炸等电气事故，以至影响身体健康，危及生命。因此，大学生需要了解安全用电的常识，掌握安全用电规则。

一、安全用电的常识

（一）安全电压

在各种不同环境条件下，人体接触到一定电压的带电体后，其各部分不发生危害的电压称为安全电压。安全电压是用人体允许通过的电流与人体电阻的乘积来表示的。

需要指出的是，不能认为安全电压就是绝对的安全。如果人体在出汗皮肤潮湿或皮肤破裂等情况下长时间触及电源，也可能发生电击伤害。

（二）触电对人体的伤害

1. 电击伤

电击伤指电流通过人体时所造成的内部伤害，它会影响人的心脏、呼吸及神经系统的正常工作，甚至危及生命。绝大部分触电死亡事故都是电击造成的。日常所说的触电事故，基本上多指电击。电击伤后，轻者出现恶心、心慌、头晕和短暂的意识丧失，恢复后通常不会留下后遗症。严重电击伤可致人休克、心脏骤停，甚至死亡。

2. 电灼伤

电灼伤指电流的热效应、化学效应或机械效应对人体造成的伤害。轻者只见皮肤灼伤，重者可伤及肌肉、骨骼，电流入口处的组织会出现黑色炭化。

电流量对人体的影响如表 6-3 所示，电压对人体的影响如表 6-4 所示。

表 6-3　电流量对人体的影响

电流量	对人体的影响
1 毫安	略有感觉
5 毫安	相当痛苦
10 毫安	难以忍受的痛苦
20 毫安	肌肉收缩，无法自行脱离触电电源
50 毫安	呼吸困难，相当危险
100 毫安	大多数致命

表 6-4　电压对人体的影响

接触时的情况		接近时的情况	
电压	对人体的影响	电压	可接近的最小安全距离（厘米）
10 伏	全身在水中时，跨步电压界限	3 千伏	15
20 伏	为湿手的安全界限	6 千伏	15
30 伏	为手干燥的安全界限	10 千伏	20
50 伏	为对生命没有危险的界限	20 千伏	30
100～200 伏	危险性急剧增大	30 千伏	45
200 伏以上	对生命有危险	60 千伏	75
3 千伏左右	被带电体吸引	100 千伏	115
10 千伏以上	有被弹开而脱险的可能	140 千伏	160
		270 千伏	300

（三）安全用电标志

明确统一的标志是保证用电安全的一项重要措施。统计表明，不少电气事故是由于标志不统一而造成的。例如由于导线的颜色不统一，误将相线接入设备的机壳，而导致机壳带电，酿成触电伤亡事故。

根据我国安全色标采用的标准，一般采用的安全色有以下几种：

（1）红色：用来标志禁止、停止和消防，如信号灯、信号旗、机器上的紧急停机按钮等都是用红色来表示“禁止”的信息。

（2）黄色：用来标志注意危险，如“当心触电”“注意安全”等。

（3）绿色：用来标志安全无事，如“在此工作”“已接地”等。

（4）蓝色：用来标志强制执行，如“必须戴安全帽”等。

（5）黑色：用来标志图像、文字符号和警告标志的几何图形。

二、触电事故的防护

随着生活水平的不断提高，生活中用电的地方越来越多。因此，我们有必要掌握以下最基本的安全用电知识。

（1）认识了解电源总开关，学会在紧急情况下断开总电源。

（2）使用安全可靠的电源线插头，不购买假冒伪劣电器，不使用故障电线，不私拉乱接电线。

（3）检查计算机等电器时，必须先断开电源。

（4）不可以湿手碰触电器，不用湿布擦抹带电的灯头、开关和插座等。

（5）电器电源线破损时，要立即更换或用绝缘布包扎好。

（6）电器通电后发现冒火花、冒烟或有烧焦味等异常情况时，应立即停机并切断电源，进行检查。

（7）晒衣服的铁线和电线要保持足够距离，不要绕在一起，也不要在电线上挂晒衣物。

（8）发现电线断落时不要靠近，不要碰触、拣拾落地线，要离开断线 10 米外，要派人看守，并赶快找电工处理。

（9）不要私自拆卸玩弄电气设备。

（10）使用各种电气设备时，应严格遵守操作制度。不得将三脚插头擅自改为二脚插头，也不得直接将线头插入插座内用电。

三、触电事故的急救

人体触电以后，会出现神经麻痹、呼吸中断、心脏停止跳动等现象。触电人身边的人不要惊慌失措，应及时采取以下应急措施。

（一）迅速脱离电源

对于低压触电事故，可采用下列几种方法使触电者脱离电源：

（1）如果触电地点附近有电源开关或电源插销，可立即关闭开关或拔出插销，断开电源。

（2）如果触电地点附近没有电源开关或电源插销，可用有绝缘柄的电工钳或有干燥木柄的斧头切断电线，断开电源，或用干木板等绝缘物插到触电者身下，以隔断电流。

（3）当电线搭落在触电者身上或被压在身下时，可用干燥的衣服、手套、绳索、木板、木棒等绝缘物作为工具，拉开触电者或拉开电线，使触电者脱离电源。

（4）如果触电者的衣服是干燥的，又没有紧缠身上，可以用一只手（千万不能同时用两只手）抓住他的衣服，拉离电源，不得接触触电者的皮肤。

（二）就地急救处理

有资料指出，从触电后3分钟开始救治者，90%有良好效果；从触电后6分钟开始救治者，10%有良好效果；而从触电后12分钟开始救治者，救活的可能性很小。由此可知，当触电者脱离电源后，必须在现场就地抢救。

（1）如果触电者伤势不重、神志清醒，但有些心慌、四肢发麻、全身无力，或者触电者在触电过程中一度昏迷，但已经清醒过来，应使触电者安静休息，不要走动。严密观察并请医生前来诊治或送往医院。

（2）如果触电者神志不清，应使其就地舒适、安静地平卧，解开衣服纽扣和腰带，确保其气道通畅。如天气寒冷，应注意保温，让其休息一段时间，慢慢恢复正常。必要时也可使其闻闻氨气或掐其人中，令其苏醒。严密观察并请医生前来诊治或送往医院。

温馨提示：

急救口诀

万一有人已触电，千万不要用手牵；
人体本身能传电，谁拉就把谁来粘；
遇事莫要只慌张，最短时间断电源；
电源开关距离远，干燥木棒挑一边；
万不得已情况下，干绳圈拉也可办；
人若触电要抢救，人工呼吸做几遍；
如果触电较严重，迅速跑步送医院。

（3）如果触电者伤势较重，已失去知觉，但还有心脏跳动和呼吸，应使触电者舒适、安静地平卧，解开他的衣服以利呼吸。如天气寒冷，要注意保温，并速请医生诊治或送往医院。如果发现触电者呼吸困难、微弱，或发生痉挛，应随时准备好当心脏跳动或呼吸停止时立即做进一步的抢救。

（4）如果触电者伤势严重，呼吸停止或心脏跳动停止，或二者都已停止，应立即施行人工呼吸和胸外心脏按压，并送往医院。

第三节 各行其道 路路畅通

> 离娄之明，公输子之巧，不以规矩，不能成方圆。
>
> ——《孟子·离娄上》

遵守交通法规，关心和爱护自己和他人的生命健康，是每一名大学生应该为自己，也为家人担负的责任。

一、校园的交通事故

随着高校改革的不断深入，高校与社会交流越来越频繁，使校园内人流量、车流量急剧增加。许多高校教师拥有私家轿车，学生骑自行车、电动车的也很多。一般校园道路比较狭窄，上下课时容易形成人流高峰，交通事故容易发生。

校园交通事故发生的原因主要有以下几点。

（一）安全意识淡薄

许多学生缺乏交通安全意识，认为在校园内骑车和行走肯定比在公路上安全，这样在校园内发生交通事故就在所难免。切莫错误地认为校内无危险，要树立交通安全观念，时时提高警惕。

（二）注意力不集中

有的同学在走路时看书、看手机、听音乐，或者左顾右盼、心不在焉。切记走路要留神，见到车辆提前让路。

（三）骑“飞车”

许多学生买了自行车、电动车，有时为赶时间会骑“飞车”，增加了事故发生的概率。切记骑车要慢速行驶，复杂地段要缓缓而行。

二、交通事故的防范

为保障自身和他人的安全，我们要严格遵守交通规则，做好交通事故防范，有效减少事故的发生和不必要的财产损失。

（一）行走时安全注意事项

行人交通事故往往是由于闯红灯、注意力不集中、不走人行横道、突然跑动等使车辆躲闪不及而造成的。

1. 道路行走时注意事项

（1）在道路上行走，要走人行道，没有人行道的道路，要靠路右边行走。

（2）集体外出时，最好有组织、有秩序地列队行走，列队通行道路时，每横列不要超过 2 人。

温馨提示：

行人安全

行人注意走便道，过马路走人行道；
千万不要闯红灯，不要牵扶和并行；
抢道争先不礼貌，易出事故碍交通；
该停不停出车祸，该行不行阻交通。

（3）结伴外出时，不要相互追逐打闹、嬉戏；不要东张西望、边走边看手机或做其他事情。

（4）在没有交通民警指挥的路段，要避让机动车辆，不与机动车辆争道抢行。

（5）在雾天、雨天、雪天，最好穿着色彩鲜艳的衣服，以便于机动车司机尽早发现，提前采取安全措施。

2. 横穿马路时注意事项

（1）通过有交通信号灯控制的人行横道时，须遵守信号灯的规定，做到“绿灯行，红灯停”。

（2）通过没有交通信号灯控制的人行横道时，须注意车辆，不准追逐猛跑。

（3）有人行过街天桥或地下通道的，须走人行过街天桥或地下通道。

（4）不要翻越道路中央的安全护栏和隔离墩。

（5）不要突然横穿马路，特别是马路对面有熟人、朋友呼唤，或者自己要乘坐的公共汽车已经进站时，千万不能贸然行事，以免发生意外。

（二）骑自行车安全注意事项

（1）在非机动车车道内骑行，严禁骑入机动车道。在没有划分非机动车道和机动车道的道路上骑行，应靠右边骑行，不能在道路中间骑车，不要数车并行、逆向骑行。

温馨提示：

骑车安全

一要熟悉交通常识，要遵守交通法规；
二要不抢行不超速，不横穿机动车道；
三要规定车道骑行，不进入机动车道；
四要集中精力骑车，不戴耳机听录音；
五要拐弯减速慢行，向后望伸手示意；
六要听从交警指挥，要服从交通管理。

（2）骑车至路口，应主动让机动车先行。遇红灯停止信号时，应停在停止线或人行横道线以内，严禁推行或绕行闯越红灯。

（3）转弯时不抢行猛拐，要提前减慢速度，看清四周情况，以明确的手势示意后再转弯。

（4）自行车在道路上停放，应按交通标志指定的地点和范围有秩序地停放，不要影响车辆、行人的正常通行。

（5）骑自行车载物，长度不能超过车身，宽度不能超出车把宽度，高度不能超过骑车人的双肩。

（6）不准在道路上互相追逐、曲折竞驶、扶着身体并行。

（7）不准一手扶把，一手撑伞骑车，撑伞时，要下车推行。

（8）在雪地和结冰的路面上，最好不要骑车。如必须骑车，可把车胎的气放掉一些，这样可以防滑，也限制了车速。在积雪的地方不要使用车闸，否则易人仰车翻。

（三）骑摩托车安全注意事项

（1）保持车况良好，注意做好保养。

（2）适当地控制车速变化，车速过快会影响摩托车的操纵性和稳定性，应付突发情况的时间也相对较长，危险系数较高。

（3）超车前，须开左转向灯、鸣喇叭（禁止鸣喇叭的区域、路段除外，夜间改用变换近光灯），确认安全后，从被超车的左边超越，在同被超车保持必要的安全距离后，开右转向灯，驶回原车道。

（4）跟车距离。在道路上正常行驶时，依速度和道路的条件自动排成行列依序前进，要保持一定的跟车距离，因跟车过近而发生追尾碰撞的交通事故是很常见的。

（5）养成戴安全头盔的良好习惯。戴安全头盔是为了缓冲及减少发生交通事故时脑部所受到的撞击力量。

（6）驾驶摩托车时，应紧握车把，目视前方，高度集中精神，不得有妨碍安全行车的行为，如饮食、吸烟、闲谈、打电话等。

（四）自驾车安全注意事项

自己驾车，除遵守必要的交通规则外，还要注意以下几点。

1. 看完电视慢出车

据学者研究，在暗光下看电视会使人体血液中的维生素 A 迅速消耗，维生素 A 的减少，会减弱人的夜间视力及对黑暗的适应能力。一般来说，看 1 小时电视，眼睛视力大约需要经过 30 分钟才能恢复正常。所以，看完电视后最好能休息一两个小时再驾车出行。

2. 空腹开车易出事

许多资料表明，人在长时间饥饿状态下，体内血糖降低到一定程度时会发生低血糖现象，此时人脑组织会产生功能障碍，驾车就易发生交通事故。因此，驾驶员要重视饮食，应把吃饭当作大事对待。经常在车里备一些方便食品，饥饿时及时停车进食，以免发生车祸。

3. 一心二用要不得

有些司机在驾驶过程中，往往分心做其他事情，如：和同车人说笑、接打电话、车内大声播放音响等。司机注意力分散容易判断失误，反应迟缓，对道路上的突发状况不能在第一时间做出有效反应，从而发生交通事故。

（五）乘机动车安全注意事项

公交车、轿车等机动车是人们最常用的交通工具，为保证乘坐安全，应注意以下各点：

（1）乘坐小轿车、微型客车时，应系好安全带。

（2）不能携带汽油、酒精、爆竹等易燃、易爆危险物品乘车。

（3）乘车时不要把头、手、胳膊伸出窗外，以免被对面来车或路边树木等刮伤；也不要向车窗外乱扔杂物，以免伤及他人。

（4）乘车时要扶好坐稳，没有座位时，要双脚自然分开，侧向站立，手应握紧扶手，以免车辆紧急刹车时摔倒受伤。

（5）乘车时最好不要吃东西，尤其是糖果、花生一类的食品，它们容易在汽车晃动时呛到气管中。

另外，有下列情况不应乘车，以免发生危险：

（1）发现车辆破损、声音异常时；发现驾驶员精神状态不佳时；发现车辆不正常运行、客货混载、违章超载时；发现客车有其他违反操作规程行为时。

（2）恶劣天气如大风、大雨、大雾、大雪时，不坐汽车长途跋涉。

（3）病中无人陪伴时。

（六）乘火车安全注意事项

长途旅行需要乘坐火车，乘坐火车时应注意下列几点：

（1）不携带易燃易爆、放射性物品等危险品上车。

（2）在指定地点候车，车停稳后，先下后上，依次乘车。

（3）不要在车门和车厢连接处逗留，否则易发生夹伤、扭伤、卡伤等事故。

（4）到茶水炉接水时不要接得过满，以免列车晃动，水溅出来烫伤人。

（5）不要在车厢内吸烟，以免引起火灾。

三、交通事故的处理

在日常生活中，万一不幸遇上交通事故，我们要根据现场实际情况，以保护生命和减少损失为准则，做好自己应做的一切。

（一）发出警告

对于一般的交通事故，第一时间向其他车辆发出警告，如亮起危险警告灯，或在路上摆放三角形警告牌等。

（二）马上报警

要马上报警，保护现场，否则责任比较难以分清。交通事故报警电话是“122”，报警时要详细说明发生事故的地点、路段名称、时间及伤亡人数等，并报上自己的姓名、电话号码。若无电话，应及时回到公路上示意过往车辆，请求救助。

（三）注意防火

交通事故现场要注意防火，不要在现场吸烟或使用火种，以免因汽油泄漏而引起火灾和爆炸，还要关掉车辆的发动机。

（四）拯救伤者

协助拯救伤者，除非有翻车、爆炸危险或伤者有生命危险，否则不需移动伤者，因为移动伤者可能会更严重地伤害他的内脏器官、背部脊椎或颈椎而危及生命，或造成瘫痪。应轻轻扶起伤者头部，以防伤者昏迷或窒息。

如果伤者口鼻出血，把他轻轻推至侧卧；如果伤者大量出血，可用外伤止血法止血；如果发现伤者停止呼吸，应对其进行人工呼吸，等待救援人员到来。

（五）逃离车厢

假如我们遇到的是翻车等严重的交通事故，若车厢严重变形，应尽快逃离出事车辆。假如车门不能打开，可用硬物或衣服裹着手，击碎玻璃窗，从窗口跳出，尽快协助他人离开车厢，并及时报警。

同学们一定要把交通安全牢记心中，要增强交通安全意识，提高自我保护能力，形成自护、自救的意识。

第四节　人在旅途　平安是福

> 盖闻善摄生者，陆行不遇兕虎，入军不被甲兵。兕无所投其角，虎无所用其爪，兵无所容其刃。夫何故？以其无死地焉。
>
> ——《道德经》

党的二十大报告指出，新时代十年，我国建成世界最大的高速铁路网、高速公路网，使人们的旅游出行更加便利。随着经济发展和人民生活水平的提高，人们对旅游消费的需求进一步上升，旅游已逐渐成为人们休闲、娱乐的一种重要方式，旅行安全也越来越受到人们的关注。

一、旅游事故的原因

要确保旅游安全，需要了解旅游安全事故发生的基本原因。

（一）旅游环境因素

自然环境的不安全主要来源于骤发自然灾害和长期自然灾害。常见的骤发自然灾害包括地震、火山爆发、塌陷、地裂、崩塌、滑坡、泥石流、暴雨、洪水、海啸、气旋流、沙暴、尘暴、有毒气体污染等。长期自然灾害包括干旱、沙漠化、水土流失、海侵、大气污染、瘟疫等。

社会环境的不安全主要来源于社会与管理灾害，这包括战争、恐怖主义、社会动乱、犯罪活动等引起的灾难或损害。

（二）旅游者因素

首先，部分游客刻意追求高风险旅游行为，增大了事故发生的可能性。如个别游客常常不顾生命安全而去寻求一种危险刺激，包括极限运动、峡谷漂流、探险旅游、野外生存等。

其次，旅游者无意识的一些不安全行为也会引发事故。如误入泥泞沼泽地、有瘴气的山谷或大型食肉目动物、毒蛇及部分猛禽经常出没的地方而意外丧生等。

案例

2020 年 8 月 25 日，两名驴友在贵州关岭县滴水滩挑战瀑降，不幸遇难。前往山顶的救援人员经过 5 小时的徒步到达，连夜开展救援。此次被困事故是由于探险者在路线选择、装备使用上出现失误造成的。专业人士称：有人认为在距离瀑布 2 米的地方不可能被淹死，实际上瀑布形成的水雾会排挤氧气，被困人员很容易因缺氧而死。

2020 年 9 月 19 日，19 岁男子从陕西宝鸡太白县上山，准备穿越鳌太，被当地相关部门发现后，及时将其劝返。但该男子从塘口的其他地方进山，躲过了检查点，独自进了山。21 日 19 时 30 分左右，该男子报警求救。22 日，由于山林密布、道路崎岖、时有阴雨等多方面原因，搜救人员当天并未找到该男子。23 日，救援人员在西桦沟发现该男子，已不幸遇难。

（三）旅游景区因素

近年来，伴随旅游经济的发展，许多地方将开发旅游产业作为地方经济发展的重要部分。但由于景区地理差异，地方管理水平不一，导致一些景区防范措施不当，运营管理不到位，应急措施不得力，人为造成安全隐患。

案例

2020 年 5 月，一名女研究生玩蹦床致完全性瘫痪。该女子被高高弹起后，身体近 180 度的旋转，最终颈部着地落入海洋球池，速度快到根本来不及反应。据了解，女子是一名中医针灸研究生，正在医院实习。其表哥说："当时馆内没有安排观看任何培训视频，无人告知游玩注意事项。"

2020年10月2日，湖南株洲悠移庄园热气球飞行营地发生坠落事故，造成1人死亡。逝者李某利21岁，是假期来营地兼职的大学生。当日，只培训了一个半小时就上岗了。当时，一个热气球的吊篮还在地面，李某利和其他兼职的学生一起压着吊篮，其他人松手，而李某利没有松手。吊篮重量减轻后徐徐上升，李某利被带上空中，当吊篮离地面还有10多米高时，李某利因体力不支松开了双手，坠落身亡。

（四）旅游经营单位因素

伴随旅游业的兴起，各类旅游公司也如雨后春笋般不断出现，旅游公司的资质就成为游客出行安全的重要保障。一些不具备相关资质的旅游公司的非法经营，极易造成安全事故。

案例

2020年8月18日14时左右，三亚110指挥中心接到报警，一名游客在三亚百福湾海域进行户外潜水活动时，发生意外事故溺亡。经初步调查，死者陈某某具有PADI颁发的潜水证，通过网上购买三亚××海洋运动推广发展有限公司的户外潜水活动项目，并于8月18日上午在三亚百福湾海域参加该公司的户外潜水活动，在潜水过程中发生事故，经抢救无效死亡。经查，××公司经营范围不含潜水培训，未申办危险体育运动许可证，不具备从事经营性潜水活动资格，涉嫌非法经营。

二、旅游安全的防范

党的二十大报告指出，近十年来，我们坚持绿水青山就是金山银山的理念，全方位、全地域、全过程加强生态环境保护，我们的祖国天更蓝、山更绿，水更清。生活在快节奏中的人们在奔向绿水青山享受自然美景的同时，要加强安全防范。

（一）旅游安全注意事项

1. 要有周密计划

即事先要制订时间、路线、膳宿的具体计划，带好导游图、有关地图及车、船时间表，以及必需的行装。特别是通过网上结对和俱乐部的方式出游，一定要选择好合适的同行者，制订出翔实的计划和紧急预案，不要擅自或盲目行动。

2. 带个小药包

外出旅游要带上一些常用药，因为旅行途中难免会碰上一些意外情况，随身带上个小药包，做到有备无患。

3. 注意旅途安全

旅游有时会经过一些危险区域景点，如陡坡密林、悬崖蹊径、急流深洞等，在这些危险区域，要尽量结伴而行，千万不要独自冒险前往。

4. 讲文明礼貌

任何时候、任何场合，对人都要有礼貌，事事谦逊忍让，自觉遵守公共秩序。

5. 爱护文物古迹

旅游者每到一地都应自觉爱护文物古迹和景区的花草树木，不可任意在景区、古迹上乱刻乱涂。

6. 尊重当地习俗

我国是一个多民族的国家，各民族有不同的宗教信仰和习俗忌讳。俗话说“入乡随俗”，在进入少数民族聚居区旅游时，要尊重他们的传统习俗和生活中的禁忌，切不可忽视礼俗或由于行动上的不慎而伤害他们的民族自尊心。

7. 注意饮食卫生

旅游在外，品尝当地名菜，无疑是一种“饮食文化”的享受，但一定要注意饮食饮水卫生，切忌暴饮暴食。

8. 警惕上当受骗

目前社会上存在小部分偷、诈、抢的坏人，因此“萍水相逢”时，切忌轻易深交，勿泄“机密”，以防上当受骗。

9. 购买旅游保险

目前除旅行社组团统一购买保险外，游客主动购买旅游保险的尚不足1%。旅游者在尽情游山玩水的同时，往往忽视了其中存在的许多不确定因素，出门旅游前不妨购买一份旅游保险，当旅游者在旅途中遭遇特定的事故导致意外伤害和损失时，能获得及时的救助和相应的经济补偿，使意外事故带来的经济损失降到最低限度。

（二）女性旅游安全注意事项

1. 独自旅行谨慎求人

当一个陌生人主动提出要帮助你时，即使同为女性，你也一定不要放松警惕。特别是火车站及长途汽车站这些人来人往的地方，恰恰也是不法之徒最易混迹其中的不安全地带，独行女性一定要注意妥善保护好自己及随身携带的物品。

2. 增强自我保护意识

一定要有自我保护意识，少与陌生人交谈，尤其不要主动吐露自己的真情实底。要注意对方在交谈时的眼神和潜台词，对方询问你最多的问题，基本说明他在这个问题上对你最关注。

3. 坐车时要选好位置

乘坐长途汽车时，尽量提前上车，司机旁边的座位是最佳位置。这个座位相对空间大，便于照管自己的随身物品；另外，这个位置不必与更多的陌生人挤在一起，对独行女性来说，更安全一些。

4. 出门旅行结伴同行

去景区游览，最好临时结伴而行。遇到山高、水急、林密、僻远的地方，女性切勿盲目独行，建议去找当地旅行社帮忙，虽然是有偿服务，但对人身安全会有切实保障。

5. 出门在外入乡随俗

一些清真寺或庙宇拒绝女游客，没征得管理人同意，请不要擅自闯入；一些国家不欢迎穿着暴露的女性，因此必须尊重当地习俗，以免带来不便或引来不够友善的目光。

6. 夜晚乘车提高警惕

安全起见，夜里乘搭地铁，应尽量避免走到最后一个车厢去，以免不法之徒有机可乘。避免深夜搭乘火车，一些地方夜里的火车站，往往是醉汉流连的场所，所以在夜里必须随时提高警惕。

三、旅游避险的知识

（一）自然灾害避险知识

1. 海啸

感觉强烈地震或长时间的震动时，需要立即离开海岸，快速到高地等安全处避难。如果收到海啸警报，没有感觉到震动也要立即离开海岸，快速到高地等安全处避难。通过当地向导或媒体随时掌握信息，在没有解除海啸警报之前，切勿靠近海岸。

2. 崩塌

夏汛时节，在选择去山区峡谷郊游时，一定要事先收听当地天气预报。雨季时，切忌前往有危岩等崩塌危险的地段。旅行途中，不能在凹形陡坡、危岩突出的地方避雨、休息和穿行，不能攀登危岩。

3. *泥石流*

切忌在沟道处或沟内的低平处团队集中宿营。如遇泥石流，在最短最安全的路径向沟谷两侧山坡或高地跑，切忌顺着泥石流前进方向奔跑。不要停留在坡度大、土层厚的凹处，不要上树躲避。

（二）景区游览避险知识

（1）事先对自己要去的景区进行了解，并掌握一些野外生存的知识，做到有备无患。

（2）在旅游过程中，要听取有关专业人员的指导，时刻注意景区内的指示牌。

（3）在景区游览时备上景区线路图，时刻关注自己所处的位置。

（4）在景区复杂地段，尽量随人流而行，切不可为了好奇，随便进入不熟悉的地段。

（5）了解当地的风俗习惯，避免产生不必要的误解而带来的风险。

（6）在滨海度假区游泳时，切不可到非游泳区下水游泳。

（三）探险旅游避险知识

（1）了解目的地的交通、地质、天气、人文等各方面情况。出发前了解当地天气，穿戴合适的衣物，并且带齐必需的装备、器具和生活用品。

（2）把目的地和预计返回时间告诉家人和朋友，一旦发生意外，他们会及时通知救援人员。

（3）至少4人结伴出行，万一有人受伤，其中一人可以陪伴伤者，其他两人可以找人救助。

（4）如对目的地不熟悉，应找当地向导或参加当地的旅游组织。

（四）出境旅游避险知识

（1）出游前充分了解旅游目的地国家政治、社会、治安等安全形势，通过外交部、文化和旅游部等相关部门网站了解是否有相关的旅游提示等，避免到疫区旅行。购买了救援保险的游客，要随身携带救援卡。

（2）出游中遇到地震等自然灾害或政治动乱、战乱、突发恐怖事件或意外伤害时，要冷静处理并尽快撤离危险地区，并及时报告我国驻所在国使领馆或与国内有关部门联系寻求营救庇护，同时向当地报警。

（3）随身少带摄像机、照相机等贵重物品，不携带大量现金；街上捡到东西要交警察处理，以防被敲诈、陷害；不和陌生人搭讪，防止人身侵害。

（4）要慎重参加带有刺激性的活动项目，量力而行，提高自我保护意识，服从安全人员的指挥，不要到赌场和色情场所消费。

（5）在回国后六天内感到不适，例如：发热、出现肿块、发冷、呕吐、疲倦，应立即前往医院，并告诉医生曾到过的地区，包括过境国家在内。

四、旅游过程的防盗、防骗

旅游途中防止失窃、被骗有如下应对措施：

（1）最常见的大概要算“专业扒手”，即手法高明快速的“偷”。

应对：护照及金钱都放在贴身腰包里，口袋只放当天要用的少量现钞，最重要的是不要让陌生人有靠近自己的机会。

（2）在人群中故意散落满地硬币，当有人目光被吸引，甚至好心蹲下去帮忙捡拾，这时候旁边早已虎视眈眈的“第三只手”就会乘虚而入。

应对：遇事不要太好奇，也不要因身边发生的事而疏忽该有的警觉性。就算有心想帮助别人，也要先照顾好自己的行李。

（3）公园里，慈祥的老先生发现你背后衣服脏了，好心告诉你还帮忙清理。等到衣服清理干净后，口袋里的钱和皮包当然也不翼而飞了。

应对：友善的当地居民确实让人觉得温暖，但是防人之心不可无，有些事最好还是自己来吧！

（4）快餐店的邻桌客人故意丢了人民币在地上，然后告诉你：“是你的钱掉了吗？”等你低头捡起来时，邻桌客人已经和你的背包一起消失无踪。

应对：在餐厅或快餐店，同桌伙伴去洗手间、只剩自己一人看管行李时，不要理会邻桌客人的动作和谈话，所有行李都不可离开视线。

（5）“假观光客”拿着地图来问路或是一起研究行程，经过仔细讨论后他们离去，只留下背包已被洗劫过的“真观光客”。

应对：旅行途中，被人问路时，最好直接说自己也不清楚，马上离开现场，不要让自己被包围在中间。

（6）歹徒假扮警察在路上检查游客的护照，还要求检查携带的外币是否为假钞。被带到假警局（或带进暗巷）的无辜游客，不是真钞被调包，就是所有的钱全被当成假钞没收了。

应对：一般在没有犯罪或意外情况发生时，不会有警察来临检观光客。如果不能当场判断警察的真伪，最好说护照和钱都在旅馆保险柜中，或是佯装听不懂请当地路人及店家帮忙翻译，无论如何都不要掏出重要证件和现金。

（7）遇到愿意充作当地导游的热心人，介绍许多景点、交通、食宿资料取得观光客信任后，再介绍令人心动的黑市汇率，换完钱就发现换来的钱不是少了许多，就是全是假钞。

应对：任何国家的黑市兑换都是不合法的，如果在黑市换钱而发生问题，不但没有申诉机会可能还要吃上官司。最保险的方法是在银行换钱，虽然要付些手续费但却安全得多。

（8）在“兑换处”换钱也不见得百分之百安全，有时遇上牌告上的汇率和实际兑换时不同，换完询问才知道牌告上的汇率是一次兑换 500 美元以上的优惠。

应对：每家银行或兑换处的汇率、手续费计算都不尽相同，换钱之前一定要先问清楚，例如可问 100 元人民币（现金或旅行支票）可换到多少美元？这样很快就可以算出实际的汇率，再决定要不要换。

（9）在币值比较小的国家旅行，面额很大的钞票（动辄上万元甚至百万元一张）常让人算不清楚，尤其拿大面额钞票买便宜小东西时，一不小心花了眼睛，本来该找回 99 万元却只拿到 9.9 万元。

应对：买小东西时避免用大钞，若正好没有零钱就先算好该找多少钱，把找回来的钱在商家面前算清楚，一旦离开可就没有机会讨回公道了。

总之，在生活中大家都喜欢外出旅游，不论是在国内还是国外，在旅游过程中总是会或多或少地遇到一些安全问题，如果提前了解并做好预防工作就会解决很多问题，让旅游更轻松更方便。

课后训练与活动

1. 思考题

（1）校园火灾事故发生的原因有哪些？

（2）如何预防学生宿舍发生火灾？

（3）常用的灭火器有哪些？每种灭火器的使用方法及适用范围是什么？

（4）当大楼陷于浓烟中，如果你被困在室内，如何自救？逃生方法有哪些？

（5）怎样正确使用“119”报警电话？

（6）大学生宿舍如何做到安全用电？

（7）学生公寓为什么不能使用大功率电器？

（8）行人在校内行走应注意哪些事项？

（9）在校内骑自行车应注意哪些事项？

（10）日常生活中如果遇到交通事故应如何处理？

（11）外出旅游应注意哪些事项？

2. 活动与训练

（1）模拟火灾情境，展开现场救火，掌握灭火器的原理和使用方法。

（2）开展小组讨论，谈谈身边因不当用电而发生的安全事故并总结经验。

（3）绘制一些常见的道路标志和标线，提高交通出行的安全意识。

第七章

聚财实属不易　消费谨需量行

知识结构（思维导图）

- 聚财实属不易　消费谨需量行
  - 贪婪轻信　受骗之源
    - 当前常见骗术种类
    - 高校大学生受骗的常见手段
    - 高校大学生受骗的原因
    - 高校大学生防骗的应对策略
  - 机智果敢　应对盗抢
    - 盗窃
    - “两抢”
  - 寡欲知足　消费之要
    - 大学生理性消费的意义
    - 当代大学生消费的特点
    - 当代大学生常见的消费陷阱
    - 当代大学生购物消费时的注意事项

学习目标

1. 了解当前社会上存在的诈骗、盗抢、消费陷阱等不良社会现象，提高大学生财产保护和消费安全防范意识。

2. 熟悉存在于大学生身边的诈骗、盗抢、消费陷阱等不良社会现象类型、特点及原因，培养大学生理性思考与知性生活的能力。

3. 掌握应对诈骗、盗抢、消费陷阱等不良社会现象的策略及处理方法，培养大学生正确的人生观、世界观、价值观，帮助大学生树立知法、守法的法律意识，依法安全和谐度过校园生活。

“一粥一饭，当思来之不易；半丝半缕，恒念物力维艰。”绝大多数大学生还没有固定收入，所有的开销主要依靠父母，珍惜和保护自己的财物是完成大学学业的物质保证。一旦发生被盗、被骗、被抢，不仅造成财产损失，也会影响大学生的心理安全与学业成就。因此，提高大学生财产与消费安全意识，做好防盗、防骗、防抢等防范工作，确保财产安全、理性消费，对大学生心理安全发展、顺利完成学业大有助益。

第一节 贪婪轻信 受骗之源

取非义之财者，譬如漏脯救饥，鸩酒止渴，非不暂饱，死亦及之。

——《太上感应篇》

骗术起源于何时已无从考究，最早关于骗例的记载出现于先秦典籍，明朝晚期的张应俞在《江湖奇闻杜骗新书》中对古代骗术进行总结汇总，将古代骗术分为二十四类。现代骗术在古代骗术的基础上，借助于科学技术，衍生出一些新的形式和手段。

案例

冒充“工作人员”上门行骗

家住凤凰城小区的孟女士遇到一位自称是燃气公司的检修人员上门进行推销，称可免费检测煤气管道。一番检查后，他称孟女士家的燃气管道有泄漏，需要及时更换，接着以用气安全为由为孟女士更换燃气管道，收取了200多元的换管费用，并且开了收据。接下来几天孟女士做饭时总能闻到燃气味道，幸好华润燃气的工作人员过来检查管道，发现管道燃气味道超标，及时进行了管道维修，孟女士才知道受骗了。

资料来源：我叫女骑士．有人冒充燃气公司工作人员上门行骗，已有人受骗！．淮北人网，2020-10-22.

一、当前常见骗术种类

现代行骗的种类主要有以下几大类：街头行骗、上门行骗、通信行骗、网络行骗等。

（一）街头行骗

街头行骗的这类骗子经常活动在人流较大、人口密集的闹市区、商场、火车站、码头等场所，也有些在相对较为偏僻的地方寻找目标。最常见的街头骗术就是在街头行乞，假扮成因贫苦而没钱上学的学生、丢失钱款而无法回家的外地人，或者是当你碰到困难时，假装帮助你的热心人等，形式多样，稍有不慎就会上当。

（二）上门行骗

上门行骗的目标性很强，常以推销产品、维修家电等借口，或者冒充燃气公司等工作人员主动登门行骗。他们会借向户主推销产品，“忽悠”户主接受其他服务，利用人们爱贪小便宜、对某种事物了解不深来行骗。比如，某样产品虽是免费服务，但其使用期有限，需要接着购买其他附加产品，让你一陷进去难以自拔；要么就是格外周到、殷勤地为你承担交费或是其他服务；要么就是以“物”寄存，并抵押人、物、证件以取得对方的信任，或自称是家中某人的同事、同乡、好友来骗取对方信任。

（三）通信行骗

通信行骗一般是利用微信、QQ、短信等通信手段进行行骗，往往利用人们贪图小便宜、关心家人的心理。最为常见的就是发送中奖短信，或声称电信公司发现多收了电话费，要返还话费等，然后进一步套出用户的银行卡号和密码，窃取存款，或者假冒亲人、朋友、领导等进行诈骗。这类作案手段比较隐蔽，不易被识破。

（四）网络行骗

骗子利用网络的隐蔽性，主要通过网络购物等方式进行行骗，网络行骗的常见手法有：

（1）网络购物诈骗。在网上兜售远低于市场价格的商品，为增加可信度，常声称商品来自走私、罚没、赃物等非正常渠道。若你信以为真，轻易汇出钱款，则极有可能是有去无回。或以“快递丢了”等借口设计快递“陷阱”，冒充电商、物流客服等进行诈骗。

（2）虚拟游戏装备诈骗。在众多热门网络游戏网站，骗子向游戏玩家兜售各种游戏装备、点卡或声称提供游戏代练服务，且实行明码标价，价格从几十元到几千元不等，但当游戏玩家将钱如数汇入骗子银行账户后，骗子从此消失。

（3）网上传授炒股经验诈骗。骗子吹嘘自己拥有炒股暴富的辉煌业绩，且能通过特殊途径获得内幕消息，采用会员制收费的方式，推荐所谓“绩优股”“稳涨股”，实为欺诈。一旦败露，骗子则关闭网站，遁逃无踪。

（4）网络“庞氏诈骗”。这是一种古老和常见的投资诈骗，是金字塔骗局的变体，很多非法的传销集团就是用这一招聚敛钱财的。网络“庞氏诈骗”一般是组织没有互联网经验的工作人员，以刷新互联网广告为噱头，以收敛会费的方式进行诈骗。如一些非法中介机构通过编造或夸大回报率、发展上下线的方式销售理财产品等，这类活动具有与“庞氏骗局”类似的行为特征。

二、高校大学生受骗的常见手段

大学生生活阅历少、思想单纯，社会经验不足，防骗的意识不足，在受骗案件中是被侵害的重要群体。

（一）不明“兼职”惹祸端

大学生利用业余时间从事兼职工作，一方面锻炼了社会实践能力，另一方面为自己的生活提供一定的经济补充。但是不法分子看到大学生的这些需求，开始对防骗意识薄弱的大学生下手，如网络刷单骗局、家教骗局、面试骗局、黑中介骗局、校园代理骗局等，层出不穷。

案例

兼职刷单本违规，本金佣金被骗取

正在读大学的小姚在网上看到淘宝刷信誉的兼职信息后与招聘者取得联系。招聘者自称是一家淘宝专业代刷公司，专门为淘宝网店刷信誉，只需要兼职者填一张申请表就可以开始工作。工作流程就是：小姚在淘宝上拍下货物，用支付宝付款，店主就会将货款和佣金一并打入小姚的支付宝账户里，小姚确认收货、给卖家好评就可以了。小姚被推荐购买了 1 200 元的游戏点卡，在下单支付后，却迟迟没有收到卖家的返款，小姚急忙申请退货，谁知，由于游戏点卡属于充值业务，卖家无法退货。与招聘者联系后，他却说先前的资金被冻结，需要再次购买商品，企图诱导小姚再次下单购买。

（二）轻信“他人”酿苦果

“害人之心不可有，防人之心不可无。”大学生因为防范意识薄弱，轻信别人被骗的现象屡见不鲜。轻信同学、朋友误入传销组织，轻信陌生人造成个人信息泄露、人身伤害、钱财损失等。如，某学院曾有 7 名学生家长先后接到以学校名义打来的电话，对方称这些家长的子女发生车祸，正在医院治疗，要求家长即刻汇款至指定账户。诈骗者有的事先多次拨打毕业生的手机直至该学生厌烦而关掉手机，有的直接以公安机关办案名义要求该学生关机，随即拨打其家长电话行骗。家长接到诈骗电话后无法与学生取得联系而感到恐慌，有个别家长因而上当受骗。

（三）贪小便宜吃大亏

《道德经》言："祸莫大于不知足，咎莫大于欲得。"意思是说祸端多源于人心的贪念、欲望。俗话说"贪心不足蛇吞象""贪小便宜吃大亏"，当代大学生中存在因为贪便宜受骗的现象，如免费扫码领礼物，造成个人信息泄露；购买低于市价很多的商品，被骗钱财等。

（四）行为不检自遭殃

"祸生不德，福有慎机。"大学生因为自身行为问题，遭遇上当受骗，造成钱财损失、人身损害的事例也有很多。如，陈某是某高校大三学生，眼看要毕业了，可是大一时挂的几门课还没补过。上网之时陈某认识了一名自称是"黑客"的人，"黑客"称能侵入其校园网络，帮助陈某修改成绩。陈某轻信了该"黑客"的说法，先后共给该人汇款 2 700 元。在发现成绩没有变动后，陈某联系该"黑客"，却已联系不上。

三、高校大学生受骗的原因

（一）贪财心理

一些大学生存在着贪图非分之财的心理弱点，遇上"发财好事"，便贪财心切而不顾其他。

（二）盲目从众心理

骗子通过"托儿"诱导、哄抬等手段诱使一些大学生上当。

（三）善良、轻信的心理

骗子利用大学生善良的心理，往往扮成弱者，衣着破烂，面露惨相，以家庭困难、筹集学费、遭受灾害、只身在外、遭偷被抢等为借口骗取同情。

（四）自我保护意识淡薄

一些受骗者，尤其是年轻女大学生，自我保护意识淡薄，容易相信人。骗子往往利用这些特点引人上钩。

四、高校大学生防骗的应对策略

（一）切忌贪心

贪小便宜吃大亏。好得令人难以置信的事最好不要相信，不要迷信自己是少数的幸运儿，也不要相信天上会掉馅饼，否则非常容易掉入骗局。

（二）克服盲从心理

日常生活中，注意克制自己的好奇心，不扎堆，不哄抢，做事“三思而后行”。

（三）多方求证

遇到无法判明、判清的网络信息，不可贸然行动，应及时向公安机关、相关政府部门和专业机构咨询、求助。

（四）提高防范意识

学会自我保护，提高应变能力。

第二节　机智果敢　应对盗抢

> 君子安而不忘危，存而不忘亡，治而不忘乱。
>
> ——《周易·系辞下》

“燕鹊寒巢不暂宁，百年盗贼不曾停。”盗窃与抢劫都是以非法占有为目的的犯罪行为，古已有之。

一、盗窃

从词源来看，“盗窃”一词早在先秦文献中就出现过，是秦汉以前侵犯财产罪的概称。盗与窃的意思相近，都有非法取财之意，但二者又有微小差别。盗，由“次”与“皿”二字构成。《说文解字》中讲：“次通欲”，贪的意思；“皿”即古代盛食物的器具，次皿便是盗。本义为因贪而取得他人器皿中的食物。窃，据《说文·通训定声》表示虫私食米。虫私食米不易为人所察，引申为乘人不知而得非分食物。

从法律角度看，盗窃是指一种以非法占有为目的，秘密窃取国家、集体或他人财物的行为。它是一种较常见并为师生深恶痛绝的违法犯罪行为。其中，数额较大的（一般在 1 000 元以上）称为刑事案件中的盗窃案，数额较小的按治安案件的偷窃案查处。

（一）盗窃的类型

盗窃是一种常见的违法行为，根据我国刑法规定，盗窃罪是指以非法占有为目的，秘密地窃取公私财物，数额较大或者多次盗窃的行为。

盗窃行为一般分为入室盗窃、扒窃、网络盗窃等类型。

1. 入室盗窃

入室盗窃是最为常见的盗窃形式，也是影响社会治安的一大因素。它的发案率高、数量大、危害广，使国家、集体和公民的个人财产遭受损失，危害了国家经济建设，扰乱了公民正常的生活、生产秩序，威胁了人民群众的安全。入室盗窃犯罪具有以下特点：

（1）作案时间具有规律性。对于居民住宅，大部分的入室盗窃案件多发生在夜间，主要集中在凌晨1点至4点之间，在这一时段的案发数占到总案发数的60%以上；而发生在白天的案件，犯罪分子一般选择在早上8—11时和下午15—17时进行盗窃。因为在此时间内，大部分的住户上班或上学，正好是盗窃分子有利的作案时机。对于机关、办公室等工作地点，犯罪分子一般选择在下班以后，即午休和夜间无人值班或值守不严时入室盗窃；但有的犯罪分子选择在正常办公时间进行盗窃，如河北省邢台市区发生多起办公室被盗案，损失财物3万余元。经对多起案件串并侦查分析，民警发现嫌疑男子先是若无其事地在办公区域闲逛，一旦发现有工作人员离开办公室，便进入室内实施盗窃，在正常上班时间多次大胆作案。

（2）作案的地点多有选择性。犯罪分子作案的地点多选择在临街的铺面和居民楼，占入室盗窃案件60%以上。对于居民区，犯罪分子则选择在人员出入混杂和没有保安或保安管理不严的地方，而且多选择在三楼以上的楼层作案，这样望风的人有足够的时间叫同伙离开。

（3）团伙作案居多，成员分工明确。入室盗窃犯罪分子大多相互勾结、成帮结伙连续作案。某县公安局刑警大队所破获的入室盗窃案件中，结伙、团伙作案的占到80%以上。多以2～3人为一组，各自有着明确的分工，一人专门负责开锁，一人专门望风，案后有人负责销赃。

（4）流窜作案居多，而且在作案地都有落脚点。作案人大多是外来无业人员和有前科劣迹的人员，且青少年作案的占70%以上。他们在作案地大多选择在城乡接合部租房或者找一些中低档的旅社住，方便其作案。犯罪分子通常是亲戚、朋友、同乡，他们相互影响、相互勾结，逐步形成了各种犯罪团伙。

（5）入室方式多种多样，作案手段、方法隐秘，反侦查意识强。

2. 扒窃

扒窃是盗窃行为的一种，一般指的是在公众场所中，趁人不注意盗窃他人随身携带财物的行为。扒窃行为具有以下特点：一般而言，春季和秋季的扒窃活动最为活跃。对于长途公共汽车、旅客列车及候车室等场所来说，夜间是扒窃案高发的时间。双休日、节假日、元旦至春节期间也是扒窃案件发作的高峰期。商业闹市区、交通枢纽地带、公共娱乐场所、公共交通工具、旅游景区是扒窃分子们容易出没和藏身的地方。

扒手作案的通用手法如下：

(1)“拥门”。这是扒手惯用的手法，他们善于乱中下手。公交车一靠站，扒手经常挤在人群中，人为制造拥挤现场，同时眼睛四处张望，手到处摸，或是伸进事主的衣袋、裤袋扒钱包和手机，或是拉开事主提包的拉链掏财物。等乘客都上车了，他们嘴里嘟囔“搭错车”掉头下车，到一边去分赃。

(2)“贴身紧逼”。一些扒手喜欢先选择目标，然后跟着事主上车伺机扒窃。这类扒手紧跟事主左右，眼睛盯着其衣袋、裤袋和提包。一旦事主放松警惕，钱包、手机便会不翼而飞。

(3)“镊子功”。扒手利用医用镊子进行扒窃。他们大多在乘客上车之际扒窃，或在车上人较少时下手。他们所用的医用镊子短的有十多厘米，长的有二三十厘米。

(4)“博同情”。扒手大多抱着幼童作掩护，在公交车站和公交车上挤来挤去，一旦得手，就将赃款赃物塞进小孩衣服里。如果被人发现，他们就动用手中“法宝”，使劲拧小孩的屁股，利用小孩的哭声掩护撤退。

(5)“障眼法”。扒手往往想尽方法进行掩护，如一只手抓着车顶吊环，手臂弯曲起来挡住事主视线，另一只手悄悄扒窃。此外，用报纸、雨伞、旅行袋和塑料袋挡住事主视线，也是“障眼法”的手法。

(6)“开天窗”。一些扒手喜欢用东西包着刀片，或将一小片刀片藏在指甲内，专割事主的提包、衣袋和裤袋，将里面的财物盗走，有时还会伤及事主的身体。

(7)“隔山取火”。扒手穿着西装或夹克衫，手揣在衣袋里，但衣袋是穿底的，手可以从衣袋里伸出来，神不知鬼不觉地扒窃。

(8)“白领打扮”。这类扒手往往西装革履，浑身名牌，拿着公文包，一副白领打扮，以此迷惑事主。

(9)“偷不到就抢”，这类扒手常常是五六个人挤上车，在车上围着事主，趁事主不注意扒窃，如果扒不到或被事主发现，便依靠人多势众，逼事主就范。

(10)“反弹琵琶”。扒手与事主背靠背，将手伸到后面扒事主装在后裤袋的钱包，或拉开事主提包的拉链掏走财物。

(11)“飞象过河”。扒手坐在事主座位后面，趁事主不注意，从椅背的空隙伸手过去，掏事主裤袋的钱包，或干脆用刀片割开裤袋窃走钱包。

3. 网络盗窃

随着互联网技术的飞速发展，网上购物、网上支付、网上证券交易这些网上金融活动，已经成为我们日常生活中不可或缺的部分。通过计算机技术，利用盗窃密码、控制账号、修改程序等方式，将有形或无形的财物和货币据为已有的行为就是网络盗窃，俗称“网络钓鱼”。

网络盗窃主要有三种方式：一是发送电子邮件，以虚假信息引诱用户中圈套。盗窃分子以垃圾邮件的形式大量发送欺诈性邮件，这些邮件多以中奖、顾问、对账等内容引诱用户在邮件中填入金融账号和密码，或是以各种紧迫的理由要求收件人登录某网页提交用户名、密码、身份证号码、信用卡号等信息，继而盗窃用户资金。二是建立假冒网上银行、网上证券网站，骗取用户账号密码实施盗窃。三是利用虚假的电子商务进行诈骗。此类犯罪活动往往是建立电子商务网站，或是在比较知名、大型的电子商务网站上发布虚假的商品销售信息，犯罪分子在收到受害人的购物汇款后就销声匿迹。

（二）高校盗窃案件的常见行窃方式

案例

某校学生G的老乡K远道而来，两人相见亲切无比，学生G根据老乡K的要求，在宿舍留宿K。白天G和同学们上课去了，K在宿舍内看书，几天下来，K与大家相处十分融洽。然而三天时间，楼上宿舍连续被盗，学生损失近万元。校保卫部门根据作案特点认为是一人所为，属内盗。经守候，在现场抓获的盗贼就是G的老乡K，盗贼被拘留，G因擅自留宿他人，受到严重警告处分。

据统计，在高校发生的各类案件中盗窃案是最多的，大约占90%以上。高校学生提高防盗窃意识，了解校园内盗窃犯罪的基本情况、规律和特点，掌握防盗基本常识、方法和技能，是很有必要的。

1. 顺手牵羊

顺手牵羊是指作案人本无盗窃的意图，偶然发现宿舍无人，对放在桌上、床上等处的现金、校园卡等贵重物品临时起意，信手拈来，迅速离开。

2. 溜门串户

溜门串户是指作案人的作案地点不确定，以找人、推销为名，发现房门未锁，宿舍无人，便趁机入室行窃。作案人明白，宿舍门未锁，主人必定离开不远，随时可能回来，故作案时间很短。作案人之所以选择这种行窃方式，是因为无论同学们防范意识有多强，总有个别同学一时疏忽，给作案人以可乘之机。

3. 翻窗入室

翻窗入室是指作案人翻越一、二层未装防盗网的宿舍窗户或爬越走廊气窗入室行窃。作案人窃得财物后，常常堂而皇之地从大门离去。作案人之所以选择这种行窃方式，主要是因为一些高校学生宿舍的防范设施不完善。

4. 撬门别锁

撬门别锁是指作案人利用金属撬棍插入门缝，将暗锁撬开，或者直接将明锁别开入室行窃。这种行窃方式必须携带作案工具，易被人发现。作案人之所以选择这种行窃方式，往往是已经掌握盗窃目标的情况，目标指向明确。

5. 窗外“钓鱼”

窗外钓鱼是指作案人用竹（木）竿等工具在窗外将宿舍内的衣服或其他物品钩走行窃。住在一楼或其他楼层宿舍窗户靠近走廊的同学，如果缺乏警惕性很容易受害。此类案件的发生具有发案时间的不确定性、盗窃目标的不确定性的特点，作案人主要盗窃一些生活用品。

6. 插片开门

插片开门是指作案人将身份证、饭卡等插入门缝当中，使暗锁锁舌缩进，将门打开行窃。目前，有些高校的宿舍楼已使用多年，楼内的设施老化，宿舍门修修补补，缝隙较大。门锁大多是老式暗锁，没有反锁功能，插片开门很容易。

7. 偷配钥匙

偷配钥匙是指作案人用同学随手乱扔的钥匙，秘密配置相同的门钥匙或橱柜钥匙，伺机作案行窃。被盗同学不良的生活习惯，给作案人可乘之机。

（三）高校盗窃的防范

1. 高校几种特殊易盗物品的防盗

（1）现金及银行卡防盗。

大量现金应存银行，银行卡要设密码，切莫简单地用自己的生日或公开的数据做密码。设置密码可以选择以下任一种方法：1）函数法：就是设置一常数乘以某组数据（可以是家人的生日或纪念日）。2）组合法：把家人的生日组合起来记忆，如父母生日分别为 1960 年 5 月和 1962 年 7 月，密码可为 605＋627。密码泄露后，应立即到银行修改密码，防止银行卡被盗刷。

应凭身份证去银行办卡。办卡时应警惕不法分子与你接触，防止其盗取你的身份资料，偷窥你的银行卡密码、卡号。手续办完，应将废单撕碎扔进纸篓，不要因自己的疏忽而给不法分子以可乘之机。如银行卡不慎遗失，应立即持本人身份证去银行挂失，防止存款被冒领。存折或银行卡要妥善保管，不可随意放置，不要与有效身份证件放在一起。

学校如免费提供保险柜，贵重物品可存放在宿舍的保险柜中。必需的周转现金可存放于衣柜中某件衣裤的某几个口袋中，避免随身携带。存放个人物品的桌柜钥匙要妥善保管，不要随便借给他人使用。现金如随身携带，最好放在贴身内衣口袋里。养成随手关门关窗的习惯，不管是谁，只要是最后一个离开宿舍或教室的人，就必须关好门窗再走。

（2）自行车防盗。

在指定地点存放自行车并妥善加锁，避免贪图方便停放于无人值守处或偏僻处。

如自行车被盗应立即报告公安部门并到保卫部门备案。保存好购车发票，记住自行车型号、规格、牌照号码，以便认领。

（3）贵重物品防盗。

手机是与家人和外界联系的重要工具，由于便于携带，也是不法分子盗窃的常见目标。一定要注意，不可人机分离。勿将手提式笔记本电脑随手放在无人的教室，如确需离开或暂时不用，务必将其装进背包内并妥善保管。千万不可嫌麻烦而放松警惕。

2. 高校扒窃事件的防范

扒窃是较为常见的一种盗窃行为。高校扒窃事件通常发生在公交车、食堂、体育馆、电子阅览室等公共场所。扒手一般来讲都是比较狡猾的，大学生要达到保护自己财产谨防被扒的目的，首先要先学会识别扒手，其次是做好防范措施。

（1）识别的方法。

1）看神色。扒手寻找行窃目标时，两眼总是注视人的衣兜、背包，选准目标后环顾四周，若无他人注意便迅速下手。此时扒手因精神比较紧张，往往出现两眼发直、发呆、脸色时红时白等现象。

2）观举止。扒手选择作案目标时，往往在人群中窜动，选择目标后即咬住不放，紧紧尾随，趁人多拥挤的机会，用胳膊和手背试探“目标”的衣兜。

3）听语言。扒手之间为了方便联系，常常使用“黑话”、隐语。他们把掏包称为“背壳子”“找光阴”，把上车行窃叫“上车找光阴”，把上衣兜叫“天窗”、下衣口袋称“平台”、裤兜称“地道”等。

4）看动作。扒手在动手作案时，一般借车体运行晃动或拥挤的机会，紧贴被窃对象的身体，利用他人或同伙作掩护或用自己的胳膊、提包、衣服、书报等遮住被窃对象的视线，作案得手后，离开失主，尽快逃离现场。有的扒手发现有侦查员跟踪，便做一个“八”字手势或摸一下上唇胡须，暗示同伙停止作案。

（2）扒窃行为的防范。

1）要提高防范意识，平时尽量不要携带大量现金和贵重物品到人多拥挤的地方；随身携带的提包、物品应看管好，不要随意暴露随身财物。去商店购物，如果是骑自行车，切不可将提兜挂在车把上或放在车后架上。在人多眼杂处，应尽量减少翻动现金或随意清点钱款，更不要将钱款随意放在柜台等地方；尽量不要到太拥挤的地方购物，不要让陌生人紧靠着自己。

2）在乘坐车辆时，要有较强的防盗意识，事先准备好坐车的零钱，尽量不要在公共场所翻弄钱款，以免引起扒手注意，尾随作案。一定要把钱包或钱装在外衣内兜里，千万不要装在裤兜或外衣的外兜里；不管车上多拥挤，挎包、手提包一定要放到自己身前并护卫好，千万不要放在身后；上下车时不要抢先拥挤，要注意周围人员的动作，警惕财物被扒；上车前要拉好所带的包的拉锁，系好衣扣；不要为争抢座位而乱挤，人为地制造车站秩序的混乱，给扒手以可乘之机；手机最好放在随身携带的包内，通话完毕后及时放进去；上车后最好往车厢中部走，不要挤在车门口。

3）外出旅行时一定要把钱放在贴身之处。最好钱证分离，把各种证卡和现金分开放，钱包里只放现金，这样即使被盗，也不会带来各种证卡丢失的多重麻烦。

4）若携带较多的现款或贵重财物，不要去挤公共汽车，改乘出租车或步行。

5）车转弯摆动、晚上光线不好、上下车拥挤混乱时（有些时候是扒窃团伙故意制造的混乱），要特别提高警惕，保护好自己的财物，因为这些时候是扒窃分子下手作案的最好时机。特别应注意故意碰撞你的人及周围两三个紧贴你的人。

3. 高校“网络钓鱼”事件的防范

针对假冒网上银行、网络购物等网络交易，要注意做到以下几点：

(1) 核对网址，看是否与真正网址一致；

(2) 选妥和保管好密码，不要选身份证号码、出生日期、电话号码等作为密码，建议用字母、数字混合密码，尽量避免在不同系统使用同一密码；

(3) 做好交易记录，对网上银行、微信、QQ、支付宝等交易平台办理的转账和支付等业务做好记录，定期查看“历史交易明细”和打印业务对账单，如发现异常交易或差错，立即与有关单位联系；

(4) 保管好数字证书，避免在公用的计算机上（如网吧）使用网上交易系统；

(5) 对异常动态提高警惕，如不小心在陌生的网址上输入了账户和密码，并遇到类似“系统维护”之类提示时，应立即拨打有关客服热线进行确认，万一资料被盗，应立即修改相关交易密码或进行银行卡、证券交易卡挂失；

(6) 通过官方网址进入网站，通过正确的程序登录支付网关，不要通过搜索引擎找到的网址或其他不明网站的链接进入。

4. 盗窃发生后的应对办法

(1) 一旦发现盗窃现场，一定要保持头脑冷静，迅速回忆一下刚才是否见到了嫌疑人。如果有，马上追赶。时间允许的话，最好叫上同伴，以便寻找和围堵嫌疑人。

(2) 保护好盗窃现场，安排人专门负责，不准任何人进入。万一进入现场后才发现被盗，应马上撤离现场，切忌翻动现场物品，查看损失情况。现场保护对公安人员现场勘察及以后的侦破工作具有十分重要的意义。

（3）发现存折、银行卡、校园卡被盗，立即挂失。

（4）配合公安、保卫部门的侦察和调查访问工作。发现线索，积极主动地向公安部门汇报；必要时，可以请求有关部门予以保密。

二、“两抢”

案例

校园抢劫事件

某日晚9时许，甘肃某学院学生王彬和同学在校园遭到4名蒙面男子持刀抢劫，王彬手臂被砍伤。民警通过视频跟踪发现，安宁区兰飞东村一青年男子有重大作案嫌疑，同时，民警围绕被抢的手机等物品展开侦查，发现有一部被抢手机曾被一个叫车某的男子使用过，确定车某为重大嫌疑人之一。

随后，民警迅速行动将车某抓获。经审讯，车某交代那日伙同孙某、王某、杨某等4人持刀砍伤王彬，抢走王彬及其同学财物的犯罪事实。经过深挖，车某交代了与另外9名嫌疑人购买作案工具，选择甘肃某学院图书馆、体育馆附近偏僻地段，相互交叉作案，专门抢劫校园内情侣大学生的犯罪事实。

抢劫，是指以非法占有为目的，以暴力胁迫或者其他方法将公私财物据为己有的一种犯罪行为。抢夺，则是指以非法占有为目的、乘人不备公然夺取他人财物的一种犯罪行为。抢劫和抢夺俗称“两抢”。这类行为具有三个特征：一是侵犯人身权利的行为，这是抢劫罪所有手段行为的共性；二是犯罪人对财物的所有人施加某种影响，使之失去知觉或者反抗能力；三是这种行为和非法取得财物有着手段和目的的联系。比较常见的情形有：利用药物麻醉、用酒灌醉、用毒药毒昏毒死等表现形式。这类犯罪行为一方面侵害了他人的人身权利，另一方面容易转化为凶杀、伤害、强奸等恶性案件，比盗窃犯罪更具有社会危害性。

抢夺是目前城市街面案件中较为突出的一类刑事案件。抢夺案件发案突然、作案隐蔽、逃逸迅速，严重破坏了社会治安秩序，危害了人民群众的生命财产安全。

（一）“两抢”发生的特点

1. 歹徒常盯“三种人”

（1）单身提款者。

单身到金融机构提款的人，常常成为歹徒作案的目标。歹徒往往在银行、证券交易所附近窥视、跟踪携带大量现金的人并伺机抢夺。

（2）晚归单身女性。

在“两抢”案件中，80%的被侵害者是女性，特别是夜晚单身回家的女性及单独行走在市区内街道上靠近机动车道一侧的女性。

（3）公共场所财物外露者。

如果单肩挂包、披金戴银、包随意放在车筐里、购物时“亮”出大量现金等，很容易成为歹徒的“猎物”。

2.“两抢”高发时段

18时至凌晨，尤其是下午下班后是“两抢”案件的最高发案时段。首先，这一时间段人们下班回家，出行购物、就餐、会友，随身会携带一定数量的钱财。其次，这一时段是人们的休闲时段，心情放松，防范意识差。加之夜幕降临，犯罪分子利用夜色隐蔽，伺机作案。最后，这一时段正值街面巡逻民警交接班，时段性的警力减少。

3.案发危险地带

“两抢”案件通常发生在以下地点：(1)“六口”，即路口、商场门口、公交车站口、学校门口、饭店门口、银行门口。(2) 空旷的立交桥、地下通道、公共厕所。(3) 绿化带、街心花园。(4) 僻静的小道小巷。(5) 机耕路、乡村小道。

这些地点人员流量大，犯罪分子便于隐蔽其中“浑水摸鱼”。同时路口多，道路四通八达，犯罪分子抢夺财物后易于逃窜，给公安机关抓获现行、获取证据带来困难。校园内出现此类案件，往往会引起恐慌，使人们丧失安全感，影响极为恶劣。大学生应当具备应付突发事件的心理素质和应变能力，懂得如何避免和应对这类案件，做到“以防为主，遇事不慌”。

（二）“两抢”案件防范对策及应对方法

1.防范“两抢”对策

（1）户外行走防抢对策。

预防户外行走被抢，要注意穿着、随身物品携带、线路等各方面情况。

1）从穿着方面看，外出时身上所戴的首饰不宜过多，尤其是女性，脖子上的项链、耳垂上的耳环都是歹徒抢劫的目标。女性在晚上外出时，要避免穿鞋根太高太细的高跟鞋、紧身的裤装及过窄的裙子，否则在遇袭后不易逃跑。

2）从随身物品携带看，随身携带大量财物时，最好不要独自在街上行走，特别是进出银行时，要注意周围有无可疑人员盯梢。不要将装有贵重物品的包，随便放在自行车前车篓里，有案例证明，车篓里的物品很容易被抢夺。有些歹徒盯上目标后，还常常会在目标自行车轮上缠绕麻绳、铁丝等，一旦车主埋头清理，就飞快地将车篓内物品抢走。如果有挎包，最好将包斜挎。因为单肩直挎，很容易被歹徒趁人不备时轻易得手。如果靠右行，包最好也在右边；如是两人同行，则包最好是在两人中间比较安全。

3）从行走路线看，行走最好靠马路内侧，因为歹徒作案后需迅速逃离，通常会使用摩托车等交通工具，靠内侧行走无疑会增加歹徒作案难度。另外，夜间外出时，应事先告诉家人或朋友自己的去向、路线、大约要花多少时间等，并尽可能结伴而行。在街上，要走人多且灯光明亮的大路，切忌为抄近路而走灯光昏暗、偏僻的小路。如怀疑有人跟踪，可试着横穿马路，观察对方的反应，如果发现其紧跟不舍，要立刻向人多的地方走，以便必要时呼救。

若不得不在夜间单独外出，临走前，可随身带着防身用品，如剪刀、报警用的小哨子等，女士发胶等也可作为护身用具来使用。一旦遇到抢劫，在来不及逃跑的情况下，要以强硬的态度来保护自己，同时高声呼叫，并用防身用品来自救。一旦遭遇抢夺，要镇静，尽可能多地记住作案人体貌特征、口音、衣着及使用车辆的牌照号码，在第一时间报案。

（2）乘车防抢对策。

乘车防抢一般应做到：

1）尽可能不搭乘陌生人的顺风车，不与陌生人合伙搭乘出租车。

2）上出租车后尽量坐在副驾驶位置上，把随身的包放在身前，车窗不可摇得过低，因为有些匪徒会趁车拐弯减速或遇红灯停下时，从旁边车窗伸手抢包。

3）夜间乘坐出租车时，要留意车牌号码、司机的姓名和模样，切不可乘坐无照经营的黑车。在车上用手机告诉家人或朋友你回去的大致时间及现在所在的位置，最后请家人或朋友在门口接应你。

4）对年轻女性而言，深夜乘出租车回家，下车时尽量请出租车司机目送你进家门后再离开。如发现有人跟踪，马上选择离你最近并还有灯光的人家敲门求援。如有人袭击，要强烈反抗并高声呼救。

5）独自驾车时，在车出故障或有人无故告诉你车尾冒烟等事情时，要特别小心。当你停车或下车检查时，一定要记得关好车门车窗，并将贵重物品随身携带。

2. 遭遇“两抢”的应对方法

遭遇“两抢”时要沉着冷静，善于利用身边资源机智应对。

（1）巧用自带“武器”应对“两抢”。

自带“武器”，可以是预先准备好的防卫用品，如水果刀、剪刀、发胶、钢笔等。比如，可将发胶喷口对着匪徒的眼睛，平行移动并反复喷出液体，趁其躲避时逃跑；也可以钢笔笔尖插向对方的要害部位，如眼、耳、喉、颈侧动脉、腋窝等处。皮带也是不错的“武器”，抽出皮带，可抽击对方握武器的手及面部，快速多次的抽打可使对方退后数步。对方前冲时，应适时左右闪躲，不要让对方近身。

女性可以用高跟鞋的鞋跟下踩对方的手、脚或蹬对方的裆部；可以用力量较大的那只手抓紧皮包带，猛击对方的头部、太阳穴、颈侧动脉，若力量足够大，可令对方昏迷；也可将发卡、胸针的尖锐处对准对方的眼耳喉等处插去，趁其负痛时立刻逃跑。

（2）使用警报器应对“两抢”。

出门在外，可以随身携带哨子、警报器，一遇威胁立即使用，造成对方惊恐。哨子、警报器放在方便拿取的口袋或者包里，遇到威胁可以随时拿出使用。警报器主要起警告作用，应一遇情况就使用，要等对方已近身才使用，可能会被夺走。

（3）小动作大身手应对“两抢”。

应对“两抢”可以使用的几个小动作：

1）握拳法：首先，四指并拢、弯曲，大拇指外展；其次，弯曲的四指向掌心卷握，同时大拇指屈扣在食指的第二指节上；再次拳面要平，腕应挺直，出拳时，力点在拳面。要避免拳的大拇指没有屈扣，或五指没有紧握，拳眼过大形成“空心拳”，这样不但打击力量弱，而且还容易导致手的局部受伤。

2）面对迎面而来的歹徒，迅速将一只手的大拇指紧扣无名指和小指，食指和中指前伸成“V”形，直插对方的双眼。

3）当歹徒正面将你拦腰抱住时，若双手不能行动，可抬膝对准其裆部猛撞，一旦击中，会令其疼痛难忍，轻则倒地，重则休克，待对方松手便立刻逃跑。当歹徒从后面抱住你的腰时，抬起单肘用爆发力反击其颈部、面部；同时脚用鞋跟狠踩其脚尖或脚面，待其松手即逃跑。

4）当歹徒正面单手掐住你的脖子，应双手用力同时外掰其大拇指和食指，也可同时外掰其大拇指和中指。用力的方向：以对方的指根为中点，向后、向下外掰，同时脚猛踢对方裆部。

5）当歹徒正面扑来，双手紧掐你的脖子时，可以这样应对：a. 用手击对方的眼、面部或以平勾拳猛击对方颈部，同时用膝盖顶击对方的腹、裆部，待其松手即逃跑；b. 双手用力插进对方掐脖子的双手中，尽量外掰食指或中指，同时以膝或脚猛踹其腹、裆部，待其松手即逃跑。当歹徒从后面扑过来双手掐住你的脖子时，应双手用全力，外掰其两食指或中指，若其头部离你很近，可同时用后脑猛撞其面部，令其松手。

当然，也可以制造有利情势，对方欲夺财则令财消失，如将钱包投入邮筒、别人家的信箱。总之，遇到抢劫应坚持两个原则：一是见机行事。抢劫行为常常是突然发生的，被抢者没有丝毫防备，而抢劫者无论是蓄谋已久还是突起歹意，在抢劫前他们毕竟有了一定的物质上（如凶器等）和精神上的准备，这使得被抢者通常处于劣势。在这种情况下，最好不要鲁莽，先对敌我双方实力进行分析，如对方只有一两人，而自己也身强力壮，可以伺机与之搏斗，瞅准机会狠打对方的要害部位，将其制服或趁机脱身；

如果对方人多势众，不要逞一时之勇，可以按照对方提出的要求交出钱物，以保生命安全。二是以智取胜。如果有可能，被抢者要大声呼救，或故意与抢劫者高声说话，以便引起路人注意。另外，在保证自己生命安全的前提下，与抢劫者尽量周旋，使其放松警惕，趁其疏忽大意，抓住有利时机反击或者逃跑。

第三节　寡欲知足　消费之要

贪如火，不遏则燎原，欲如水，不遏则滔天。

——《韩非子》

孔子曾说："奢则不孙，俭则固；与其不孙也，宁固。"意思是说，在"奢侈"与"节俭"两者的抉择中，孔子倾向于"节俭"，或者说反对奢侈浮华的生活方式，主张节俭朴素的生活方式。党的二十大报告强调：实施全面节约战略，发展绿色低碳产业，倡导绿色消费，推动形成绿色低碳的生产方式和生活方式。中华民族具有勤俭节约的光荣传统，简约适度、文明健康也正在成为文明生活时尚。但随着财富的积累和生活水平的提高，无效消费、过度消费现象仍然存在。引导大学生坚持适度消费、理性消费具有积极的现实意义。

一、大学生理性消费的意义

理性消费是指消费者在消费能力允许的条件下，按照追求效用最大化原则进行的消费。从心理学的角度看，理性消费是消费者根据自己的学习和知觉做出合理的购买决策。大学生理性消费对于国家经济发展、民族文化传承及大学生思想教育成效的提升、大学生自身素质的提高有着重要意义。

第一，大学生理性消费会影响到消费的未来发展方向。大学生作为未来社会建设的主力军，在国家振兴与民族富强的道路上将发挥重要作用。他们作为社会精英，将活跃在国家经济建设的各个领域并发挥着重要的作用。大学生拥有很强的消费能力，而且是未来社会消费的重要主体，同时，其消费特征也对未来社会的生产发展和企业经营以及消费市场变动等有很重要的导向作用。因此大学生能否理性消费，将对国家未来的经济健康发展产生重要影响。

第二，大学生理性消费关系到我国传统美德的继承与发扬。一个民族要富强，离不开艰苦奋斗、自强不息的精神。“静以修身，俭以养德”，勤俭节约历来是中华民族的传统美德。大学生作为国家的栋梁之材，决不能贪图享受，需要不断创造财富，坚持科学、理性消费，继承和发扬我国勤俭节约、艰苦奋斗的优良传统，为我国国民经济可持续发展和社会和谐发展做出应有的贡献。

第三，大学生理性消费也会影响到社会的消费风尚。大学生作为一个青年消费群体，他们的消费观念、消费状况、消费模式，不仅影响个人的生活满意度和幸福感，也影响到自身家庭的生活水平，还会让同龄人学习和效仿从而影响消费潮流的走向。因此大学生进行消费时需要认真思考，积极努力完善自身消费结构，反对奢侈浪费、盲目攀比等不良消费风气，崇尚科学理性消费观念，引领健康和谐消费时尚。

二、当代大学生消费的特点

大学生作为一个特殊的消费群体，有着不同于社会其他消费群体的特点，具体表现为以下方面。

（一）消费来源上，呈现寄生性和依赖性的特点

一方面，大学生属于纯消费者，虽然也有部分大学生可以通过奖学金、勤工俭学、助学贷款等方式来获得日常消费所需的费用，甚至能够承担自己的学费和生活费，但从心理角度讲，对家长的依赖性较强；另一方面，大学生处于求学阶段，受到自身时间及能力的限制，并且受中国传统教育观念的影响，生活费主要由父母支付，这造成大学生经济独立意识较为薄弱。

（二）消费观念上，呈现盲目性、攀比化的特点

随着经济发展和生活水平的提高，大学生的购买力已经有了很大程度的提高，消费水平不容小觑。同时大学生作为一个特殊的消费群体，消费观念和消费行为发生了巨大的变化。他们关注流行、追逐时尚，潮流成为吸引大学生消费的主要因素。受这种消费心理的影响，高档服饰、新潮数码产品、电脑、游戏电玩纷纷涌入大学校园，“游玩费”“通信费”“恋爱费”成了新的消费开支。同时，部分大学生受虚荣心的驱使又极易形成无休止的攀比心理。如有的同学为了拥有一款最流行的手机，情愿节衣缩食，甚至牺牲其他的必要开支；有些男同学为了一双名牌运动鞋，有些女同学为了一套名牌化妆品或者一件名牌衣服，不惜采用偷盗等不法方式以满足自己的欲望等，这反映出一些学生因为虚荣心不懂得量入而出。

（三）消费途径上，呈现网络化的特点

随着社会经济的高度发展，社会消费方式也由原来单一的现金交易向现金、信用卡、支票等多样化的交易方式转变。这种社会消费方式的变化也影响着现代大学生的消费观念。现代大学生的消费方式正逐步走向电子化和网络化。调查发现，大学生的主要消费途径是网络购物，包括微商、各种网络购物平台等，呈现出网络消费的特点。

（四）消费结构上，呈现多元化的特点

当代大学生不仅消费能力在提高，而且在消费结构方面呈现多元化的趋势，除了满足基本的衣、食、住、行等方面的生活消费和学费、书籍杂费、考证费等学习消费外，还会选择将越来越多的支出用于网络、通信、旅游、交际、恋爱、娱乐等诸多方面。

三、当代大学生常见的网络消费陷阱

消费陷阱是指商家在销售商品时，通过一些隐形的手段向消费者出售或变相出售消费者可能并不需要的商品。在节假日这种现象更明显，多数商家在节假日会推出一些促销活动来吸引消费者消费，这些活动中往往暗藏了隐形的消费陷阱。消费陷阱涉及医疗保健、房屋交易、美容消费、旅游休闲、通信网络、教育培训、日常购物、金融保险、求职就业等各个领域，几乎包括了生活的方方面面。

案例

旅游陷阱多，黑车要提防

3 月中旬，李女士和同事去兰州出差，事情办完后打算顺便去游览世界文化遗产敦煌莫高窟、月牙泉和鸣沙山。那天他们出了敦煌火车站，有很多人在拉客，李女士两人被一位中年妇女硬拉到一辆出租车旁。李女士问中年妇女，去市区多少钱，对方说 30 元，李女士感觉不贵便与同事上了车。中年妇女把他们的包放到车的后备厢，又去招揽其他的游客。因为游客不多，中年妇女没有招揽到其他游客，就领着一位中年男子回来。中年男子上了车，把车开出了敦煌火车站。在路上，中年男子问："你们还要去莫高窟、鸣沙山和月牙泉玩吗?"李女士的同事说："我们就是想参观一下这些有名的景点。"中年男子随即表示，自己可以带他们去，价格也好商量。看着他那诚恳的样子，李女士和同事没有犹豫就答应了。

中年男子带他们先去了鸣沙山、月牙泉，然后下午又带他们去了莫高窟，中年男子告诉他们如果一个小时不出来，多待一个小时加收 50 元，于是他们只能匆匆地浏

览了一下美景。结束后，在前往敦煌火车站的途中，李女士问中年男子多少钱，中年男子告诉他们包车 300 元，再加上接送火车站一个人 60 元，总共 420 元，给他们优惠一点，400 元。同事抱怨说，这么短的路程，车费怎么这么高。中年男子说自己并没有多要，这已经很低了，还给了他们优惠。同事说，太高了，不行，你这是宰人。中年男子于是把车停在路边，最低 400 元，行就开车，不行就这么等着。他们俩望着这茫茫戈壁，也只能答应了。

回到兰州，李女士通过敦煌的旅游网站了解到，敦煌一日游包车（包括接送火车站）价格基本在 200 元左右，而且还包括旅行社责任险等。

资料来源：王铁梅．消费陷阱．天津：天津科学技术出版社，2011.

随着互联网的发展，网络消费因其快捷、时尚的特点，已被越来越多的人接受，特别是大学生群体，他们非常热衷于网络消费这种新型的消费方式，更有部分学生自身就是电商的经营者。但是，这种方便快捷也为犯罪分子提供了可乘之机，一些不法分子趁机利用网络购物过程中不能立即付款提货的弱点，采取种种手段实施诈骗，“域名欺骗”“网络钓鱼”等各种形式的网络消费陷阱相继出现。网络消费陷阱主要表现为以下几种形式。

（一）朋友圈消费维权路艰难

随着微商的发展，现在很流行在微信朋友圈中买东西。高校大学生学习之余，在朋友圈买卖装饰品、化妆品、保健品等各种商品已是常态。有些高校大学生因为缺少市场及产品调研，陷入代销陷阱；有些高校大学生则是在同学、朋友那里买到了有质量问题的产品，由于私下交易等问题，不能使自己的合法权益得到保护。

（二）以次充好骗取货款

以次充好是网络购物较为常见的交易陷阱，骗子用假冒、劣质、低廉的产品冒充名牌商品，买主付款收货后才发现已造成损失，最严重者甚至出现买手机实际收到模型玩具。因此，要尽量选信用度高的卖家交易，可打开“信用分数”查看里面的具体内容，特别注意以下几点：（1）该店铺注册的时间；（2）得到信用评价的商品是否为同一个物品、是否为真实的物品；（3）其他用户的评价内容，从中可以部分了解卖家的物品质量，以及卖家的责任心和售后服务的态度。当然，购买品牌商品，最好认准品牌正宗的官方旗舰店或授权分销店，不要轻易相信一些所谓的“高信誉”网店，以防购买到假冒伪劣商品。

（三）利用“在线付款”“虚假客服”盗取账户信息

有的骗子在“在线付款”等环节布下陷阱，利用仿冒的网上银行、网络支付等网站，诱骗消费者前往访问，从而窃取消费者真实的账号及密码等信息，或者利用“虚假淘宝客服”与消费者交流，实施连环诈骗，消费者一不小心就会“着了道”。曾有骗子注册了一个会员名为“在线客户服务”的ID，以网站客服人员的名义，通过即时通信工具向其他会员索要账户邮箱和密码，并声称这样做是为了保证账户安全，如3天内不提供，则冻结该会员账户。淘宝网的工作人员不会以任何理由向会员索要账户邮箱和密码，所以如果消费者收到此类要求，务必不要告知账户相关信息，以确保自己账户的安全。

（四）利用“优惠券”“红包”等欺诈

骗子通过资讯平台、邮箱、论坛等派发内置木马或钓鱼网站链接的内容和图片，用所谓发放“红包”“优惠券”、发送“中奖”信息等手段，套取用户账号和银行卡信息。对此，不要轻易点击通过旺旺、QQ、MSN、邮箱、微博、微信等社交工具发送的不明链接，以防被木马病毒侵袭，以至泄露个人账户信息，造成经济损失。

（五）利用低价当诱饵进行欺诈

一些购物网站会打出超低的折扣来吸引消费者，但这些优惠是有条件的。有些要求购物满100元之后才能享受优惠，有些要求只有购买指定的产品后才能享受优惠，再或者是要另外支付一笔手续费和运费。这些陷阱杀伤力很大，很多消费者往往为了省运费、手续费，结果把许多并不是很需要的东西都买回了家。商家促销的目的就是要吸引更多的人来买更多的东西，赚更多的钱，所以消费者看到这些促销信息的时候还是应该理性选择。

（六）海外代购陷阱多

近年来，越来越多的人选择海外代购，图的是价格低、产品新潮。在大学生群体中也有很大一部分人青睐海外代购，但是海外代购真假难辨，甚至属于违法行为，一不小心会掉入陷阱。如，浙江洪桥镇的小林想购买一块奢侈品手表，但是由于商场价格过高一直没有买。今年1月，他查到一个“海外代购奢侈品”的微信号并加对方为好友，对方告诉他海外代购的商品都是走私的，不交关税，所以只要几千元。在看中一款手表后，小林就直接通过银行卡转账付了2 000元。1个月过去了，小林也没收到商品。询问卖家后，对方称物流有些问题。又过了1个月，他仍未收到货，当其再次催促卖家时，发现已被对方“拉黑”。

四、当代大学生购物消费时的注意事项

（一）推销上门要提防，火眼金睛辨真伪

面对各种各样的上门推销，大学生由于对社会认识有限、经验不足，很容易上当受骗。因此大学生不要轻信上门推销的产品，要看清来人的身份证明，仔细看清商品的质量及商标、销售许可等，如购买一定索要发票。如，某个下午，一名30多岁的陌生男子出现在某高校学生宿舍门口，他拿着一本很精致的笔记本说："同学，这本笔记本我两块钱卖给你，你四块钱能把它推销出去吗?"某学生接过笔记本看了看，质量还不错，那个人看到学生对他的"诱饵"感兴趣，就边说边打开他那装得鼓鼓的书包，"你们看，我这里还有钢笔、笔芯、雨伞——全是名牌，一律三块钱!"见学生对这些东西爱不释手，他趁热打铁："我想你们大学生也不容易，我以低价格卖给你们，你们自用、在学校卖都可以，卖的时候还可以定高一点价格，我这一包东西可以让你们最少挣到三四百块钱!"面对眼前利润的诱惑，宿舍成员一商量，共同出资，用400元买下了这些东西。可陌生男子走后不久，学生就发现一盒标注为200支笔芯的里面只装了七八十支笔芯，钢笔盒也只有外面的一层包装，里面夹的全是硬纸，打他留的电话号码却是空号。

（二）购物莫贪小便宜，谨防低价陷阱

天底下没有免费的午餐，但总有人希望吃到免费的饭。无良商家就利用这种贪欲引诱人们上当。大学生面对复杂的社会问题，往往因为接触社会少，而容易成为受骗的对象。大学生特别要注意网络购物中的低价陷阱，当网站物品所标价格远低于商品的市场价格时，一定要警惕，价格过低往往存在问题；网络购物时要注重商品或服务的实际情况，不能光图便宜。

（三）购物过程要记录，维权取证多方便

很多消费者在维权过程中，因为证据不足而反复取证，甚至于因证据不足而以败诉告终。因此，购买使用商品或接受服务时，一定要记住索取购物凭证或消费凭证，如发票、信誉卡、保修卡、产品说明书等，并当面填写清楚，以备将来发生纠纷时作为申（投）诉的依据。如果在微信上购买了商品，一定要注意保留聊天记录，以及银行的转账凭证，这些记录将成为维护合法权益的证据，同时可向当地市场监管部门或者消费者协会求助。

（四）购物消费要理智，售后维权不可少

购物消费有风险，大学生一旦遇到物流发货、售后服务、退换货、退款等问题，一

定要注意保存相关资料，以备有效维权。发现商品有质量问题而不予解决的，应及时向对方所在地的消费者权益保护组织或 12315 消费者投诉举报专线电话投诉举报；发现被诈骗时，应该及时向当地公安机关报案，依法维护自身合法权益。

根据《产品质量法》《消费者权益保护法》《部分商品修理更换退货责任规定》等规定，生产经营者要承担下列责任：一是谁经销谁负责三包。二是自售出之日起 7 日内，发生性能故障可以退货，15 日内可以调换。三是在三包有效期内，修理两次仍不能正常使用的产品，凭修理者提供的修理记录和证明，由销售者免费调换，调换后的三包期重新计算。特别注意，修理时应要求修理者登记。四是在三包期内包括材料费和工时费等修理费都是免费的。五是经营者提供商品或服务有欺诈行为，可要求双倍赔偿。

（五）节日促销花样多，货比三家更理性

节日期间，商场、微商、网络商家的打折、返券、有奖销售等促销活动大量增加，商家绞尽脑汁，很多时候都只是个“噱头”，有些商家利用促销来处理尾货。因此，大学生要保持理性心态，货比三家，根据需要理性消费，不因为打折促销购买自己不需要的商品。

（六）虚拟世界不虚拟，网络消费要小心

随着互联网的普及应用，人们在享受网上购物的便利之余，也备受网络欺诈的困扰。为了保证购物安全，维护购物者的权益，大学生在上网购物时应该特别注意以下问题。

1. 验证真实身份，了解与你交易的网上商户

在购买网站的商品之前，大学生首先需要确认网站的所属公司，并了解其基本信息。大学生最好直接从设有实体店的正规网店和商城购买。当通过手机、iPad 等进行移动购物时，应仔细鉴别下载的 App 应用是否正规，谨防落入山寨 App 诈骗陷阱。如果是个人对个人的交易，最好先看看这个卖家之前的交易记录，以及之前的一些买家对他的评价。如果别人对他的评价很差，或者没有交易记录，这样的交易还是尽量不做为好。

2. 谨防网络钓鱼

网络钓鱼与假冒网站是网上购物中特有的欺诈方式，第一次在陌生的网站进行交易时除了需要仔细核实网址外，通过电话等其他第三方渠道进行核实也是必要的。

3. 选择第三方保障服务

网上购物前，应对网站的商业信誉、交易规则及送货方式做详细了解，尽量选择货到付款或交易平台提供带有第三方保障功能的支付方式，如“支付宝”方式。“支付宝”相当于一个第三方，买家先把钱汇到“支付宝”，这时候“支付宝”通知卖家发货，等

到买家确认收到合格的货物之后，“支付宝”再把钱汇给卖家。这个“中间人”的存在很大程度上避免了异地交易存在的风险。

4. 注意网络支付安全

使用银行卡进行网络支付时，注意不要在网吧电脑等公共设备上操作；最好有专用账户或专用银行卡作网上支付用，并且卡内不要放太多现金。如发现问题，及时与银行联系。

5. 网络消费陷阱维权建议

2015 年 3 月 15 日实施的《侵害消费者权益行为处罚办法》将“7 天无理由退货”的内容再次升级。经营者故意拖延或者无理拒绝，或是以消费者已拆封、查验影响商品完好为由拒绝退货的，都将行不通。这意味着，网购的商品即便已经拆封，也照样可以无理由退货。按照规定，卖家欺诈须 3 倍赔偿，金额不足 500 元的，最少赔 500 元；食品药品不达标，卖家要 10 倍赔偿。如果大学生遇到无法联系商家的情况，可要求网络平台提供商家的真实名称、地址和有效联系方式，若网络平台无法提供，可要求网络平台现行赔付。

大学生最好选择本地设有实体店的网店，在付款时不要通过刷“二维码”支付，不要轻信所谓的“卡单”“订单失效”等退款理由，更不要点击不明链接，轻易透露自己的账户等隐私信息。大学生要注意保留下单页面截图，下单前仔细询问细节问题，把网站宣传、介绍产品的广告词复制到聊天内容中，以此来固定证据。切记不能只注重商家标注的红字及粗体字介绍。

总之，网络购物切莫贪图便宜，不要被“低价、打折”等表面现象所诱惑，要熟记常用的网络购物网站网址，电脑中应安装木马防护工具，提高辨别能力和自我保护能力。只有这样，我们才能在网上享受快捷购物的同时，保护自己的合法权益。

课后训练与活动

1. 思考题

(1) 结合大学生受骗案例，思考导致大学生受骗的常见手段有哪些。

(2) 结合高校常见的盗窃案件，思考高校盗窃案件的常见行窃方式有哪些。

(3) 结合社会上存在的“两抢”事件，思考大学生防范“两抢”的策略有哪些。

(4) 结合当前流行的网络消费，思考常见的网络消费陷阱有哪些。

2. 活动与训练

(1) 结合校园防盗、防抢、防诈骗开展安全教育宣传活动。

(2) 结合大学生理性消费观念开展大学生理性消费教育活动。

第八章

交友需以群分　恋情应止于礼

知识结构（思维导图）

- 交友需以群分　恋情应止于礼
  - 修己敬人　友善自爱
    - 什么是社会交往
    - 大学生社会交往的特点及阻碍大学生社会交往的原因
    - 提高大学生社会交往能力
    - 大学生社会交往中的安全问题及应对
  - 青春比翼　情止于礼
    - 什么是爱情
    - 恋爱对大学生的影响
    - 大学生如何获得美好爱情
    - 大学生恋爱中的安全问题及应对

学习目标

1. 了解什么是社会交往、什么是爱情。

2. 理解大学生社会交往的特点及阻碍大学生社会交往的原因、恋爱对大学生的影响。

3. 掌握大学生社会交往方式和方法、大学生社会交往中的安全问题及应对，大学生如何获得美好爱情、大学生恋爱中的安全问题及应对。

4. 能够正确看待人与人之间的关系，自觉提高个人修养，可以与人进行积极向上的社会交往，可以与志同道合的人建立幸福的恋爱关系。能够熟练运用有效途径与方法与人交往；培养修己敬人、友善自爱的高尚品格；树立正确的人生观、价值观、世界观，有新时代大学生的责任感和使命感。

古今中外，以权相交者，权失则交散；以势相交者，势倾则交断；以利相交者，利尽而交绝；以色相交者，色衰而爱疏。大学生需要在大学阶段逐步增强自己的社会交往能力，学会如何与人交往，学会正确化解和处理社会交往的问题与矛盾，做好师生之间、同学之间，尤其是舍友之间、同乡之间及异性之间等社会交往过程中的安全防范，建立属于自己的社交圈。

第一节 修己敬人 友善自爱

爱人者，人恒爱之；敬人者，人恒敬之。

——《孟子·离娄章句下》

万事万物是相互联系、相互依存的。作为一个社会性个体，大学生社会交往既是当前社会变革与发展的要求，也是高校教育教学的重要内容，更是新时期满足大学生自身发展的内在需要。从大一新生起，培养大学生社会交往能力，增强其交往安全意识，是现代高校教育刻不容缓的大事。

一、什么是社会交往

社会交往，简称“社交”，是指在一定的历史条件下，个体之间相互往来，进行物质、精神交流的社会活动。从不同的角度可以把社会交往划分为：个体交往与群体交往；直接交往与间接交往。交往的形式是多种多样的，但都受着一定的社会准则和规范的制约和调节，并趋于不断完善之中。随着大学生社会性的发展，其社会交往能力逐渐成为考量大学生成熟水平的重要标志。

二、大学生社会交往的特点及阻碍大学生社会交往的原因

爱因斯坦曾提出：“物理很单纯，人际关系很复杂。”不仅是人际关系，社会交往过程中的方方面面都是相对复杂的集合体。

（一）大学生社会交往的特点

现代大学生在成长过程中拥有较好的物质和科技条件。他们了解新科技信息、掌握新科技产品的能力比较强，也具有较强的自我意识，希望自己能在大学里发展社交能力，找到一些志同道合的师长、同学以及相关社会人士。但是，大学生社会阅历有限，

交往中会产生很强的心理落差。社会交往范围的扩大化、社会交往内容的多样化、社会交往形式的多元化等，也使不少大学生不知所措，集中表现为不敢交往、不愿交往、不善交往、不易交往等特点。

1. 不敢交往

不敢主动与人交往，怕别人瞧不起自己。一旦“遭遇”社会交往，心率加快、血压升高，还有人伴有脸红、不敢正视别人眼睛，手足无措，局促不安。

2. 不愿交往

认为自己不如别人，遇事总是回避退让，缺乏交往的愿望和兴趣，整日郁郁寡欢、自我封闭、独来独往。

3. 不善交往

交往中显得过于生硬。要不大大咧咧，开玩笑不注意场合，不给人留面子；要不就是不懂装懂，夸夸其谈。

4. 不易交往

不轻易相信别人、不轻易流露自己的真实思想，很难与人推心置腹，对人怀有很深的戒备心理。

（二）阻碍大学生社会交往的主要原因

大学生社会交往上的这些突出特点，无疑都会阻碍其社会性的发展。概括来讲，阻碍大学生社会交往的主要原因有以下方面。

1. 自卑

自卑在交往中主要有两种表现：一是畏首畏尾，不敢或逃避交往，遇到社交挫折，或怨天尤人，或忍气吞声；二是追求完美，表现清高。主要是害怕在交往中受到挫折或遭到拒绝和耻笑。自卑的状态会使大学生在社会生活交往过程中，不敢展现应有的个人风采。

2. 自我中心

当代大学生群体中大多数是独生子女，在交往过程中往往倾向于强调别人应该对自己认可，应该从心理、行为、语言等各个方面理解、接纳和尊重自己，而忽略了自己对对方的接纳、理解和尊重。

3. 嫉妒

嫉妒表现为与他人在才能、名誉、地位等方面进行比较后产生的羞愧、愤怒等情感，在当代大学生交往过程中较常见。

4. 交易和功利

人际交往的本质是建立情感联系，但很多大学生会认同“我对你好，你就应该对我好”的观念。这种观念在大学生社会交往过程中极易导致心理失衡，一旦自我感觉到不平等或对方没有给到自己预期的好处，往往会产生矛盾。

5. 以他人为中心

部分大学生为了保持与人交往，往往以牺牲个人个性为代价，强迫自己与他人交流，认为“我必须与周围每个人都建立良好的关系”，这容易导致个人双重性格及不稳定的交往行为。

三、提高大学生社会交往能力

无论是从大学通识课程的教育目的，还是从大学生的个人成长以及交往安全需要来讲，提高大学生社会交往能力都刻不容缓。

（一）夯实社会交往基础

修己敬人是社会交往的基础与前提。党的二十大报告指出：“中华优秀传统文化源远流长、博大精深，是中华文明的智慧结晶，其中蕴含的天下为公、民为邦本、为政以德、革故鼎新、任人唯贤、天人合一、自强不息、厚德载物、讲信修睦、亲仁善邻等，是中国人民在长期生产生活中积累的宇宙观、天下观、社会观、道德观的重要体现，同科学社会主义价值观主张具有高度契合性。我们必须坚定历史自信、文化自信，坚持古为今用、推陈出新……”中华优秀传统文化经典中富含社会交往智慧。《大学》有言：“古之欲明明德于天下者，先治其国；欲治其国者，先齐其家；欲齐其家者，先修其身；欲修其身者，先正其心；欲正其心者，先诚其意；欲诚其意者，先致其知，致知在格物。物格而后知至，知至而后意诚，意诚而后心正，心正而后身修，身修而后家齐，家齐而后国治，国治而后天下平。自天子以至于庶人，壹是皆以修身为本。”这种以自我完善为基础，通过治理家庭，直到平定天下，是几千年来无数努力做“君子”者的最高理想。正是这种修己敬人的态度，为人们的社会交往奠定了良好的思想基础。

《论语·宪问》记载：“子路问君子，子曰：‘修己以敬。’曰：‘如斯而已乎?’曰：‘修己以安人。’曰：‘如斯而已乎?’曰：‘修己以安百姓。修己以安百姓，尧舜其犹病诸！’”孔子反复强调修己以做到恭敬认真，他是在谈君子的标准问题。修己是君子立身处世和管理政事的关键所在，只有这样做，才可以使上层人物和老百姓都得到安乐。对于今天的大学生来讲，做正人君子，正是在讲人际交往的基础。

特别强调一点，修身不是虚幻的、抽象的，它是具体的、实践的，它要体现到我们的学习、生活、工作中。《百家讲坛》系列特别节目《平“语”近人——习近平总书记用典》中“只留清气满乾坤”这一期主要围绕“共产党员的修身”主题展开，分为三个段落。第一，“什么是修身”。主要内容以习近平总书记引用的“见贤思齐焉，见不贤而内自省也”为切入点，通过讲述严以修身是全面从严治党的必修课来阐释中国共产党人要不断锤炼党性修养。第二，“为什么修身”。主要内容以习近平总书记引用的“与人不求备，检身若不及”为切入点，通过讲述习近平总书记的两张伙食费收据的故事来阐释党员干部严以律己的最终目的是无愧于人民。第三，“怎么来修身”。主要内容以习近平总书记引用的“从善如登，从恶如崩”为切入点，通过讲述领导示范、用人导向、制度保障来阐释党员干部如何做到修身、如何把践行“三严三实”贯穿于全部工作生活中。大学生不论现在是不是共产党员，这一期的内容对大家提高自我修养都有特别的指导意义。

习总书记屡屡用典，也是在告诉我们中华优秀传统文化蕴含着丰富的做人智慧和处世哲学。在此选择一些古人修己敬人的典型内容，供大学生学习思考。

1. 以五伦为基理解人际关系

五伦是指父子有亲、长幼有序、夫妇有别、君臣有义、朋友有信。

（1）父子有亲。

父子有亲是指父慈子孝，父母要懂得如何用慈爱、用智慧来教导下一代，而孩子也要知道常常关怀体贴父母，来尽他的孝道。这样，就能够让父子关系发展得非常和谐、非常圆满。

（2）长幼有序。

长幼有序是指兄友弟恭，手足规劝之道。兄友弟恭，即哥哥要时刻想着弟弟，对弟弟关怀备至；而弟弟从小到大有哥哥的照顾，这份恩情不能忘怀，要非常敬重哥哥。手足规劝之道，即当兄弟有过失的时候，兄弟之间要懂得劝诫。

（3）夫妇有别。

夫妇有别是指男人和女人的区别并不仅仅表现在体能上面，在思维、性格乃至心理承受能力等诸多方面，也有着很大的差别。所以《易经》中说：“家人，女正位乎内，男正位乎外。男女正，天地之大义也。”这是讲夫妻在家庭中的定位，男主外女主内。随着社会的发展，男女两性社会地位都有了很大的变化，男主外女主内也不再是固定模式，但不管怎样，如果夫妇做到了各司其职，就能家庭稳固，阖家幸福。

（4）君臣有义。

在古代，“君”是指君王，“臣”是指臣民，现代社会君臣关系就是领导与被领导的关系。君臣有义，“义”即“君仁臣忠”。“仁”这个字是会意字，左边一个“人”，右边一个“二”，两个人。是哪两个人？自己与他人，想到自己就要想到他人，所以是处处要替他人着想。

（5）朋友有信。

朋友有信是指朋友之间的交往要有信义，讲究信用、劝谏、关怀，互相成就。

2. 以八德为准提高自我修养

八德是指孝、悌、忠、信、礼、义、廉、耻。

(1) 孝。

孝就是孝敬。孝敬父母，这是为人子女的本分，就是报答父母养育之恩。

孝字半老半子，言亲已老半入土，为子当以手足奉养扶持。百善孝为先，古圣先贤无一不重孝，也唯有以孝立身，才能俯仰无愧于天地。董仲舒曾专门给河间献王讲课："《孝经》曰：夫孝，天之经也，地之义也。"孝是做人的根本。《孝经》开宗明义章讲道："身体发肤，受之父母，不敢毁伤，孝之始也。立身行道，扬名于后世，以显父母，孝之终也。"一个"孝"字在心，既不会出现心理问题，也不会做出悖理悖德的蠢事。一个把双亲记挂在心的人，可以昂首行走在天地间。践行孝道，不外乎做到以下三点：

第一，始于事亲。

生活起居，侍奉膝下，是尽孝的开始。《弟子规》对这几方面有具体要求："居则致其敬，养则致其乐，病则致其忧，丧则致其哀，祭则致其严。"对于现代人来讲，做到这几点并非易事。孝敬双亲，不只是给钱给物，目的是能让老人快乐。人们整天忙，有工作压力，跟老人一说话就烦。在照顾父母健康方面，常见到有人为能把父母送进高级医院、安排高级病房而骄傲，岂不知"为人父母不懂医是为不慈，为人子女不懂医是为不孝"，血脉亲情怎能和牌子、票子画等号？

第二，中于事君。

"子曰：君子之事亲孝，故忠可移于君。事兄悌，故顺可移于长。居家理，故治可移于官。是以行成于内，而名立于后世矣。"确切讲，一个人首先应该在家中"事亲孝""事兄悌""居家理"，才有资格步入社会，才能比较好地在社会上做人做事。

第三，终于立身。

"立身行道，扬名于后世，以显父母。""立身"就是成就人格、成就德行。"行道"就是把伦理道德都落实在自己的生活、工作上，成为社会的榜样。"扬名于后世"，指的是德行、名声非常好，大孝显亲，光宗耀祖，正所谓"君子有所为有所不为"，不给父母丢脸。

(2) 悌。

悌就是对兄长的敬爱之情。孔子非常重视悌的品德，其弟子有若根据他的思想，把孝与悌并称，视之为仁之本。

(3) 忠。

忠就是尽忠。尽忠国家，这是作为国民的责任。所谓忠者，至公无私，所言无虚，光明正大，无愧于心。

(4) 信。

信就是信用。信字人言而成，俗话说："君子一言既出，驷马难追"，君子修道一言为定。心口合一，以信笃行，人无信不立。

（5）礼。

礼就是礼节。礼者天理之节序，人事之仪则也。“礼”就是社会群体当中的人，应该共同遵循的法律准则和道德规范。

（6）义。

义就是道义，做事能合正道，大义凛然。简单地说，义就是公平、正义，这是伦理的原则，也是品德的根本。而且在《管子》当中，这个“义”还有推让的意思，也就是说，要抑制个人的欲望，把更多的机会让给别人。

（7）廉。

廉就是廉洁。廉洁自律，洁身自爱，就是公正、廉洁，不骄奢、不贪婪，不掩盖一切丑恶和罪恶的东西，光明正大。

（8）耻。

耻就是羞耻。人要有羞耻之心，不要纵容邪恶、罪恶。耻为人之本性，“羞恶之心人皆有之”，又所谓“好学近乎知，力行近乎仁，知耻近乎勇”。

习近平总书记十分重视立德的问题，关于为什么立德，习总书记讲“国无德不兴，人无德不立”。立什么德？习总书记讲过，“核心价值观其实就是一种德，既是个人的德，也是一种大德，就是国家的德、社会的德”。该怎样立德呢？习总书记指出，“要从自己做起、从身边做起、从小事做起、一点一滴积累，养成好思想、好品德”。党的二十大报告也强调：“坚持依法治国和以德治国相结合，把社会主义核心价值观融入法治建设、融入社会发展、融入日常生活。”

3. 以“五常”为镜学习社会交往

“五常”即仁、义、礼、智、信，是指人作为社会中的独立个体，为了自身的发展和社会的进步，而应该拥有的五种基本的品格和德行。孔子最早提出“仁、义、礼”，孟子扩充提出“仁、义、礼、智”，后董仲舒再次扩充为“仁、义、礼、智、信”，后称“五常”。这“五常”贯穿于中华伦理的发展中，成为中国价值体系中的核心因素。

“仁”是基本的德行标准，以仁为核心形成的古代人文情怀，经过改造，可以转化为现代人文精神。义，与仁并用，为道德的代表。义成为一种人生观、价值观，是人生的责任和奉献，至今仍是中国人崇高道德的表现。礼，与仁互为表里，仁是礼的内在精神，重礼是“礼仪之邦”的重要传统美德。文明、礼节、礼貌、礼让等，已经成为一个人、一个社会、一个国家文明程度的一种表征和直观展现。智，从道德智慧可延伸到科学智慧，把科学精神与人文精神结合和统一起来，这是我们今天仍要发扬的。信，是说人要对自己说过的话负责任，这是做人的根本，讲信义是中华民族公认的价值标准和基本美德。

这“五常”充分体现于社会主义核心价值观：富强、民主、文明、和谐、自由、平等、公正、法治、爱国、敬业、诚信、友善。大学生应该相互尊重、互相关心、互相帮助，友好和睦，努力形成社会主义新型的人际关系。青年强，则国家强。当代中国青年生逢其时，正可以以海纳百川的宽阔胸襟借鉴吸收人类一切优秀文化成果，推动建设更加美好的世界。具体到大学生的人际关系，有了修己敬人这个社会交往的心理基础，大学生就可以有意识地提高自己的人际交往能力。

（二）遵守社会交往原则

大学生活犹如小社会，折射出人与人社会交往的基本准则。当代大学生在社会交往过程中，只有遵循一定的社会交往原则，才能比较顺利地开展社会交往。

1. 尊重原则

无论相貌、职位、能力、经济条件等有何差异，人与人之间都是平等的，需要同等对待，尊重别人的人才能赢得别人的尊重。

2. 诚信原则

诚信是人际吸引的第一品质，也是中华民族的传统美德之一，“八德”中讲“信”，“五常”中也强调“信”。诚信可以满足人的安全需要，是保持人际交往和谐发展的重要前提。

3. 交换原则

交换原则是人与人之间社会互动过程中的必然要求。社会心理学研究发现，在人际互动中，人们总是喜欢那些喜欢自己的人，不喜欢那些不喜欢自己的人。在人际交往中既有物质交往也有精神交往，但多以互利为前提。

4. 宽容原则

宽容原则包括对人对己两方面，对人格局要大，对己目光要远。坚持宽以待人，表现在对非原则性问题上不斤斤计较，宽容大度。对自己也要转变观念，人生往往会遇到很多困扰与烦恼，这些困扰与烦恼主要是来自自己，我们要敞开心胸，对未来充满希望。

5. 适度原则

在交往中要注意把握分寸，别说过头话，别提非分要求，力求交往中自己的言谈举止文明规范、合情合理，应做到交往范围适度、交往时间适度、交往程度适度。

当代大学生需要明确社会交往对个人日后发展的重要意义和价值，保持良好的心态，既要自尊自爱，又要理解包容。根据不同的情境、不同的交往对象，选择不同的交往方式，既不能自私自利，丧失自尊和人格，也不能在交往过程中放松警惕，受骗上当，应该合理适度进行。

（三）提高社会交往艺术

一位阿拉伯哲人曾经说过，一个没有交际能力的人，犹如陆地上的船，是永远不会漂流到广阔的大海里去的。大学生如果能掌握一些提高人际交往能力的方法和技巧，将有助于扬长避短，获得较为满意的效果。以下为同学们提高人际交往能力提出可操作性较强的建议与对策。

1. 听的艺术

声音的传播可以超越任何障碍。那么听的人要有听的能力，听的过程判断事物的真实性，不能偏听偏信。听的人还要有听德。比如孔子，别人说他是丧家之犬，他听了莞尔一笑。听也有礼在其中，像“听话、听从”，体现了晚辈对长辈、下级对上级的顺从，“聆听、倾听”体现了晚辈对长辈、下级对上级的恭敬。

听别人讲话，不要心不在焉，只有你留心了解对方所说的一切，才能应对得体。第一，在倾听的时候应该与说话人有目光交流。第二，用点头或“哦、嗯”等回应表示自己在听，以激发对方说话的兴趣。第三，尊重对方，且从他讲的话中获得需要的信息。第四，适时提问，可以更好地理解对方、掌控谈话方向及增加谈话积极性。

2. 说的艺术

说是社会交往中极为重要的环节，说的人首先要明白：说什么、对谁说、怎么说、什么时候说。通常，人们最殷切的需求就是渴望被人肯定。赞美别人往往更能得到对方的好感，但赞美别人应注意要实事求是，措辞适当；否则，给人以虚伪印象。要注意语言的魅力，安慰受创伤的人，鼓励失败的人，赞扬真正取得成就的人，帮助有困难的人。

课堂小互动

反思：你有多久没赞美人了？

（1）你有多久没夸你的女朋友了？

（2）你有多久没夸你的男朋友了？

（3）你有多久没夸你的父母了？

（4）你有多久没夸你的同学了？

（5）你有多久没夸你的老师了？

3. 给人留下好印象的艺术

为了给别人留下良好的印象，在交往之初，每个人都需要对自己的形象精心策划一下，争取先入为主地给别人留下良好的印象，从而为以后的交往埋下良性互动的伏笔。为此，以下几点希望大家注意：

（1）塑造自己的外表和体态语言。

（2）建立良好的自信，善于表达自己的优点而不过分夸大。

（3）主动热情，在最短的时间内缩短与别人的心理距离。

（4）运用相似性原则，寻找自己与对方的共同之处。

（5）记住别人的名字。

交往小妙招

讨人喜欢的20条小妙招

1. 长相不令人讨厌，如果长相平平，就让自己有才气；如果才气也没有，那就总是微笑。

2. 气质是关键。如果学不好时尚，宁愿纯朴。

3. 与人握手时，可多握一会儿，真诚是宝。

4. 说话的时候记得常用“我们”开头，不必句句都用“我”作为主语。

5. 不要向朋友借钱。

6. 与人搭出租车时，帮其开车门。

7. 坚持在背后说别人好话，别担心这好话传不到当事人耳朵里。

8. 有人在你面前说某人坏话时，你只微笑。

9. 不要把过去的事全让人知道。

10. 尊敬不喜欢你的人。

11. 对事不对人；或对事无情，对人要有情；或做人第一，做事其次。

12. 自我批评总能让人相信，自我表扬则不然。

13. 平常不要吝惜你的喝彩声。

14. 不要把别人的好，视为理所当然，要知道感恩。

15. 别只讲不听，结果乱成一团，要学会聆听。

16. 有时要明知故问，如：“你的钻戒很贵吧?”有时即使想问也不能问，比如：“你多大了?”

17. 话多必失，人多的场合少说话。

18. 把未出口的“不”改成：“这需要时间”“我尽力”“我不确定”“当我决定后，会给你打电话”……

19. 不要期望所有人都喜欢你，那是不可能的，让大多数人喜欢就是成功的表现。
20. 当然，自己要喜欢自己。

四、大学生社会交往中的安全问题及应对

在大学生社会交往过程中存在一些安全隐患，依据大学生社会交往的对象的不同，下面分别介绍师生、同学、同乡、涉外、网络、异性交往过程中常出现的困扰与安全隐患。此外还根据大学生与不同的社会人交往过程中出现的安全问题，提出相应的安全应对策略。

（一）师生交往

师生关系无疑是人际交往中最重要的关系，因为这其中教师起着重要的价值引领者作用。很多学生上大学前有过完美的设想，他们心目中理想的大学老师是：学识渊博，举止文雅，幽默风趣，人格高尚，热爱学生，尊重学生……然而，理想与现实的差距让“学生没了敬畏，老师少了神圣”，表现为：师生交往少，关系逐渐冷漠；师生沟通渠道少，感情交流动力减弱；师生互信程度低，学生偏于消极逆反。师生间缺少良好互动，势必造成德行修养、学识传递、行为养成等诸多方面的交流障碍。

（二）同学交往

同学关系一般包括同班同学、跨班（系）同学、寝室同学关系等。由于同学之间交互往来比较频繁，在同学之间交往过程中生发很多安全隐患，其安全问题主要集中在以下几方面。

1. 缺少沟通，滋生误会

无论是男生还是女生，无论是外向者还是内向者，无论是同班同学还是同宿舍同学，在彼此纷繁复杂的交往过程中，因为缺少真诚、平等、互利、互敬的沟通，会产生很多大大小小的误会，甚至有些还酿造了悲剧。以自我为中心、嫉妒、自卑等失衡的社交心理状态，往往导致同学之间、舍友之间的矛盾，心结羞于开口，这种暂时的逃避，不是大事化小，而是将彼此的矛盾越积累越多，直至突然爆发，酿造惨剧。人与人的交往过程中不可避免地会形成矛盾，遇到问题，如果多换位思考和交流，就不会产生误会，更不至于导致血案。

2. 意气用事，打架斗殴

大学生充满激情，尤其是大学新生，精力充沛，朝气蓬勃，安全防范意识较为薄弱，通常会被“老乡”“师兄”“师姐”“师弟”“师妹”之类的幌子所蒙蔽。遇到矛盾或

纠纷，往往不能很好地控制自己的情绪，缺乏合理有效缓解社会交往矛盾或问题的经验，冲动性强，意气用事，常常引发不必要的打架斗殴等流血事件，导致不必要的惨剧发生。

（三）同乡交往

中国人乡情意识浓厚，远在他乡遇到同乡会倍感亲切，老乡聚在一起谈乡音叙乡情，或者遇到困难时互相帮助，其乐融融。但大学生中以乡情为纽带组成的小团体——同乡会，有时也会因情绪的感染或从众心理而带来安全隐患，特别是在介入处理同学矛盾和纠纷中，容易造成群体性事件，甚至群殴伤害。

（四）涉外交往

随着高等教育的国际化，高校与国外的交流日益频繁。在对外交往中大学生的行为代表着国家的形象，如果交往不当可能会使国家利益受到损害，同时也会给自己造成伤害。

案例

在校女大学生交友不慎　犯下危害国家安全罪

李某系北京某重点大学国际政治系学生。读大四时，李某的英语教师（美国人，40 岁）约翰·德雷斯以帮助李某毕业后找工作、担保出国为诱饵，让李某成为其情人。约翰·德雷斯和李某同居，把李某发展为情报人员，让李某帮助其秘密收集我国的各类情报。案发后，通过国安局调查，才得知约翰·德雷斯其实是美国中央情报局的间谍。

李某被判处犯间谍罪，判处有期徒刑三年零六个月；犯为境外非法提供国家秘密、情报罪，判处有期徒刑五年零三个月，决定执行有期徒刑六年零九个月。

党的二十大报告指出：“国家安全是民族复兴的根基，社会稳定是国家强盛的前提。必须坚定不移贯彻总体国家安全观，把维护国家安全贯穿党和国家工作各方面全过程，确保国家安全和社会稳定。”大学生务必提高警惕，在涉外交往中维护好国家利益。

资料来源：李方洋．在校女大学生交友不慎　犯下危害国家安全罪．中普法创新网，2016-04-19.

（五）网络交往

在网上与他人交流已成为大学生交往的新时尚，殊不知网络交往不过是虚拟空间的一种游戏。有的同学沉溺其中而荒废了学业，更有甚者贸然去会见网友，不光浪费了时间与金钱，还使自己的身心遭受了巨大的创伤。

（六）异性交往

男女之间交往要分清爱情与友谊的界限，掌握好两者间的尺度。交往中双方还要互相尊重，不影响对方与他人的交往，以免造成不必要的误解，使自己或对方受到伤害。

对于大学生来讲，重要的是做好交往安全隐患的预防：

（1）谨慎交友。与正直、讲信用的人交往会受益匪浅，与心术不正、华而不实的人交朋友，会带来害处。交友审慎，“择其善者而从之”应是大学生的交往准则。

（2）明辨是非。交往中，在原则问题、大是大非面前，决不能含糊。不能因为是同乡、同学或好友，讲所谓的“义气”，感情用事，不分是非曲直，使自己误入歧途而断送前程。

（3）虚心求教。在交往中会遇到各种各样的人和事，也会出现许多自己把握不定的问题。在这种情况下，不要盲目听信他人，也不要自作主张、自行其是，而要及时与老师和家长沟通，多征求他们的意见，取得他们的帮助，这样才会避免交往中的危险，使交往变得更加安全。

（4）敬人爱己。在家敬重父母，出门敬重别人，这是人际交往黄金定律的一条推论。敬重他人，就会赢得他人的敬重；关爱他人，就会获得他人的关爱；宽容他人，他人就会宽容自己。一句话，敬人爱人，就是敬己爱己。

一旦发生人际关系冲突，个人多做反思，客观地分析冲突的原因，以同理心理解对方的感受，相信任何交往过程中的辛勤付出都会成为个人成长的财富。当然，一定要提高安全意识，做好安全防范，避免不可控事件的发生。

第二节　青春比翼　情止于礼

窈窕淑女，琴瑟友之。

——《诗经·关雎》

爱情是人类特有的情感，不论是过去，还是现在；不论是帝王将相、达官贵人，还是黎民百姓，芸芸众生都在重复上演着男女之间的故事，悲欢离合，爱恨情伤。从古至今，耳熟能详的爱情故事从未间断，司马相如与卓文君、梁山伯与祝英台、许仙与白娘子，结局皆大欢喜的当属女驸马了。

知识链接

女驸马

冯素贞幼许李兆廷，后因李家遭变故，一贫如洗，素贞后母嫌贫爱富，逼其退婚。素贞赠银相助不成，反使兆廷被诬入狱。素贞女扮男装进京寻兄冯益民相救未果，只得冒兆廷之名应试夺魁，岂料又因此被误招驸马。花烛之夜，素贞冒死陈词，公主感其真心，为其解围。后帝收素贞为义女，又释兆廷，并招素贞之兄、前科状元冯益民为驸马。两对新人乃同结秦晋。

经典唱词：

为救李朗离家园
谁料皇榜中状元
中状元 着红袍
帽插宫花好啊好新鲜呐
我也曾赴过琼林宴
我也曾打马御街前
人人夸我潘安貌原来纱帽罩哇罩婵娟呐
我考状元不为把名显
我考状元不为做高官
为了多情的李公子
夫妻恩爱花好月儿圆呐

一、什么是爱情

人类的精神生活中，从未有一个话题像爱情一样经久不衰，也从未有一个话题像爱情那样动人心弦。曾有人在课上做调查："你们怎么判断自己是否爱上了一个人呢？"同学就说"有感觉啊，来电！""想他/她，很想跟他/她在一起！""看见他/她就心跳加快"……这就是爱的感觉吧。

（一）身体之爱：情感的亲密

一个人是否真的爱另外一个人，向往和眷恋的感觉的确是第一块试金石，每次与对方在一起，你都有说不出来的喜悦，看到对方就感觉到“心花怒放”，听到对方的声音就充满喜悦和激动，渴望不断地见到对方，触摸到对方……以上就是身体之爱，所谓“情感的亲密”的写照。

这个层面的“爱”和欲是有关联的，爱情是靠接触生出来的，即两性由于身体感官、生理吸引所产生的爱（欲）。美国医疗心理学家乔恩·马奈这样描述人在恋爱时脑中电化学活动的过程：在柔和的烛光下，男子望着女子，丘脑下部的神经活动受到突然激发，神奇的爱情物质大量产生，并随血液循环流遍全身，引起飘飘欲仙的感觉；女性也一样，脑细胞发生同样的电化学活动过程，于是两颗心灵激发出炽热的爱情火花。但如果没有更深层的契合和更长久的抉择，这些爱情的火花很容易熄灭，很难成为名副其实的“爱人”。

（二）头脑之爱：思想的亲密

这是一种知己的关系，你渴望认识对方的一切，从外在到内在，你渴望在“彼此认识”当中，成为对方的知己。

（三）心灵之爱：意志的亲密

“意志的亲密”是一种忠诚的关系，是忠心无二地跟随与陪伴。感情到了这个深度，那个人才算是真正闯进了你的心，所谓“心上人”是也。真爱的心灵层次是在意志之上的，真爱可以生出意志力，意志力却生不出真爱。俗话说的“强拧的瓜不甜”，就是这个道理。事实上，如果你真爱一个人，你不用刻意就会自然地忠诚于这份感情。

（四）全人的爱：永恒的亲密

“永恒的亲密”是身、心、灵合一的，全人的亲密关系。我们不只成为对方的喜悦，我们不只成为对方的知己，我们不只成为对方的忠诚，我们更渴望与对方拥有永恒合一的关系，彻底地融入对方，永不分离。

如果有能够包揽身体、思想、意志三个层面的爱，应该说它已经是非常稀有和美好的两性关系了，全人的爱可以说是爱情的最高、最圆满的境界。两性亲密关系发展到这个阶段，自然是“瓜熟蒂落”，到了该进入婚姻的时候了。婚姻是以法律的形式确认爱情，又是将爱情从单纯的情感的天空固定到完整的生活的大地上。[①]

如上所述，爱有不同的层次、不同的境界。那么，究竟什么是爱呢？诗人浪漫的爱、哲人明晰的爱、百姓朴实的爱……少男少女的情窦初开、人到中年的恩恩爱爱、白发伴侣的相依黄昏……一道道爱的风景线，其滋味如人饮水，也只有各位身尝体受，自

---

① 彭贤．人际关系心理学．北京：清华大学出版社，北京交通大学出版社，2008.

己用心去品味了。如果非要用通俗易懂的语言给爱情下个定义，那就是：所谓爱情，是一对男女之间，基于一定的社会关系和共同的生活理想，在各自心中形成的对对方最真挚的倾慕，并渴望对方成为自己终身伴侣的最强烈的感情。

二、恋爱对大学生的影响

大学生恋爱的现象已经比较普遍，大学生恋爱也早已不再“犹抱琵琶半遮面”了。“卧谈会”上、餐厅饭桌旁、课间教室里，都常有兴致勃勃的对爱情的谈论。一些恋人花前月下卿卿我我，成双成对活动在校园里。

（一）恋爱对大学生的心理影响

1. 恋爱能促进大学生心理成熟健全

（1）恋爱能满足大学生情感发展的需要。

很多大学生，尤其是低年级的大学生，初次较长时间离开父母和家庭，他们的情感世界出现了“饥荒”，孤独、空虚随之产生，接下来自然会在大学生活中寻找感情的交流和满足，这时，“爱情”对于这些渴望情感寄托的大学生来说，是无法抗拒的。

（2）恋爱可以加速大学生社会化的进程。

大学生谈恋爱，大多数的终极目的是婚姻与家庭。人们通过婚姻与家庭，从而达到社会化的目的。恋爱中双方关系的协调、各种矛盾的解决，都会不断丰富男女大学生的生活经验，促使双方在心理上趋于成熟。同时，恋爱中的男女大学生为了获得异性的爱，提高自己在对方心目中的形象，总是力图完善自己、丰富自己，爱成了一种积极的内在动力，形成了一种良性循环，最终促进人格的成熟。

2. 恋爱对大学生的消极作用

（1）影响学业的完成。

恋爱需要时间和精力，若处理不好恋爱与学业的关系，则会影响学习、耽误学业，将加重大学生的心理负担。

（2）影响人际关系。

因为恋爱具有排他性，若处理不好爱情与友谊的关系，将带来人际关系处理上的烦恼。

（3）影响心理健康。

处在热恋中的大学生会为一些小事而极度高兴或极度烦恼，这都会带来高度的心理紧张。持续的心理紧张对心理健康是不利的。

（二）经济上的投入，学习生活经费转为爱情经费

谈恋爱是需要经济支撑的。在一段感情开始之前，男女生都要进行投入，比如聚会、吃饭、出游等。大学生花费的基本上都是父母给的生活费。

（三）时间上的投入，美好的大学时光只用作了恋爱

恋爱中的花前月下、请客吃饭、跳舞娱乐等无不耗费大量时间。很多同学一旦投入恋爱，便陷入两个人的小天地，一同上课，一同吃饭，一同游玩，在恋爱方面花费了很多的时间。调研发现，恋爱的学生过早陷入两个人的小天地，与同学交往大大减少，一部分同学学习成绩受到影响。很多恋爱的同学也认为在得到感情的同时自己也失去了很多。

可见，恋爱对大学生来说是一把双刃剑，不可不慎。

三、大学生如何获得美好爱情

爱情的神圣与庄严、神秘与美好吸引着青年男女。有的学者说："有青年人的地方就会有爱。"当然，大学校园里并非都存在着完满的恋爱，并非都闪动着幸福的恋人，并非每个爱情的渴望者都能品尝到甘甜的爱情之羹。那么怎样才能获得美好爱情呢？

（一）树立正确的恋爱观

爱情从来都是严肃高尚的感情，不是男女两性的简单结合，不是儿女间的游戏。只有具备正确的人生观、价值观和恋爱观的大学生才能获得美满的爱情。大学生认真严肃地看待爱情和婚姻大事，是对自己和所爱的人负责，也是对社会文化的健康发展负责。大学生风华正茂，意气风发，正确对待恋爱和爱情问题是其成长道路上极为关键的一步。这一步走得怎样，将会影响他们的一生。

正确的恋爱观是个体在婚恋中所必须遵从的社会道德规范体系。爱情是一种社会现象，是与特定社会结构中人的道德意识、人的善恶观以及人对道德和不道德的认识联系在一起的。当一个人体会到真正的爱情时，就会表现出自我牺牲精神与巨大的道德力量。

1. 强调自己要有真才实学

不管是男生还是女生，首先要强大的是自己，而不是通过恋爱找个人来依靠。身材、相貌、家庭等都是浅表的物质层次，如过眼云烟，自己没真才实学就会内心空虚弱

小。在当代飞速发展的社会背景下，多少人有信心、有能力一辈子成为别人的依靠呢？将心比心，己所不欲，勿施于人。

2. 提倡志同道合的爱情

在恋人的选择上最重要的条件应该是志同道合，意识形态、事业理想和生活方式与经历等大体一致。一般情况下，异性感情是沿着陌生朋友—熟人朋友—好朋友—知己—恋人这一线索发展的，当一个男生成为一个女生心中任何人都不能代替的伴侣时，爱情就降临了。在分享快乐和痛苦过程中，爱情就会产生和发展。同时也要考虑到，两个人恋爱是为了步入婚姻，两个人志同道合，才有助于将来处理好两个家庭的关系。

3. 摆正爱情与学业的关系

大学生要把学业放在首位，摆正爱情与学业的关系，不能把宝贵的时间都用于恋爱而放松了学习。完成学业是大学生的首要任务。

4. 要真诚、互相尊重

恋爱时要真诚，坦诚地向对方说明自己各方面的情况，使对方对你有一个全面的了解与认识。用隐瞒和欺骗的手段得到的爱情是终究要失败的。一经建立恋爱关系，不要三心二意，要互相尊重对方的人格和感情。

（二）大学生恋爱应具备的能力

在现实生活中，要拥有爱的能力，掌握爱的艺术，不仅要学习和掌握爱的理论，更要将理论与实践相结合，提升自己爱与被爱的能力。

1. 表达爱的能力

当你爱上一个人时，能否用恰当的方式和语言向对方表达出来呢？表达爱需要勇气，需要信心。表达爱是在表明爱一个人的心意，即使可能得不到回报。

2. 接受爱的能力

当期望的爱来到身边时，能否勇敢地接受也是爱的能力表现。有的大学生在别人向自己示爱后，内心挺高兴，但又不敢接受别人的爱，或者对爱缺乏心理准备，因此而失去发展爱的机会。

3. 拒绝爱的能力

拒绝爱的能力，首先表现为对他人的尊重，要感谢对方对自己的欣赏和感情；其次要态度明确，表达清楚；最后行动与语言要一致。可能有些同学怕对方受伤害，虽然语言上拒绝了对方，但是行动上还与对方有较亲密的接触，如单独去看电影、吃饭等，使对方容易误解，认为还有机会，而纠缠在与自己的情感中。

4. 鉴别爱的能力

鉴别爱的能力是指能较好地分清什么是好感、喜欢和爱情。有鉴别爱的能力的人，是个自信且尊重别人的人。有鉴别爱的能力的人，会自然地与别人交往，主动扩展交往的范围，尽量多地体验他人的感受。

5. 发展爱的能力

发展爱的能力，就是要培养无私的品格，培养善于处理矛盾的能力，有效地化解恋爱中的矛盾纠纷，为恋人负责，创造出幸福美满的爱情。爱情是甜蜜的，爱情犹如一朵娇嫩的鲜花，需要精心的培养，恋爱中的双方在享受爱情的同时也承担着维护和发展爱情的义务。恋爱中的任何一方都要为对方负责，避免伤害对方的感情。

6. 承受挫折的能力

大学生的恋爱受多种因素的制约，因而在追求爱情的过程中不可避免地遇到各种挫折：单相思、爱情错觉、失恋等恋爱心理挫折对大学生的心理承受能力是一种考验。如果承受能力较强，就能较好地应对挫折，不然就有可能造成不良后果。所以，提高恋爱挫折承受能力对大学生的心理健康是很重要的。当爱情受挫后，要用理智来驾驭感情。通过增强理智感，总结经验教训，寻找解决问题的方法和途径，在新的追求中确认和实现自己的价值，从而提高自己的心理承受能力和认识水平，不能为失恋荒废所有，做到失恋后不失志、不失德。一个人能够理智地从失恋中解脱出来，往往会使自己变得更加成熟。

（三）在恋爱中提倡理智驾驭感情

爱情的成本是人生情感成本中最高的，正确地理解爱情，才可能与幸福同行。谈到爱情，不能不谈到性。我们对待性有一个基本态度：性不是丑恶的，但性绝不是随便的，它和道德、责任、义务密切相关。

心理学家曾做过“延迟满足”的实验，告诉被试儿童如果选择等待，将能够获得更多的奖赏（比如糖果），而即时满足只能获得极少的奖赏。随着年龄的增长，儿童会主动选择延迟满足。这对爱情中的性也是适用的。只有学会延迟满足，才能为将来的生活打开一扇幸福的大门，所以，恋爱中提倡健康的恋爱行为尤为重要。

1. 恋爱言谈要文雅

交谈中要诚恳坦率，不要为炫耀自己而装腔作势、矫揉造作，否则会使人厌恶，不利于感情的培养。不能出言不逊，污言秽语，举止粗鲁；相互了解要注意方式方法，不要无休止地盘问对方，使对方自尊心受损。

2. 恋爱行为要大方

恋爱中的男女会逐渐从一时的羞涩走向自然大方地交往，这个时期要注意行为举止的检点。有的人感情冲动，过早地做出亲昵动作，使对方反感，会影响感情的正常发展。

3. 亲昵动作要高雅

高雅的亲昵动作表达爱情的愉悦感，粗俗鲁莽的亲昵动作有损爱情的纯洁与尊严，有损大学生的形象，对恋爱者的心理、生理卫生有害，对他人影响也不好。

4. 个人修饰要严谨

女生不要浓妆艳抹，不要穿过分暴露的衣衫和裙子，防止产生诱惑，招致性伤害。大学生在恋爱中要注意克制和调节情绪，尽量多参加各种文娱活动，与恋人多谈谈学习和工作，把恋爱行为限制在社会规范内，不致越轨，要使爱情沿着健康的道路发展。

5. 恋爱过程要平等

恋爱双方是平等的，不要拿自身的优点去比较对方的不足，借以抬高自己；不要想方设法考验对方或摆架子。对对方颐指气使，只会影响双方感情的发展，因为每个人都是有自尊心的。

四、大学生恋爱中的安全问题及应对

大学生恋爱中出现的突出问题体现在两方面：一是自身各种心理困惑；二是安全问题，包括婚前性行为、恋爱暴力、感情纠葛导致意外等，因此，做好心理安全调适和预防性伤害尤为必要。

（一）心理困惑与调适

爱情虽然甜蜜，但也会带来复杂、独特而微妙的情感体验，最容易产生心理困扰。

1. 选择的困惑与调适

选择的困惑是大学生恋爱中最常见的问题之一。其中较常见的有以下两种情形：

（1）不知道应不应该谈恋爱。这部分大学生应先树立对爱情的正确态度。如果自己还不知道该不该谈恋爱，那说明在你的心里还没有自己喜欢的异性。在真正的爱情还没有来到的情况下，不要盲目去寻找爱情，寻找的爱情并不一定是真正的爱情。

（2）自己爱上了别人，但不知道对方是否也爱自己，想表白心迹，又怕遭到拒绝，左右为难。对于这样的困境，首先要学会正确认识对方对自己的情感。如果经过观察甚至巧妙的考验，发现对方也对自己有一定的感情，就可以大胆向对方表白。

知识链接

穿越爱情的迷雾

当你检视爱情关系，是否曾经感到“拥有却空虚”，或是“欲走还留”的困境？这时候我是该安静地走开还是勇敢留下来？让我们一起来对自己的爱情关系进行一次总检视吧！

在你对自己的爱情进行总检视的时候，请记得以最真实的状态来面对自己，不要与人讨论，也不需要担心别人如何看待你的答案。此时，你只需要聆听自己的心声……

爱情的理想图。

步骤一：列出十项你认为理想恋人应该具有的优点。

步骤二：列出十项你认为理想恋人不应该具有的（最无法接受的）缺点。

爱情的进行式。

步骤三：检视你目前的恋人拥有上述哪些优点和缺点。

步骤四：尽量列出你们的爱情关系如何让你不快乐，造成了哪些影响。

爱情的未来面。

步骤五：请列出十项你若继续留在此段恋爱关系中的结果：

如果这段爱情应该继续，那就请你不要再犹豫不决，要珍惜当下，把握机缘；如果这段爱情即将走到终点，那么不论你中途想要停留多久，以延迟终点的到来，终点都将是必然的结果，延迟只会延长痛苦，对方不会因此更爱你，同时也延迟你追求幸福的脚步，对你们双方都没有好处。

资料来源：彭贤．人际关系心理学．北京：清华大学出版社，北京交通大学出版社，2008.

2. 单恋的困惑与调适

面对单恋，首先是要避免“恋爱错觉”，学会准确地观察和分析对方，用心明辨；某种信息经常出现可能意义很深，而一两次就不足为凭了；不要强化内心中形成的一见钟情式的浪漫爱情。一旦单恋已然发生，要鼓足勇气，克服羞怯的心理，大胆地表达自己的感情，如果被接纳，爱的快乐就取代了等待的痛苦；如果是“落花有意，流水无情”，则应该面对现实，勇敢地抛弃幻想，用理智主宰感情，通过思想感情的转换和升华来获取心理平衡。

3. 失恋的困惑与调适

泰戈尔说：“生命因为有了爱才有意义，生命因为失去了爱才变得更为富有。”浪漫热情之恋是青年男女内心的美好憧憬，它似一杯甘醇芳香的美酒，令人如痴如醉。然而，有恋爱就有可能失恋，这是个辩证的自然法则。面对恋爱挫折，既不能“从此无心爱良夜，任他明月下西楼”，又不能“不见去年人，泪湿春衫袖”，更不能“阁道曲直，似我回肠恨怎平”。应该正确对待和处理好这种恋爱受挫现象，愉快地走向新生活。

正为失恋而痛苦缠身的失恋者必须学会自我调整、自我拯救，可以借鉴如下方法：

（1）倾诉。失恋者精神遭受打击，被悔恨、遗憾、愤怒、惆怅、失望、孤独等不良情绪困扰，可主动找朋友倾诉，释放心理负荷。可以用口头语言，把自己的烦恼和苦闷向知心朋友毫无保留地倾诉，并听听他们的劝慰和评说，这样心理会平静一些。也可以用书面文字，如写日记或书信把自己的苦闷记录下来，或给自己看，或寄给朋友看，这样便能释放自己的苦恼，并寻得心理安慰和寄托。

（2）移情。及时适当地把情感转移到失恋对象以外的其他人、事或物上。发展密切的朋友关系，交流思想，倾吐苦闷。或投身到大自然中，陶冶性情，从而得到抚慰。

（3）疏通。借助理智来获得解脱，由理智的“我”来提醒、暗示和战胜感情的“我”。要想想，爱情是以互爱为前提的，不可因一厢情愿而强求，应该尊重对方选择爱人的权利。也可以进行反向思维，多想对方的不足，分析自己的优势，鼓足勇气，迎接新的生活。还可以这样设想，失恋固然是失去了一次机会，然而却让你进入了另一个充满机会的世界。

（4）立志。失恋者积极的态度会使“自我”得到更新和升华。像歌德、贝多芬、罗曼·罗兰、诺贝尔、牛顿等历史名人都曾饱受失恋的痛苦。他们是用奋斗的办法更新“自我”，积极转移失恋痛苦的楷模。在经过一段情绪波动后，能够振奋起来，投入正常的学习与生活中，这就是所谓的“精神升华”。

4. 终止恋爱关系

如果在交往中发现对方不适合自己，向对方提出终止恋爱关系一定要注重策略。有的人因为担心对方受伤害而忍受内心的痛苦，误使对方以为你还爱他；有的人不告知对方为何终止恋爱关系，或者只用含混不清的理由，比如性格不合。当你告诉对方理由时，一定要具体而且令对方接受。提出分手的一方，要注意以下几点：一是选择恰当的时机；二是使用策略；三是艺术地说明原因；四是不逃避责任；五是不拖泥带水。被动的一方，要注意控制自己的情绪，不可自暴自弃，也不可死打硬缠，更不可意气用事，寻求报复。值得注意的是：终止恋爱关系不要给对方留有余地，比如“以兄妹相称”“再相处一段时间试试看”等。

（二）预防性伤害

性伤害通常包括性骚扰和性侵害，这是一个古老又现实的社会问题，它既包含道德考量又包含法律约束。别有用心者以恋爱的名义对女大学生实施性伤害的事件屡有报道，大学生在恋爱中需要防范性骚扰与性侵害。

性骚扰是指通过不受欢迎或不被接受的方式，去引起别人性方面的注意，或带有性意识的接触。它可以是对他人身体的侵犯，也可以是对他人精神的敌对行为；它可能是男性对女性，也可能是女性对男性，甚至还可能是同性之间。性骚扰会造成非常恶劣的影响，有人因受到来自老师或同学的性骚扰而成绩下降，甚至不敢上学或不敢见到老师、同学；有人受到性骚扰后出现精神紧张、头痛、抑郁及失眠等症状，影响了人际关系、工作或学习。

性侵害主要是指在性方面造成的对受害人的伤害。性骚扰和性侵害是危害大学生身心健康的主要问题之一。由于两性的社会地位和角色不同，相对而言，性骚扰和性侵害的对象常以女性为多，有暴力型性侵害、胁迫型性侵害、社交型性侵害、诱惑型性侵害、滋扰型性侵害等形式。因此，女大学生了解一些性侵害和性骚扰的基本情况、掌握一些基本对付方法，是很有必要的。

1. 容易遭受性骚扰或性侵害的时间和场所

（1）夏天，是女大学生容易遭受性侵害的季节。夏天天气炎热，夜生活时间延长，外出机会增多。夏季校园内绿树成荫，罪犯作案后容易藏身或逃脱。同时，由于夏季气温比较高，女生衣着单薄，裸露部分较多，因而对异性的刺激增多。

（2）夜晚，是女大学生容易遭受性侵害的时间。这是因为夜间光线暗，犯罪分子作案时不容易被人发现。所以，女大学生应尽量减少夜间外出。

（3）公共场所和僻静处所，是女生容易遭受性侵害的地方。这是因为，教室、礼堂、舞池、溜冰场、游泳池、车站、影院、宿舍、实验室等公共场所人多拥挤时，不法分子常乘机袭击女生；公园假山、树林深处、夹道小巷、楼顶晒台、没有路灯的街道楼边、尚未交付使用的新建筑物内、电梯内、无人居住的小屋等僻静之处，若女生单独行走、逗留，很容易遭受流氓袭击。

2. 女性正当防卫十招

以下几种正当防卫方法，可供女性在遭遇色狼时临时使用。

“喊”——有道是“做贼心虚”。色狼在实施犯罪行为时，心虚的多。别小看喊声带来的风吹草动，它就有可能阻止犯罪嫌疑人的主观恶性继续加深。假如色狼正处于犯罪初始阶段，女性应当大声呼救，以求得他人闻警救助。如：一女性在夜晚行走时，被一名心生歹意者突然截住。她不顾一切大声呼喊，色狼惊吓，在逃跑中被闻声赶来的众人抓获。此刻若女孩心有所忌，不敢呼喊，则必将遭害。

“撒”——若只身行路遭遇色狼，呼喊无人，跑躲不开，色狼仍然紧追不舍。女性可以干脆就地取材，抓一把泥沙撒向色狼面部（女性为防侵害，可以在衣袋、书包内常备些食盐)，这样做可以抢出时间报警。

“抓”——如果撒的办法不起作用，可以向犯罪嫌疑人的面部、要害处抓去。抓时只有抓得狠、抓得死，将其抓破，才能达到制服色狼、收集证据的目的。将残留在指甲里的血迹送公安机关，即可作为不法侵害的证据。

“踢”——面对一时难以制服的色狼，可以拼命踢向他的致命器官，这样可以削弱他继续加害的能力。这一手不少女性在自卫中使用过，极见成效。

“变”——若遭色狼跟踪，不要害怕，见机变换行走路线，一般可将其甩掉。有一女工夜间回家路上，发现被盯上了。原路线前方不远即是偏僻路段。女工当机立断，迅速改变了回家路线，并在不远处果断地叩响了路边一户人家的大门。

“认”——受到色狼不法侵害时，女性应当瞪大眼睛，牢记色狼的面部和体态特征，多记线索，以便在报案（一定要争取在 24 小时之内）时提供给公安人员。

“咬”——色狼施暴时常常先将女性的双臂缚住，此时在不得已中应抓住时机咬住其肉体不松口，迫使其就范。有位女性在被害过程中，遭色狼强行接吻，情急中她“稳、准、狠”地咬住了色狼的舌头，致使其疼痛休克，被捉送公安机关。

“套”——如果几经反抗不力，色狼强奸即遂，此时也不可轻易放弃（有些受害女性到此时就彻底放弃反抗了），可以采取“套”的办法将其制服。如一位女子被害后哭着说：“这么一来……我连对象都没法找了……你要是没有对象咱就……”次日晚，当色狼再次去找该女子要“谈情说爱”时，被早已等在那里的公安人员抓获。

“刺”——如果遇上色狼手中有凶器，女性要沉着，胆大心细，不要慌乱。有一妇女被持刀色狼相逼，她临危不慌，让色狼先行脱衣，当其高兴地动手脱衣时，妇女快速用刀朝色狼要害处刺去。

（三）怎样摆脱异性的纠缠

大学生中的异性纠缠，主要是恋爱中的异性纠缠。这种纠缠来自两个方面：一是单恋者的纠缠，一方有情，另一方无意，有情者积极进攻，穷追不舍。如某大学生追求一同班女同学，遭到拒绝，竟不顾影响，在众目睽睽之下，跪在女同学面前求爱。二是原来有恋爱关系，因为某种原因，一方提出终止恋爱关系，另一方无法接受，因而苦苦纠缠。

为摆脱恋爱中的异性纠缠，希望你做到：

（1）态度明朗。如果你并无谈恋爱的打算，对于那种单恋的追求者，你应该明确拒绝。如果是正在恋爱中或曾经恋爱过的对象，你要冷静地考虑一下有无重归于好的希望，如果没有，也要明确告诉对方，让对方打消念头。你应当知道，态度暧昧、模棱两可，对对方来说是一种成功的希望，增加了幻想，因而也会带来更多的麻烦。

（2）遵守恋爱道德，讲究文明礼貌。在拒绝对方的要求时，要讲明道理，耐心说服。要尊重对方人格，不可嘲笑挖苦，更不能在别人面前揭露对方隐私。例如：不要公开对方追求你的情书，不要谈论对方曾经对你有过某种非礼行为等。如果是中断恋爱关系，自己有责任的，也应主动承担责任，表示歉意。

（3）正常相处，但要节制往来。恋爱不成，但仍是好同学、好朋友，不必结怨，更不可成为仇人、敌人。在交往中，最好要节制不必要的往来，以免对方产生“物是人非”的伤感，让对方尽快消除由于失恋所造成的心理上的伤害。

（4）遇到困难，要依靠组织。在你认为向对方做了工作以后，可能效果不大，仍制止不了对方的纠缠，或者发现对方可能采取报复行为，要及时向老师和领导汇报，依靠组织妥善处理，防止发生意外事件。

总之，为了有效避免性侵害，大学生一定要筑起思想防线，提高识别能力，同时自己注意做到行为端正，态度明朗，并且学会用法律保护自己。

课后训练与活动

1. 思考题

（1）什么是社会交往？

（2）如何理解修己敬人是社会交往的前提？

（3）大学生社会交往应遵循什么原则？

（4）大学生恋爱需要具备哪些能力？

（5）怎样理解大学生社会交往中的安全问题及应对？

（6）怎样理解大学生恋爱中的安全问题及应对？

2. 活动与训练

（1）运用课程所学去结识一位新朋友。

（2）帮助受恋爱困扰的同学进行积极的恋爱心理调适。

第九章

平安法治为先　就业安全为上

知识结构（思维导图）

- 平安法治为先　就业安全为上
  - 万恶之源　谨慎防范
    - 性犯罪，万恶之首
    - 赌博，毁灭之源
    - 毒品，幻灭之物
  - 理性求职　防范陷阱
    - 雾里看花　需具慧眼
    - 理性择业　安全防范
  - 远离传销　护人护己
    - 追踪溯源　识破真相
    - 失信寡义　坑人害己
    - 禁而不止　变化多端
    - 远离传销　防患未然

学习目标

1. 了解性犯罪、赌博及毒品、大学生就业安全及非法传销的含义与特点。
2. 熟悉性犯罪、赌博及毒品的相关法律规定，就业安全的重要性及非法传销的危害。
3. 掌握大学生赌博的特点、常见就业陷阱的种类及非法传销的类型。
4. 能够区分正常娱乐与赌博，能够辨别新型就业骗局及传销形式。
5. 能够熟练运用相关法律规定及安全防范的策略保护自身安全。
6. 培养辨别不良信息的能力及运用防骗要领保护自身安全的能力。
7. 树立正确的价值取向和就业观，强化自身安全防范意识。

在中国步入高速发展的信息化时代背景下，外部环境变化给大学生这一群体的自我发展、价值定位及求职就业等带来了前所未有的挑战。随着毕业生人数的逐年增加，大学生就业压力日益增加，加之大学生群体的年龄特点及缺乏社会经验等诸多因素，致使性犯罪、赌博、毒品、传销、校园贷等阴霾笼罩在大学校园的上空，让不少大学生在成长的过程中迷失了方向，陷入了困局。

第一节　万恶之源　谨慎防范

五色令人目盲；五音令人耳聋；五味令人口爽；驰骋畋猎，令人心发狂。

——《道德经》

随着我国经济的高速发展和社会开放程度越来越大，社会生活进入多元化的发展阶段，随之而来的是社会的不安全因素越来越多，这些不安全因素大多具有隐蔽性和诱惑性。且随着高校与社会之间联系日益紧密，社会上的一些不良现象，例如性犯罪、赌博、毒品也开始渗透进大学生群体之中，成为大学生违法犯罪的诱因。因此，大学生要树立正确的价值观，自觉抵制各种诱惑，远离万恶之源的侵扰。

一、性犯罪，万恶之首

（一）性犯罪相关概念

1. 性犯罪

性犯罪在刑法学领域中是指包含非法性行为、性淫乱、性侵犯等特征的触犯刑法条例的行为。[①]

2. 女性性犯罪

犯罪学中，女性性犯罪的概念被定义为：女性侵害他人性权利或有伤风化或利用物理的色相、肉体等手段实施性诱惑的严重危害社会的行为。[②]

（二）相关法律规定

我国《刑法》第 363 条第 1 款规定：“以牟利为目的，制作、复制、出版、贩卖、传播淫秽物品的，处三年以下有期徒刑、拘役或者管制，并处罚金；情节严重的，处三

① 阴家宝．新中国犯罪学研究综述 1949—1995. 北京：民主与法制出版社，1995.

② 肖建国，姚建龙．女性性犯罪与性受害．上海：华东理工大学出版社，2002.

年以上十年以下有期徒刑，并处罚金；情节特别严重的，处十年以上有期徒刑或者无期徒刑，并处罚金或者没收财产。”

第 364 条规定：“传播淫秽的书刊、影片、音像、图片或者其他淫秽物品，情节严重的，处二年以下有期徒刑、拘役或者管制。组织播放淫秽的电影、录像等音像制品的，处三年以下有期徒刑、拘役或者管制，并处罚金；情节严重的，处三年以上十年以下有期徒刑，并处罚金。制作、复制淫秽的电影、录像等音像制品组织播放的，依照第二款的规定从重处罚。向不满十八周岁的未成年人传播淫秽物品的，从重处罚。”

第 365 条规定：“组织进行淫秽表演的，处三年以下有期徒刑、拘役或者管制，并处罚金；情节严重的，处三年以上十年以下有期徒刑，并处罚金。”

（三）大学生性犯罪的预防

大学生性犯罪究其成因既有主观上生理与心理方面的因素，又有家、校、社会等各方面客观因素的影响。预防大学生性犯罪，应从个人、家庭、学校、社会多方面加以教育与引导。

1. 加强大学生自身思想政治学习，树立正确的人生观和价值观

在大学期间，学生应注重个人思想政治学习，提高自身思想道德水平，树立正确的两性意识和性爱观，形成健康的性爱心理，防止腐朽的性观念对自己造成消极影响。

2. 学校、家庭、社会多方共同助力，为大学生营造一个良好的外部环境

学校应加强性道德、性知识教育，采取多种形式，对大学生进行全面的教育与引导，借助相关课程及现实案例对大学生进行法制教育，并贯穿整个大学课程，使大学生知法、懂法、守法，同违法的思想行为做斗争。同时，家庭也应强化家庭功能，营造健康向上的家庭氛围，帮助孩子建立正确的性道德、性观念，给孩子创造一个健康的家庭环境。

二、赌博，毁灭之源

（一）赌博的定义

赌博是拿有价值的东西（现金或者其他物品）做注码，以占有他人的利益或者财产为目的的违法犯罪行为。

（二）相关法律规定

根据我国法律的相关规定，违法包括一般违法和严重违法。赌博在我国法律规定范

围内界定为违法行为，它既可构成违反行政管理法律法规的一般违法，又可能构成触犯我国刑法的严重违法犯罪行为。

我国《刑法》第 303 条第 1 款、第 2 款规定：“以营利为目的，聚众赌博或者以赌博为业的，处三年以下有期徒刑、拘役或者管制，并处罚金。开设赌场的，处五年以下有期徒刑、拘役或者管制，并处罚金；情节严重的，处五年以上十年以下有期徒刑，并处罚金。”

《治安管理处罚法》第 70 条规定：“以营利为目的，为赌博提供条件的，或者参与赌博赌资较大的，处五日以下拘留或者五百元以下罚款；情节严重的，处十日以上十五日以下拘留，并处五百元以上三千元以下罚款。”

（三）大学生赌博的特点

案例

大学生王某，男，20 岁，大二。家境困难，主要靠奖学金维持学业和生活。一次偶然的机会，他看到室友在上网玩桥牌，并听其介绍短短几天就赚了几百元。在好奇心的驱使下，王某也慢慢开始接触桥牌和其他网络赌博游戏。一开始确实赢了几千元，但后来就开始输，而且越输越多。王某开始向同学借钱来赌博，最后欠款越来越多，实在没办法就参与了民间借贷。短短一年的时间，王某共计欠款 30 万元。

现实生活中如同上述案例中的大学生并不少见。手机游戏、网络赌球、网络游戏等各种各样上手容易、赌注起点低的赌博活动让越来越多的大学生深陷其中。具体而言，大学生赌博具有以下几方面的特点。

1. 营利性

营利性是赌博违法犯罪最主要的一个特点，大学生赌博也不例外，他们参与赌博在一定程度上是希望通过赌博这种形式来攫取不法财物。在赌博的过程中，有的学生能够在较短的时间内赢得数十元甚至上百元，便沾沾自喜，认为这是赚钱的一个好渠道。

2. 游娱性

大学生富有好奇心和好胜心，他们对社会上存在的一切都想一探究竟，很容易被种类繁多且寓于游娱的赌博活动所吸引。从赌博的动机上看，大多数参与赌博的学生是以消遣为目的，大学生赌博多是临时凑在一起娱乐消遣。

3. 纠合性

赌博是一种多人之间的角逐，一场赌博的参赌者可达十几人甚至几十人。参加赌博的人员不仅有外校、外地来的临时凑起来的流窜赌友，还有地区性长期聚集赌博的团伙，也有以某些人为基本队伍、分头串联、诱惑他人行赌的，这些都具有纠合性的特点。

4. 反复性

大学生青春年少，有的自制力较差，一经染赌，就很容易上瘾。有的大学生在聚赌、参赌中异常活跃，次数多时间长，赌博成瘾，从而陷入赌博泥潭不能自拔。

5. 隐蔽性

有的学生赌博是以合法掩护非法、公开掩护秘密的手法进行。为了便于掩护，在表面上多表现为合法的娱乐活动，一般以学生宿舍为“据点”，少数窜到校外或在家中聚赌。有的学生为了逃避打击，经常流动赌博，今天在甲地，明天在乙地，或一天换几个地方；有的躲在较隐蔽的高楼深院，有的在田头地角、旷野荒山；更有甚者，派人站岗放哨，使用对讲机等，有组织、有计划地进行赌博。这类赌博活动具有隐蔽性，给打击带来一定困难。

（四）抵制和拒绝赌博的措施

抵制和拒绝参与赌博，必须做到如下几点。

1. 自觉遵守校纪校规，养成遵纪守法的良好习惯

据资料显示，大部分的大学生违法都是从违反学校的纪律开始。大学生应该从自身做起，严格要求自己的一言一行，严格遵守学校的规章制度，养成良好的行为习惯，不越雷池半步。

2. 丰富校园文化活动，调动大学生的积极性

大学是一个思想活跃的领地，是大学生发挥自己所长的场所，因此，要努力营造丰富多彩、充满生机和活力的大学生活。鼓励大学生多参加一些健康积极的文体活动，充实他们的业余生活，培养大学生高尚的情操，让他们在欢乐、融洽的大学氛围中形成进取精神、提升竞争能力。

3. 防微杜渐，分清娱乐和赌博的界限

很多赌博成瘾的人都是从“消遣”“带点刺激”等开始的，久而久之，胆子也壮了、胃口也大了，从而陷入赌博的泥潭。因此，为了预防赌博等违法犯罪行为的发生，大学生要坚决不参与赌博以及变相赌博的行为，不要让“千里之堤，毁于蚁穴”。

4. 树立远大理想，坚定思想防线不动摇

大学生要认真学习相关的法律法规知识，要从本质上认清赌博等违法犯罪行为的真正面目，并清醒地认识到赌博行为的严重后果，不要图一时之快，陷入不可挽

救的牢笼。大学生一定要做到头脑清醒、思想警惕，不要因为顾及朋友、同学的情面而参与赌博。如遇到他人相邀，应委婉拒绝或设法推脱，不要让自己陷入困境之中。

5. 抵制赌博，做好监督工作

除了要保证不让自己陷入赌博的泥潭外，还要关心同学，劝说或者制止他人参与赌博，如若不听劝告，必要时可向老师或有关部门报告，让赌博之风远离校园。

三、毒品，幻灭之物

（一）毒品的定义

毒品是指鸦片、海洛因、吗啡、大麻、可卡因、冰毒和摇头丸以及国家规定管制的其他能够使人形成瘾癖的麻醉药品和精神药品。吸食（包括注射）毒品或欺骗、容留、强迫他人吸食毒品，以及非法从事制造、贩卖、运输毒品的活动都是毒品违法犯罪活动。目前，吸毒、贩毒已成为全球性的社会公害，每个大学生都应严格防范，要充分认识其危害。

（二）毒品的种类

毒品的种类繁多，根据不同的标准有不同的划分方法。从毒品的自然属性来看，可以分为麻醉药品和精神药品；从毒品的来源来看，可以分为天然毒品、半合成毒品和合成毒品；从毒品对人体中枢神经的作用来看，可分为兴奋剂、抑制剂和致幻剂等；从毒品出现的时间来看，可分为传统毒品和新型毒品。

联合国麻醉药品委员会将毒品分为六大类：

（1）吗啡型药物，包括鸦片、吗啡、可卡因、海洛因和罂粟植物等，是最危险的毒品；

（2）可卡因、可卡叶；

（3）大麻；

（4）安非他明等人工合成兴奋剂；

（5）安眠镇静剂，包括巴比妥药物和甲喹酮；

（6）精神药物，即安定类药物。

世界卫生组织（WHO）将当成毒品使用的物质分成 8 大类：吗啡类、巴比妥类、酒精类、可卡因类、印度大麻类、苯丙胺类、柯特（KHAT）类和致幻剂类。目前毒品种类已达到 200 多种。

（三）相关法律规定

我国《刑法》第 348 条规定："非法持有鸦片一千克以上、海洛因或者甲基苯丙胺五十克以上或者其他毒品数量大的，处七年以上有期徒刑或者无期徒刑，并处罚金；非法持有鸦片二百克以上不满一千克、海洛因或者甲基苯丙胺十克以上不满五十克或者其他毒品数量较大的，处三年以下有期徒刑、拘役或者管制，并处罚金；情节严重的，处三年以上七年以下有期徒刑，并处罚金。"第 352 条规定："非法买卖、运输、携带、持有未经灭活的罂粟等毒品原植物种子或者幼苗，数量较大的，处三年以下有期徒刑、拘役或者管制，并处或者单处罚金。"第 353 条规定："引诱、教唆、欺骗他人吸食、注射毒品的，处三年以下有期徒刑、拘役或者管制，并处罚金；情节严重的，处三年以上七年以下有期徒刑，并处罚金。强迫他人吸食、注射毒品的，处三年以上十年以下有期徒刑，并处罚金。引诱、教唆、欺骗或者强迫未成年人吸食、注射毒品的，从重处罚。"第 354 条规定："容留他人吸食、注射毒品的，处三年以下有期徒刑、拘役或者管制，并处罚金。"

（四）远离毒品危害

1. 提高认识，远离毒品

（1）充分认识毒品违法犯罪活动的危害性，加强自身的学习和修养，培养高尚的情操和道德观念。

（2）积极参加文体活动，增强集体观念，培养广泛的学习兴趣，避免不良的生活方式。

（3）提高对毒品的防御能力，不要结交有吸毒恶习的朋友或听信他们的谎言。

（4）绝不可因好奇而尝试毒品，防止上瘾而难以自拔。

（5）一旦染上毒品，要主动向老师和学校报告，自觉接受学校、家庭以及社会有关部门的监督戒除及康复治疗。

2. 预防毒品的侵害

预防毒品的侵害应从社会、家庭、学校以及个人等多方面着手，缺一不可。

（1）社会预防。

1）建立全社会的心理预防机制。

2）建立高危人群和重点环境的专门预防机制。

3）建立、完善对吸毒人员的帮戒挽救机制。

4）建立高效、严厉的打击毒品犯罪的特殊打防机制。

5）建立、健全禁毒综合治理的统筹协作机制。

温馨提示：

千万不要

（1）千万不要因盲目猎奇而吸毒；

（2）千万不要因寻求刺激而吸毒；

（3）千万不要因贪图享受而吸毒；

（4）千万不要因消愁解闷而吸毒；

（5）千万不要轻信吸毒者的谎言；

（6）千万不要听信吸毒能治病的谬论；

（7）千万不要在吸毒场所多停留。

（2）家庭预防。

首先，要把反毒、防毒的教育作为家庭教育的重要内容，给予足够的重视。其次，要增强家庭反毒、防毒的社会责任感。最后，家庭要采取防范措施，达到保护其成员不受毒品侵害的目的。

总之，家庭预防是抵御毒品最普遍、最有效的第一道防线。家庭成员能及时发现和洞察其成员的吸毒苗头，并给予坚决制止。

（3）学校预防。

学校要认真贯彻“预防为主”的原则，育人、育才、育德并重。要在教学课程中把禁毒教育作为学生德育的重要内容常抓不懈，警钟长鸣，使学生时时处处自觉地加以防范。学校应将禁毒教育的责任落实到每一位任课教师和班主任。学校要高度注意对特殊学生的重点教育。学校要进一步建立良好的校纪、校风，使学生在优良传统、优良秩序、优美环境、优质教育中健康成长。特别需要强调的是，学校必须严格控制社会闲散人员入校，更要严防有吸毒劣迹的人入校，对学生必须严格执行请、销假制度。

（4）个人预防。

沾染毒品的诱因很多，预防吸毒的措施也很多，但归根结底，预防吸毒的关键还在于自己。“门户关得紧，苍蝇飞不进。”只有从我做起、从现在做起，自律自爱、珍惜生命、远离毒品，才能够切实保护自己不被毒品所害。个人预防吸毒，主要是不断提高自身的综合素质和能力，筑起抵御毒品侵袭的“铜墙铁壁”。

第二节 理性求职 防范陷阱

> 不患无位，患所以立；不患莫己知，求为可知也。
>
> ——《论语》

“劳动就业安全”是一个广义的概念，既包括劳动力在健康有序的劳动力市场上获得就业机会后工作的稳定性，也包括劳动力在不同就业机会中所能获得的个性发展程度、就业安全感，更包括劳动力就业时间内获得合理工资报酬、各种社会福利待遇、社会保险等内容，还包括劳动力失去劳动岗位以后生活得以保障的水平与程度。

劳动就业安全问题是关系劳动者基本生活能否得到保证的根本性问题，也是关系到经济发展过程中社会能否安定的根本性因素。剧烈的就业动荡不仅不利于社会经济的持续健康发展，更不利于劳动者整体生活水平持续稳定地提高，造成劳动者实际生活水平差距的不合理拉大，给社会增加更多不安定因素。

从广义上而言，大学生就业安全可以包括求职安全、生产安全和其他安全。[①] 求职安全涵盖大学生在毕业后寻找工作的过程中所面临的诸多安全问题；生产安全是指大学生在走上工作岗位之初，在工作过程中因个人安全意识薄弱、经验欠缺等原因所造成的安全方面的问题；其他安全，包括在就业过程中及就业后如人身、交通、消防、饮食、财产等其他方面的安全问题。大学生就业安全问题则指大学生在谋求能够满足自身生存和发展的职位过程中所面临的客观威胁和风险。随着时代的发展，就业形势愈加复杂多样，大学生就业安全的内容在横向上不断延伸、纵向上不断深入。

一、雾里看花　需具慧眼

（一）大学生就业安全现状

就业，是民生之本、财富之源。党的十九届五中全会强调，要强化就业优先政策，

① 蒲文庆．加强就业安全教育　确保学生安全就业．康定民族师范高等专科学校学报，2007（1）.

千方百计稳定和扩大就业，实现更加充分更高质量就业。习近平总书记强调，要把解决人民群众就业问题放在更加突出的位置，努力创造更多就业岗位，突出做好高校毕业生、退役军人、农民工和城镇困难人员等重点群体就业工作，把高校毕业生就业作为重中之重。2023 年大学毕业生就业形势更显复杂严峻。2023 年，我国高校应届毕业生 1 158 万人，同比增加 82 万人，再创历史新高。国家统计局 2023 年 5 月 16 日公布的数据显示，2023 年就业整体平稳但压力较大，青年人失业率仍然居高不下。近两年备受关注的互联网、金融、房地产、消费品等行业，新增应届生岗位平均降幅达三成多。创纪录的毕业生数量叠加青年失业等多方面影响，2023 年就业形势的复杂性、任务的艰巨性可想而知。

事实上，随着全国普通高校毕业生人数的逐年递增，大学生求职压力日益增加。大学生就业难已成为每年就业季公众热议的话题，且就业难致使大学生就业安全风险高频出现。现代社会快速发展，互联网技术广泛应用，求职机会与形式日益多样化，除了参加各级各类现场招聘会之外，网上求职逐步成为大学生求职的一种主要方式。2023 年 4 月 14 日召开的国务院常务会议提出，认真做好高校毕业生、农民工等重点群体就业服务，进一步稳定政策性岗位规模，多渠道拓宽就业空间。2023 年“春风行动”即就业援助月活动在全国举办各类招聘 5.8 万场，发布岗位 3 800 万个，有力促进农村劳动者和就业困难人员就业。

以上可见，大学生求职路径的信息化趋势愈发明显，但因此而带来的就业安全隐患同样需要引起重视。在复杂严峻的就业环境下，识别大学生就业安全陷阱，降低就业风险，加强相关教育，确保大学生就业安全已刻不容缓。

（二）常见就业陷阱

1.“互联网+”时代下的网络诈骗

随着信息化时代的到来，网络招聘成为诸多用人单位招聘的主要方式，网络求职已成为高校毕业生获取工作机会的主要手段之一。相关调查显示，在招聘形式上，有 68%的用人单位利用网络进行招聘，32%的用人单位采取传统招聘方式来招收员工。[①] 招聘网站可谓种类繁多，甚至还有许多招聘网站的“山寨版本”，信息让人难辨真伪，若网络监管不到位，则极易给一些不法分子创造可乘之机。

事实上，网络求职对于涉世未深的大学生而言是一把双刃剑。近年来，一些不法分子利用大学生社会经验不足、求职心切、防范意识薄弱、法律维权意识淡薄等特点，以各种方式进行诱骗，利用手机短信发布虚假招聘信息，或在网站上发布虚假招聘信息、

① 钟风云．网络招聘与大学生网络求职情况分析．黑河学刊，2020（1）.

设立虚假的某大型企业招聘网站，以向求职者索要手续费、押金等为名实施诈骗。此外，兼职陷阱、假实习陷阱等各种求职陷阱五花八门、层出不穷。

有调查表明，大部分学生一般不会核对就业信息的真实性，近六成学生在兼职或求职过程中因防范意识不强遇到过网络诈骗陷阱。其中，超过一半的学生表示因为不懂相关法律或者怕麻烦在遇到网络诈骗时选择忍气吞声。①

案例

"知名大网站"的假实习

大三下学期，赵晴的专业课基本修完，抱着"应该带着学到的知识走出校门去锻炼"的想法，她着手申请实习，在网上投简历，寻求人力资源管理相关岗位。

赵晴觉得投简历的时候自己很谨慎。她刻意选择了几家"知名大网站"，而且投的全部是网站认证过的公司，规模在100人以上。一些网站宣称，会对发布招聘信息的公司进行资格认证，公司通过上传营业执照等证件的扫描件获得认证。

投递了30余份简历后，赵晴接到一家文化公司的面试通知。她回忆，那家公司在"偏僻到不能再偏僻"的地方，周围没有指示牌，完全不像有一定规模的文化公司。为了保险起见，陪她同去的男友决定先扮成应聘者去了解情况。

赵晴从男友口中得知，那是一家类似夜总会的场所，里面很昏暗。面试他的是一个40多岁的浓妆女子，介绍说"工作的主要内容就是端茶、值班什么的，工资3 000元起，值夜班还能有补助"。

直到现在回想起来，赵晴还觉得后怕。她说自己听说过一些人在应聘或实习过程中被害的案件，"觉得自己已经很小心了，没想到还是会被骗"。回到宿舍后，她在网站上举报了这家公司，希望不再有人受骗。

2. 非法中介"空手套白狼"

大学生在就业择业时，有时会通过一些中介机构获取相关就业信息，而一些非法中介机构和个别披着合法外衣干着非法交易的中介机构，利用大学生求职经验不足、缺乏社会阅历、容易轻信于人的弱点，采取欺骗手段骗取报名费、介绍费等。他们大多以推荐面试为由收取报名费、介绍费。如果面试未被录用，则以种种理由推脱责任，归咎于大学生自身的原因，报名费、介绍费概不退还。即便有些介绍了工作单位，但用人单位的状况与大学生的实际求职需求相差较远，工作时间不长，就会以试用不合格为由将大

① 刘伟．就业安全教育视角下的职业指导探究．黑龙江教育学院学报，2016（8）．

学生辞退。另外，某些非法中介机构之间相互串通、相互掩护骗取中介费。当发现上当受骗后，大学生往往碍于面子，或慑于非法中介的淫威，或缺乏必要的证据，只能吃哑巴亏，最后不了了之。

案例

QQ群里的“黑中介”

暑假到来之前，正在读大二的陈海就盘算着趁着假期去打工，为以后出门旅游攒点钱。他通过一个QQ群找到了一个兼职的机会。“报酬合理，工作看起来也不会很辛苦，还能报销路费，挺划算”，陈海心动了。

由于大一时曾通过该QQ群找到一份兼职并拿到了报酬，陈海并未多想，就加了信息发布者为QQ好友。对方向他提供了一名吴姓男子的联系方式，称这是带队的中介人员。交了200元中介费后，陈海随一行人来到了一个工厂。到达目的地后，他们发现，很多情况和之前招聘时所说的并不一致。

首先，这是一家小工厂，工作岗位与之前的描述不同，有的岗位还需要上夜班，薪酬待遇与承诺的也有差距。最主要的是，工厂工作人员说，只需要4～5名兼职大学生即可，接收不了十几个人。这时，又一名自称中介的男子出现了，表示因为工厂的订单量出现了下滑，招聘计划有变。他声称会对此负责，除了退还每个人200元的中介费，还承诺会帮在场所有人找到兼职，并建议他们先住到邻近的小旅馆里。

过了两天，这名男子来到小旅馆称，已经找到新的工厂，但需要交300元保证金、200元培训费以及50元工装制服费用。在他们入厂之后保证金会如数返还。于是，陈海和其他人都交了钱。但没想到，被带到工业园后，这十几名大学生又遇到了和之前一样的情况：岗位不固定，报酬低，不能承诺所有人都留下。

经过漫长的交涉未果，大学生们选择了报警，陈海等十几名大学生最终要回了各自的550元以及一部分住宿费。

资料来源：郑文婷．找工作谨防误入歧途．人力资源，2017（9）．

3. 熟人骗你没商量

为了给孩子找工作，家长往往是找熟人帮忙，而熟人又会找自己的熟人帮忙，都是熟人，“托来托去”最终演变成了“拖来拖去”。北京海淀区检察院相关人士透露，就业、升学类诈骗中，95%左右发生在熟人之间。

案例

熟人牵线，被骗 7 万余元“请客铺路费”

2019 年 7 月 3 日下午，海南洋浦支队三都派出所接到辖区群众李先生报警，称自己托曾某帮外甥女花钱找工作不成，反被骗 7 万余元。接警后，该派出所民警高度重视，立即受理案件并展开调查工作。经查，嫌疑人曾某有犯罪前科，曾经因吸食毒品和盗窃电动车被公安机关刑事拘留，反侦查意识较强。民警经过调查走访、蹲点守候，多方寻找曾某，均未果。2020 年 10 月 24 日，在逃人员曾某在海口市秀英区某村口被海口警方抓获并移交至洋浦支队三都派出所。

据办案民警介绍，受害人李先生和自己的外甥女王女士在 2018 年 11 月因一次拍摄微电影认识曾某。李先生和曾某在闲聊的过程中，无意间向曾某透露出近期要给自己的外甥女找一份医院里面的工作。经过交流，曾某称自己经常为医院拍摄宣传片，认识医院里面很多领导，只需要花点钱“请客铺路”就行。就这样，李先生答应了曾某提出的条件。

2018 年 12 月 5 日，曾某以帮王女士找工作需要请客吃饭为由，要求李先生给他转账 1 500 元。12 月 9 日，曾某又以帮忙找工作为由要求李先生向他微信转账 2 500 元……就这样，在短短的三个月时间里，曾某以“请客铺路”等为由，要求李先生和王女士向他先后转账共计 22 次，转账金额累计达 7.3 万余元。其间，李先生多次给曾某打电话询问找工作的事情，但曾某以各种理由推诿，工作一直没有着落，李先生便不想让曾某继续帮忙，想把钱要回来。在此期间，曾某只退还了 1.5 万元。到 2020 年 7 月份，李先生和王女士觉得时间过去半年多了，工作还没有着落，便打电话给曾某，结果无人接听，发微信也没人回，此时他们才意识到自己被骗了，立即决定到派出所报警。

经民警逐一调查核实，曾某只是在做摄影工作的时候为某医院拍摄过宣传片，所谓的通过熟人认识领导给王女士找“关系”介绍工作无一属实。

4. 劳动合同不公平

大学生在签订就业协议或合同时，往往会遇到以下几种情况：一是口头承诺。用人单位并不签署书面协议或劳动合同，而是通过口头承诺的形式许诺就业者一些条件，但这种形式是没有法律约束力的，一旦两者之间发生矛盾，吃亏的往往是大学生。二是不平等合同，即“霸王合同”。三是就业协议代替劳动合同。其原因主要是用人单位想借助协议中的不合法规定约束大学生，达到违法用工的目的。

严峻的就业形势使部分大学毕业生在就业市场上处于弱势地位，不少大学生在就业时出于种种顾虑，对用人单位不签订合同的做法不去追究，对可能损害自己权益的条款不敢提出异议，甚至被迫接受用人单位提出的一些不平等条款。

案例

半年合同期有半年试用期

小于大学毕业后进入一家企业做文员，当时企业以毕业生缺乏经验为由，不与她签正式合约，小于只能以试用工的名义留下。小于无法享受正式合同工待遇，工资也以津贴名义每月只给500元。小于认真工作，从不请假，加班没有加班费也忍了，只希望尽快“转正”。半年后，企业总算和她签订了合同，可只签了半年。合同到期后，企业没有再和她续约。据悉，企业又看上了新一届毕业的大学生。

“这家单位的做法是违法的。”上海市人才服务中心人才交流部主任、人事专家戴德良介绍，根据《上海市劳动合同条例》规定，签订劳动合同期满一年以上有最多三个月的试用期，而且必须包括在劳动合同期内。签订半年合同期只能有一个月试用期。企业擅自延长试用期属无效。小于前半年在该用人单位工作，没有签订合同，却作为所谓“试用工”工作，属于用人单位的“霸王条款”，不符合《上海市劳动合同条例》的规定。小于前半年在该用人单位的工作属于事实用工，津贴500元也低于本市最低工资收入。因此，小于可要求该用人单位给予改正和补偿，如果该用人单位不答应，则可以提请人事劳动部门进行仲裁。

5. 在试用期上玩花样

试用期的薪水一般都较低，个别利欲熏心的用人单位利用试用期榨取廉价劳动力，或者不签订劳动合同，或者故意延长试用期限，或者提出一些不正当要求，在试用期内不为大学毕业生交纳相关保险，损害大学毕业生的利益。有些公司为了使用试用期内的廉价劳动力，抓住毕业生急于找工作的心理，先行试用，待试用期一过，再以种种理由辞退求职者，辞退后再招聘新的毕业生，再试用后辞退，如此反复，长期低成本占用廉价劳动力。

案例

偷换“试用期”概念

小罗是某大学的大四学生，她四处投简历找工作，不久她接到了一家小公司的电话，该公司表示，如果小罗可以在公司实习三个月并且表现得令人满意的话，双方就可以正式签约。小罗想，在求职的高峰期去实习的话，将错过不少其他求职机会，而且，如何定义“表现得令人满意”也存在很大的问题，于是就没有答应。小罗的同学小夏听说之后，觉得机会难得，于是就联系了这家公司。

在三个月的实习中，小夏一直在公司中忙项目、整理资料，十分认真。不过，三个月之后，公司并没有与小夏签约。后来，小夏才听说，这家公司只是这段时间工作比较多，需要她的帮忙，并没有打算正式与她签约。

6. 新型骗局，让人偿还不起

有的不法分子以求职大学生为主要对象，设下各种骗局，“求职贷”“美容整容贷”等新型骗局粉墨登场，为自控能力差、消费不理性、缺乏法律和金融常识的大学生设下陷阱，进而获取利益。

“求职贷”，又称“培训贷”，主要是指不法公司通过小额借款业务的形式让更多在校大学生在进入就业岗位前接受“岗前培训”，通过所谓的专业化的信贷服务中介公司直接进行小额借款。这些公司在面试时通常以大学生专业知识不足为由，要求大学生进行培训，趁机收取高额培训费用，并承诺提供在校大学生高薪就业岗位，同时提出助学培训费用及可以分期付款的学费优惠条件，打消大学生的消费顾虑，诱骗大学生向其提供身份证、银行卡等相关信息，然后与贷款受理机构进行暗箱操作，使大学生背负其难以承受的债务。[①]

“美容整容贷”是将整容与高额债务捆绑在一起，通过去头息、故意逾期等方式，设下连环套，使受害人由此落入债务陷阱，甚至沦为“套路贷”团伙长期赚钱的工具。尤其是在毕业季，不法分子会以面试官要求入职者“提升个人形象”为由，为求职大学生提供整容或美容机构，借此通过“佳丽贷”“整形贷”“零用贷”等形式提供贷款，让大学生陷入债务陷阱。

“求职贷”“美容整容贷”这样的新型求职陷阱导致刚刚走出校园步入社会的大学生还没有赢得人生的第一桶金，就陷入了高息贷款债务的旋涡中。

案例

31 名大学生求职遭“套路贷”：名下多了笔 19 800 元贷款

小王在一所大学读大四。为了勤工俭学，他加了许多兼职 QQ 群，靠兼职挣一些零用钱。

“2017 年 11 月，一个兼职群里有人发布消息称招人，去报到就能领 300 元奖励金。当时我和学校的其他 5 个同学也没多问就报了名。”小王说，“去了以后了解到对

① 胡晓琪．“求职贷”背后大学生就业保障机制的完善．现代企业，2020（1）．

方叫天诺学校，说要用我的身份信息冲业绩报个名，需要我们的身份证和银行卡，我们不用上课、不用培训，报名通过审核就能领300元奖励。”

“当时天诺学校称，贷款申请下来就给我们发现金奖励，而且这钱不用我们还，只是借用我们的身份办理助学贷款，贷款直接进他们学校账户，每个月天诺学校把钱通过微信转给我们，我们再还到网贷平台里。”

“每个月还款日前，天诺学校的工作人员会给我微信转账1 000元。”小王说，然后他把这钱用于还款。

小王的还款记录显示，2017年12月至2018年4月如期还款。“5月就开始不对劲了，到15日还款日的时候，我微信联系天诺学校的工作人员，可对方迟迟没给钱。我自己也没钱还，逾期后网贷平台开始每天给我打电话、发短信催我还款。因为申请贷款的时候，我留了家人和学校老师的联系方式，逾期的时候特别害怕网贷平台联系他们。”小王说。

5月22日，对方给小王转了钱，让他还了当月的分期以及逾期罚金。“6月15日又到还款日了，天诺学校的工作人员彻底联系不上了，我给他们的负责人打电话也不接，彻底失联了。”小王说，“如今6月的分期也发生了逾期，而网贷平台称这钱虽然进了天诺学校的账户，但贷款在我的名下，肯定得由我还。”

据小王讲，在2018年5月才明白自己陷入“套路贷”后，他想尽一切办法联系上了有同样遭遇的30名大学生。他们中有人甚至在多个平台申请了不止一次助学网贷，这钱也是全部进了天诺学校账户。

案例

“美容整容贷” 让你美得有负担

前不久，刚大学毕业的小吴通过某招聘网站到一家公司应聘，该公司面试官表示对小吴的学历、工作能力等方面均较为满意，但要求小吴在入职前必须“提升个人形象”。由于底薪颇丰，小吴为了不错过这个难得的工作机会，便采纳了面试官的意见。

该公司一男子表示他有一家比较熟悉的美容医院，不仅可以给小吴提供优惠，还能提供零抵押、零担保、低利息的贷款手术，并“贴心”地帮小吴联系贷款公司，没有多想的小吴来到这家医院进行了整形手术。然而，最终小吴不仅没找到工作，还背负了数万元的整容贷款。

资料来源：“美容整容贷”盯上求职大学生．中国质量万里行，2019（6）.

二、理性择业 安全防范

（一）大学生就业过程中上当受骗的原因

1. 就业压力大，求职心切

随着大学毕业生数量的不断增加，就业压力也随之不断加大，如何谋得一份好工作是大学毕业生“日思夜想”的问题。许多大学毕业生为找到一份好工作，广撒网，四处投递简历，收集就业信息，不论跟自己的意愿是否符合都要尝试一下，如此求职心切，为不法分子制造了大量可乘之机。

2. 安全防范意识淡薄

一些大学生安全防范意识淡薄，对可能发生的各种安全问题缺乏必要的重视和警惕，为自己的求职择业留下了种种隐患。

3. 社会经验缺乏

大学生没有经受过社会的历练，思想较为单纯，对社会中存在的一些不法行为缺乏理性的认识和分析。由于缺乏社会经验，自我防范能力就相对薄弱，对一些人、事、物缺乏分析思考的能力，容易上当受骗。

4. 大学生就业机制不健全

大学生就业机制的不健全、不规范势必会为不法分子营造可乘之机，加重了大学生就业择业过程中危险的砝码。

5. 学校就业指导工作开展不到位

目前高校已普遍开设就业指导课程，有的学校也设立了就业指导中心，但课程开设的效果及相关部门的职能有待进一步提升，维护学生权益、教会学生懂得用法律保护自己是相关职能部门及课程教学的任务。

（二）大学生就业安全防范的策略

1. 做好职业生涯规划，为就业奠定基础

上海就业促进中心调查发现，41%的大学生认为自己最大的就业困惑是缺乏明确的求职目标和规划。对大学生来说，确立人生的追求目标，选定适合自己的职业方向，有助于树立起价值判断的坐标系，理性分析所应聘的职位是否与自己的职业发展目标、人生规划相一致，从而不被世俗潮流蒙蔽，识别就业陷阱破绽，规避法律风险。

2. 客观评估自身能力，明确择业标准

定位不准是大学生在就业中上当受骗的一个重要原因。大学生在就业时一定要客观评估自身能力，保持头脑冷静、心态平和，为自己设定一个心理底线，要明白求职实际上是在为自己寻找一个奉献才华、收获成长的平台，要把用人单位的发展和自己将要做的工作放在首位，而将利益放于次位，这样才能客观地审视就业风险。

3. 确保招聘信息来源可靠，多种途径了解用人单位背景

大学生求职，最好选择由学校或当地教育、人事、劳动等政府部门举办的专场招聘会或网上招聘会，这些专场招聘会发布的招聘信息可靠性强。

4. 对个人信息做必要保留

针对一些不法分子利用大学生的个人求职信息进行违法犯罪活动越来越多的现象，大学生在就业过程中应提高自我保护意识，不轻易公开个人的重要信息。比如，不要随意把个人资料毫无保留地公开于各大招聘网站，在投送简历时，不要心存“撒大网捞小鱼”的心理，而应有目的、有针对性地投送；在招聘会现场，不要轻易在展位上留下所有的求职材料，只有当招聘人员对你表露出一定的兴趣时，才可适时地留下你的简历，但也不要一次提交大量材料，比如身份证复印件、家庭地址等，以避免泄露隐私，产生安全隐患。

5. 慎重签订就业协议和劳动合同

大学生在毕业前不属于我国劳动法规定的劳动者的范畴，为避免产生就业法律风险，在双向选择中求职初步成功后，应依据相关规定，与用人单位、学校签订一式三份的就业协议。毕业后，学校脱离出三方关系，大学生进入用人单位后即为劳动者。到单位试用之前，应依据《劳动法》规定，与用人单位签订一份劳动合同，就业协议则自行终止。就业协议和劳动合同是两个不同的概念，前者不能替代后者。

6. 政府进一步规范大学生就业市场

党的二十大报告指出：“就业是最基本的民生。强化就业优先政策，健全就业促进机制，促进高质量充分就业”，要“健全劳动法律法规，完善劳动关系协商协调机制，完善劳动者权益保障制度，加强灵活就业和新就业形态劳动者权益保障”。政府应进一步规范大学生就业市场，为大学生就业营造安全的外部环境。对不法分子进行严厉惩处和制裁，严厉打击就业市场中的不法行为，促进人才市场机制的合法化、正常化、健康化。

7. 高校进一步加强大学生就业安全防范教育

各高校首先应从态度上加以重视，建立就业安全防范教育体系，确立安全教育在正常教学中的地位；建立健全就业安全相关制度，为大学生就业提供支撑，帮助大学生排

除就业中的疑惑；加强大学生就业相关法律教育，增强大学生运用法律进行自我保护的意识。

第三节 远离传销 护人护己

富与贵，是人之所欲也，不以其道得之，不处也；贫与贱，是人之所恶也，不以其道得之，不去也。

——《论语》

一、追踪溯源 识破真相

（一）传销的起源

传销一词源于英文“multi-level marketing”，直译为“多层次营销”，又称为“金字塔营销”（pyramid selling），起源于美国，进而传至亚洲和欧洲，传销在日本和我国台湾地区被称为“老鼠会”，在我国香港地区和东南亚被称为“猎人头”，在欧洲其他国家被称为“滚雪球系统”。

自20世纪90年代伊始，传销进入我国并得以迅速发展。1990年，美国雅芳公司在广州注册开业，主要采用金字塔式营销设置骗局，目的在于骗取钱财，而非推销商品。1998年4月，国务院发出《关于禁止传销经营活动的通知》，明令对所有传销和变相传销活动予以禁止和严厉打击。传销自进入中国以来，对我国的经济社会生活产生了巨大的危害。

（二）传销的本质

我们可以通过我国《禁止传销条例》的相关规定（见表9-1）来认识传销的本质。

表9-1 《禁止传销条例》对传销的概念及传销行为的规定

传销的概念	指组织者或者经营者发展人员，通过对被发展人员以其直接或者间接发展的人员数量或者销售业绩为依据计算和给付报酬，或者要求被发展人员以交纳一定费用为条件取得加入资格等方式牟取非法利益，扰乱经济秩序，影响社会稳定的行为

续表

传销行为	组织者或者经营者通过发展人员，要求被发展人员发展其他人员加入，对发展的人员以其直接或者间接滚动发展的人员数量为依据计算和给付报酬（包括物质奖励和其他经济利益，下同），牟取非法利益的
	组织者或者经营者通过发展人员，要求被发展人员交纳费用或者以认购商品等方式变相交纳费用，取得加入或者发展其他人员加入的资格，牟取非法利益的
	组织者或者经营者通过发展人员，要求被发展人员发展其他人员加入，形成上下线关系，并以下线的销售业绩为依据计算和给付上线报酬，牟取非法利益的

（三）大学生非法传销

2010 年 8 月，南京查获全国最大一起大学生传销案，涉及 33 所高校的 834 名大学生；2014 年，陕西省西安市在一次专项行动中抓获 400 余名传销人员，清理多处传销窝点。后经警方调查发现，其中约有四成为大学生。2015 年 8 月，南京浦口端掉一传销窝点，涉案 700 多人，其中大学生将近 350 人。[①] 2016 年 12 月，江苏南京查办一个传销组织，成员平均年龄 20 多岁，其中大部分都是本科学历，传销团伙的老板刚刚硕士毕业，3 名下线均是本科以上学历，其中有一名还是在读博士。2017 年，东北某大学求职大学生李某星被骗加入传销组织，最终付出了生命的代价……

从上文提到的传销案件中不难发现，大学生在传销活动中所占比例居高不下。2007 年 7 月，教育部、公安部、国家工商行政管理总局联合发布《关于开展防止传销进校园工作的通知》，表明了社会及国家对此类案件的重视程度。2017 年 8 月 10 日，国家工商总局、教育部、公安部、人力资源和社会保障部联合下发《关于开展以“招聘、介绍工作”为名从事传销活动专项整治工作的通知》，严厉打击、依法取缔传销组织，加强对重点招聘平台的排查，重点做好大学生和求职人群的教育引导工作，严厉打击打着“创业、就业”的幌子，以“招聘”“介绍工作”为名欺骗在校学生参与传销、限制学生人身自由的传销组织；集中力量查处诱骗学生参与传销的大案、要案，严惩组织者和骨干分子，摧毁传销网络；依法查处直销企业违规招募在校学生的行为。

传销屡禁不止、禁而不绝、花样百出、变幻多端，需要当代大学生擦亮双眼，识其本质、辨其真伪、拒绝诱惑、保持警惕、远离传销。

（四）非法传销活动的特点

1. 非法传销的共性

（1）欺骗性。

假借专卖、代理、特许加盟经营和以经济利益、直销、连锁、网络销售等名义，进

① 欧邵东．传销重点瞄准大学生，需谨防落入感情陷阱．中国防伪报道，2015（9）．

行非法传销或变相传销活动；以双赢利、框架营销、滚动促销等形式和以经济利益、快速致富或高额回报为诱饵进行传销；采用会员卡、储蓄卡、职业培训等手段，骗取加入者的高额入会费、加盟费和培训费；花样翻新，变化传销方式，将其传销活动说成是“科学消费联盟”“互动式科学营销”等，使用现代词汇加以伪装，蛊惑性、迷惑性极强，甚至实施精神控制；形式灵活多变，理论冠冕堂皇，培训切中人性弱点，使很多群众长期陷入其中。

（2）严密性。

非法传销活动组织严密、等级分明、纪律严明、要求严格。首先，从大到小，依次分为代理商（A级）、代理员（B级）、培训员（C级）、推广员（D级）、会员（E级）等五级。其次，纪律严明，控制加入者的人身自由，使其与世隔绝，做到“四不准”，即不准与新朋友接触、不准看电视、不准下饭店、不准向外人泄露内部真相。再次，要求传销人员在发展新会员时穿戴整齐，给别人一种搞传销非常发财的假象。最后，一些非法传销组织把传销人员组成若干个“家庭”，实行“家长制”管理，集体居住、集体吃饭；下线人员电话邀约亲友时必须接受监听，单独活动时必须由“家长”派员随从；“家庭成员”间以代号相称，不称呼名姓。

（3）隐蔽性。

非法传销主体以空壳公司和皮包公司居多，参与非法传销和变相传销的人员背景也具有多样性。传销人员通常采取小规模、多点聚集的办法，隐瞒真实身份，有的传销人员还办理了临时居住证和劳动就业证，以应付检查和打击。讲课点与住宿分离，组织头目以电话遥控指挥、单线联系、人财分离、分散居住、行动诡秘。现在，非法传销组织往往采取现代化、高科技手段，通过电话、电子邮件、互联网进行欺诈活动，上线基本不露面，给执法机关的侦破带来了很大难度。

（4）反动性。

非法传销组织对其成员采取精神控制方式，比如通过培训、唱歌、背纪律条文、蹦迪、舞会等形式，对传销参与者“洗脑”，不断灌输传销理论，统一思想；积极吸收大中专毕业生、年轻学生等高素质、高学历人员，不断壮大力量；有的带有“黑社会性质”，寻找当地一些地头蛇担任中层管理人员，采取威逼诱惑等胁迫手段，限制传销参与者的人身自由，勒令他们群居群宿，开展“传人”活动；公然对抗执法部门，甚至不惜暴力抗法。凡此种种，反政府、反社会、反人类迹象明显。

（5）群体性。

随着执法机关打击力度的加大，当前的传销活动大多打着合伙做生意、帮助介绍工作、高收入、高回报等旗号，千方百计诱惑自己的亲朋好友加入组织，收取“人头费”，被骗者再以同样手段骗取他人，由此形成一个“相互诈骗群体”。

2. 大学生非法传销的特性

非法传销活动除具有以上共性外，蔓延至高校后又体现出“校园特征”。

（1）高年级学生所占比例较大。

相关研究调查证明，高校参与非法传销活动的学生中，“以大三、大四学生居多”，“误入传销的低年级新生也占了一定比重”。在就业压力倍增的时期，大学生就业面临诸多问题，为了寻找工作机会，大学生往往放松了戒备，极易被“天上掉下来的馅饼”击中并“陶醉”其中。

（2）家境不好的学生所占比例较大。

《东莞时报》曾报道一则《传销窝点网上专“招”大学生 上当者家境都不太好》的消息，指出参与传销活动的 9 名年轻人都是大学毕业或是在校大学生，他们的家庭状况都不是很好。此类学生挣钱的欲望较强，加之社会经验较少、涉世不深，在利益的驱动下更易于陷入传销组织。

二、失信寡义　坑人害己

“潜伏”于校园的传销对大学生的危害已经远远超出了诈骗钱财本身，其严重影响了大学生的学业和身心健康，破坏了学校和社会秩序，对个人发展、学校管理、家庭和谐、社会稳定均造成了冲击。一言以蔽之，传销——失信寡义，坑人害己。

（一）对社会及家庭的危害

传销和变相传销不仅严重扰乱正常的市场经济秩序，而且还严重危害到社会稳定，对商业诚信体系和社会伦理道德体系也造成了巨大破坏。

1. 扰乱市场经济秩序

传销分子多对传销产品的质量、用途、效果作虚假或让人误解的宣传。传销和变相传销违法活动往往伴随着偷税漏税、制假售假、走私贩私、非法集资、非法买卖外汇等大量违法行为，不仅违反国家禁止传销和变相传销的规定，还违反了税收、消费者保护、市场监督管理、金融、外汇管理等多方面法律规定。

2. 损害消费者的利益

目前传销产品价格远远高于市场同类产品零售价格，严重违背价值规律，损害了消费者的利益。传销以欺骗为直接手段，造成社会信任危机。

3. 破坏道德和伦理

传销突破了道德和法制约束，危害人的思想信念基础。传销组织的“洗脑”，让人不以欺骗为辱、反以为荣。传销培训出了不受道德约束的成员，即便组织被取缔，不再从事传销，这些成员也已经没有正常人做不道德事时的内疚感，变得极端自私、唯利是图。这样的社会成员如果达到一定规模，将会影响社会稳定。

4. 危害社会和家庭的安定

有很多传销活动参与者是被亲戚朋友以介绍工作为名，骗到外地。这种不择手段的欺诈方法，导致人们之间信任度严重下降，引发亲友反目，甚至家破人亡。很多传销参与者血本无归，一些人员流落异地、生活悲惨，还有一部分人员参与偷盗、抢劫、械斗等违法活动，给人民生命财产安全和社会稳定造成严重侵害。

（二）对大学生及学校的危害

1. 造成财物的损失

据媒体报道：大学生小陈想利用假期时间打工赚点钱，在上网找工作时遇到了一位“白富美”想跟自己处对象，结果小陈不但为过年所准备的 2 000 块钱被“白富美”骗走，而且身陷传销窝点，连过年都没能回到家中。现实生活中，如小陈一样的大学生并不少，大学生陷入传销组织后，直接带来的第一个危害就是自身财物的损失。将“新成员”的财物、手机、身份证等“统一保管”往往是传销活动开始的第一环节，借此限制其人身自由，促使其听从传销组织的安排。

2. 危害身心健康

刚走出校门的大学生李某、贾某和刘某在找工作时，被传销组织骗至外地。刚开始他们还激烈反抗，但经过传销人员的不断“洗脑”，最终被同化，并以玩耍为由，骗其他同学加入传销组织。媒体报道的一起案件中，某传销组织的 5 名高管均为大学本科毕业生，他们通过网络招聘被人以高薪职位为诱饵骗入传销组织，但由于法律意识的淡薄和对金钱利益的渴望，他们打消了反抗的念头，进而慢慢妥协，并利用熟悉经济知识和网络知识的优势，在传销组织中发挥骨干和带动作用，以相同方法诱骗其他求职者，一心壮大传销“事业”。类似这样的传销案件层出不穷。

传销组织通过“洗脑”课程、“励志”培训等多种方式对参与成员进行精神上的控制，并辅以人身控制等方式逼迫他人就范。传销组织向参与人员传达的是极端自私和唯利是图的观念，进而扭曲参与人员的人生观和价值观，严重危害其身心健康。

3. 危及正常的人际交往

传销的基本方式就是“杀熟”，从身边亲人、朋友入手，是传销最常采用的途径。警方曾查获一个传销团伙，其中 30 多人竟然都是亲戚关系。还有一家人，先是父亲骗儿子加入，儿子又把母亲骗来入伙，然后是叔叔、舅舅等。此外，一项调查显示，在一个大学生组织的100人左右的传销组织中，“有相当数量的成员是他的校友，或者一个大学城内的其他学生”。长此以往，人与人之间的信任将消失殆尽，正常的人际关系和社会诚信将荡然无存。

4. 扰乱学校正常的教学秩序与管理

大学生被骗入传销组织，不仅自身受到了伤害，也给学校的管理和正常的教学秩序带来了困扰。在一起传销案件中，大学生李某谈到，他知道被骗后也曾想过离开，但又有些不甘心，觉得很没面子：“自己是大学生，承载了一家人全部的希望，却被别人骗了，实在没有颜面回家。”为了尽快挣到钱，在其他人的威逼利诱下，他很快又把自己的两个同乡骗来。传销组织正是借助这种不断发展下线的方式不劳而获，参与传销的大学生很多与李某一样“不甘心”“好面子”，为了实现“一夜暴富”的梦想，不择手段地发展下线，宣扬传销的理念。这些做法无疑对学校正常的教学秩序和管理造成了负面的影响和干扰。

三、禁而不止 变化多端

尽管有关禁止传销的国家文件和法律早已通过并实施，且查处了大批传销案件，但非法传销这一违法行为至今“禁而不止”。随着互联网科技的发展，除却原有的线下传统方式，传销活动也搭上了时代列车，利用各种网站、手机软件巧立名目，披上了崭新的“外衣”，以更快的速度、更隐蔽的方式进行，让更多的受害者在毫无防备下陷入传销骗局。

（一）网络传销登上时代舞台

网络传销是基于互联网的新型传销犯罪形式，是指经营者以网络为平台，以暴利为诱饵，由上线发展下线，以下线交纳费用或发展下线数量作为给付报酬的依据，从而达到非法牟利的行为。网络传销犯罪是传销犯罪的一种网络化发展，其本质上也是一种传销犯罪行为。[①] 网络传销更具隐蔽性、欺骗性。

2020年2月27日，山东省莱州市人民检察院对外披露了一起网络游戏传销案的起诉书。其中犯罪人员主要是利用《天宫之城》这一网络游戏谋取利益。与之相似的重庆市江津区人民检察院办理的《魔幻农庄》新型特大网络传销案，同样是打着“游戏理财”的幌子骗取钱财。

近年来，网络传销在我国发展迅速，参与人数不断增多，辐射范围不断扩大。此类传销方式利用了网络的虚拟性、快捷性和成本低廉，相对于传统的传销方式而言，对社

① 郭朋．我国网络传销犯罪及其防控对策研究．北京：中国人民公安大学，2019.

会的危害将更大、危及面将更广。

（二）空手套白狼

资本运作、股权投资、电子商务等是传销的新型模式。这些模式让传统的传销产品穿上了“隐身衣”，利用根本不存在的投资项目设置骗局，诱人深入，骗取钱财，属于典型的空手套白狼。

（三）“披着羊皮的狼”

借助多种手段，假借诸多名义，改头换面，改弦易辙，辅以“时尚”辞藻，“变脸”传销犹如“披着羊皮的狼”让人难辨真伪，被轻易诱入其中。据媒体报道，某地公安局破获了一起以“全球爱心基金会”为名的传销活动案件，涉案金额达200余万元，抓获犯罪嫌疑人3名。除“爱心基金”这一名号外，“一日游”“新婚传销”“老乡会”“同学会”等传销模式层数不穷，花样众多，使上当受骗者日益增多。

案例

“1040阳光工程”

贺某，26岁，是一位名牌大学研究生，也是昔日的大学生创业明星，曾采用独创的技术使得果园里的害虫果蝇的数量减少80%以上，获得中国大学生自强之星提名奖。但现在却以传销头目的身份被羁押在看守所里。

贺某的堕落从身陷传销组织开始，他加入了一个名为“1040阳光工程”的传销组织。贺某交代说：“利用三年左右的时间可以拿到1 040万元，就是一个最简单的方式：拉人过来，每个人交69 800元，汇集到这个资金池里。”两年时间，他凭借大学生创业明星的影响力，迅速上位，跻身传销组织老总的位置。

据检方调查，这个组织的加盟手法是以69 800元作为加盟费用，加入之后可以发展3个下线，随后下线再发展下线。当累计份额达到600份的时候，就可以当上老总。当老总的时候就意味着可以每个月拿工资，等拿到1 040万元的时候，资本运作就完成了。

据贺某交代，他身陷这个组织后，随着业务的拓展，不能自拔。他发展了120个下线，这些人直接和自己的收入挂钩。

“1040阳光工程”被公安部确认为非法组织，主要涉案人员22人，20人都是“90后”，大部分成员都是有本科以上学历的年轻人，还有1名博士。贺某直接发展的3名下线目前都是各有29名下线的“骨干”人物。3人均是本科及以上学历，其中1人是博士在读。

资料来源：扬子晚报，2017-08-02.

四、远离传销　防患未然

非法传销如“百足之虫，死而不僵”，蠹国殃民，祸害四方。大学生作为社会发展的栋梁，应防患未然，远离传销。

（一）大学生频频陷入传销泥潭的原因

一定的行为决策总是受到决策主体自身内在要求及周边环境的影响而实施的。大学生频频陷入传销泥潭既有内在原因也有外在因素。

1. 利益驱动

从大学生自身角度看，他们社会接触面不广，往往急功近利，对生活的期望值过高，很容易被那些宣称能暴富的传销组织“洗脑”，上当受骗。同时，陷入传销组织的大学生大多家庭条件不好，一旦被骗，无法索回交出的钱，但又想挽回损失，于是越陷越深，不能自拔。

2. 心理因素

传销组织者所选择的口号带有一定的迷惑性，如传统式的“吃得苦中苦，方为人上人”，现代式的“放下面子创业”，对人有一定的暗示性和催眠作用。而从心理层面看，大学生正处于精力充沛、充满梦想和渴望行动的年龄，传销组织者编织的奋斗神话也很容易打动他们的心灵。

很多陷入传销组织的大学生性格比较内向，不爱说话，朋友少，容易相信别人。人都有一种被社会承认、被他人关爱的需求。在学校里，部分大学生的这种需求被忽视了，他们缺乏亲情、友情的互动。他们被传销组织中的“平等”“互爱”等虚假的表象所迷惑。在传销组织中，大家组成“家庭”，一起睡地铺，一起捡菜叶，一起分享感受，从而对传销集体产生心理依赖。在学校，他们没有成就感，而在传销组织中，他们产生了成功与被人尊重的幻觉。

3. 群体暗示和从众效应

在传销组织中一个人讲得再荒唐，几个人在一起谈就不觉得荒唐；如果大家都被欺骗，反而不觉得被欺骗。在群体暗示中，文化水平高的人更容易受到暗示，这是由于他们的求知欲和好奇心更为强烈的缘故。

4. 学校管理层面存在问题

大学纷纷在后勤、教学领域启动改革，一系列的问题也伴随而生。比如，学校实行学分制，大家各选各的课，一个宿舍、一个班的同学可能各有各的课堂。有的同学身陷传销组织，很长时间见不到人影，周围的同学也不觉得奇怪，学校管理部门也难以发现。

5. 传销组织强大的控制力

大学生一旦进入传销组织，身份证、现金、通信工具等都被收上去，组织天天进行“洗脑”，编造的谎言迎合了社会阅历浅、叛逆心理强的大学生们的完美幻想，让他们不由得不信那些天花乱坠的说法。一旦信了，他会反过来再骗其他同学。

（二）防范对策

非法传销的魔爪已伸向校园，防范大学生参与传销活动刻不容缓，应增强大学生自身的防范意识，发挥社会、学校、家庭的三方合力，帮助学生远离传销。

1. 个人——加强防范，防患未然

首先，大学生要树立正确的人生观和价值观。传销是一个迷失自我的过程，是被利益诱惑的过程。大学生应增强自身防范传销的自制力、抵御利益诱惑的意志品质和自我调控能力，提高防范传销的辨别意识和批判能力。其次，认清传销本质，进而增强自身对传销活动的免疫力，通过多种途径把握“变脸”传销的主要特征，在传销面前，不狂热、不迷失，不为传销组织引诱和利用。最后，积极开展自我教育，提高自身辨别能力，保护自己远离传销。

2. 学校——加强教育，引领在先

学校是传播真理和正能量的地方，为抵制传销、预防大学生陷入传销陷阱提供有力保障。首先，学校应通过课堂、讲座等多种途径对传销的本质、危害等进行宣讲，促使大学生认清传销的“庐山真面目”。其次，学校应加强校园安全建设与防护，防范传销入侵校园这一方净土，为学生的学习、成长与发展提供外部保障。

3. 家长——言传身教，扶邪归正

家庭是孩子生活生存的基础，父母正确的言传身教为孩子的发展提供了前提条件。为确保孩子的健康发展，家长应与学校保持密切联系，时刻关注孩子的在校情况，与孩子有效沟通，为孩子的发展保驾护航。面对孩子的偏差行为，要在正面引导的同时，辅以必要的教育手段，协助孩子走上人生的正途。

4. 社会——严厉打击，斩草除根

社会应承担起相应的责任，加大打击传销的力度，为大学生的未来发展营造良好的社会大环境；加大对传销危害的宣传力度，维护校园这一方面净土；加强打击传销活动相关立法工作，做到所有行动有法可依，借助多方联动的有效机制从根本上严打传销，取缔非法传销。

课后训练与活动

1. 思考题

（1）大学生性犯罪的预防主要包括哪些方面？

（2）预防毒品的措施有哪些？

（3）大学生就业过程中常见的就业陷阱有哪些？

（4）大学生就业过程中上当受骗的原因有哪几个方面？

（5）大学生就业安全防范策略主要包括哪些？

（6）非法传销有哪些特点？

（7）目前非法传销常见方式有哪些？

（8）分析大学生频频陷入非法传销的原因。

2. 活动与训练

（1）情景假设：一个相聊甚欢未曾谋面的网友想约你见面，你应该做好哪些方面的防范？

（2）小组研讨：在借助网络找工作时应如何辨别网上信息的真伪？

（3）情景模拟：误入非法传销组织后应如何寻找机会脱身？

第十章

人民幸福安康　防灾减灾护航

知识结构（思维导图）

- 人民幸福安康　防灾减灾护航
  - 起居有常　饮食有度
    - 起居有常
    - 饮食有度
  - 防灾减灾　国泰民安
    - 气象灾害　理智面对
    - 地质灾害　机智应对
  - 生物灾害　防控为主
    - 对外来物种　要慎之又慎
    - 传染性疾病　以防护为主

学习目标

1. 了解起居有常、饮食有度的基本知识；了解气象灾害和地质灾害的基本知识。
2. 理解起居失常、饮食失度带来的健康风险；理解气象灾害和地质灾害带来的危害。
3. 掌握起居有常、饮食有度的常识；掌握气象灾害和地质灾害的预防常识和应急逃生常识。
4. 培养良好的生活习惯，能为社会健康工作50年。
5. 树立文化自信，掌握中华优秀传统文化中关于身心健康的理念。
6. 掌握日常传染性疾病自我防护常识，为自己的健康负责。

五福是古代中国民间关于幸福观的五条标准，《尚书》上所记载的五福是“一曰寿，二曰富，三曰康宁，四曰攸好德，五曰考终命”，即幸福的要素是长寿、富足、健康平安、爱好美德、寿终正寝，这五福仍是当今人们对于幸福的追求目标。身体是革命的本钱，保证身体的健康和安全，同样是大学生安全教育的重要内容。

自然灾害是人类依赖的自然界中所发生的异常现象，它常常造成人员伤亡、财产损失、社会失稳、资源破坏等。自然灾害防不胜防，不可抗拒，对人类社会所造成的危害往往是触目惊心的。我们无法免除自然灾害对人类的影响，只能在了解它的基础上，将损失降到最低，通过防灾减灾，为人民的幸福安康护航。本章重点向大家介绍气象灾害和地质灾害的应对策略，以及传染性疾病的自我防护常识。

第一节　起居有常　饮食有度

法于阴阳，和于术数，食饮有节，起居有常，不妄作劳。

——《黄帝内经》

一、起居有常

（一）起居有常的重要性

人类觉醒与睡眠活动和昼夜交替周期相一致，在人类的漫长进化历程中，这种觉醒与睡眠的交替规律已经内化为人体“生物钟”的内在控制。生物钟的紊乱会带来一系列的健康问题，严重威胁人类的生命安全。好好睡觉、好好吃饭，才能好好生活、好好学习和工作。

教育先行，预防为主，大学生的日常生活方式和大学生的身心健康密切相关。因此非常有必要让大学生了解健康的生活方式，以确保身体健康。健康的身体、良好的习性和心态，是当今大学生亟待学习的生活态度，是生活幸福的保障。

（二）起居有常的主要内容

中国文化特别强调人与大自然的和谐相处，人是大自然的一分子，人体也有自己的生理规律。中国文化认为一年有四季，春生、夏长、秋收、冬藏。一天 24 小时也对应着春夏秋冬四季：凌晨 3 点到 9 点是春季，上午 9 点到下午 3 点是夏季，下午 3 点到晚上 9 点是秋季，晚上 9 点到凌晨 3 点是冬季。

一天十二时辰中人体的生物节律见表 10 - 1。

表 10 - 1　一天十二时辰中人体的生物节律表

古代时辰	现代时间	十二经络	人体生物节律
子时	23:00—1:00	胆经当令	睡觉
丑时	1:00—3:00	肝经当令	养肝血

续表

古代时辰	现代时间	十二经络	人体生物节律
寅时	3:00—5:00	肺经当令	肃降
卯时	5:00—7:00	大肠经当令	大便
辰时	7:00—9:00	胃经当令	吃早饭
巳时	9:00—11:00	脾经当令	如蛇运化
午时	11:00—13:00	心经当令	小睡片刻
未时	13:00—15:00	小肠经当令	吸收精华
申时	15:00—17:00	膀胱经当令	学习
酉时	17:00—19:00	肾经当令	肾最重要
戌时	19:00—21:00	心包经当令	心情愉悦
亥时	21:00—23:00	三焦经当令	阴阳交合

资料来源：曲黎敏．黄帝内经：养生智慧．南京：江苏人民出版社，2010.

（三）起居失常的危害

1. 熬夜是一种“致癌物”

2017年的诺贝尔生物学/医学奖颁给了3位美国科学家，他们研究的是“控制昼夜节律的分子机制”，对其研究成果最接地气的解释就是——不要熬夜。

早在2007年，国际癌症研究机构（IARC）已经把“熬夜倒班”定义为2A类致癌因素，即“很可能致癌”，和大家熟悉的红肉、滚烫饮品等因素属于同一个类别。

曾有多个关于生物钟和患癌概率的研究发现不规律作息会增加患癌风险。比如有两项大规模的独立研究都发现，经常需要值夜班的护士，得乳腺癌的概率比普通人群更高。另一项研究发现，经常需要倒时差的空姐，得乳腺癌的概率也有所提高。除此之外，类似的研究还有很多。

总之，目前有很多研究发现，经常熬夜能增加发病风险的癌症很多，包括：乳腺癌、肺癌、结直肠癌、前列腺癌、胰腺癌、肝癌、白血病、淋巴瘤、卵巢癌……几乎涵盖了所有癌症类型。不仅如此，还有研究发现，生物钟紊乱除了增加患癌概率，还会让癌症变得更恶劣，耐药性更强，患者寿命更短。

2. 和癌症有关的环境因素和生活方式

与癌症高度相关的十大因素主要是：

（1）吸烟。

现代医学发现，约有90%的肺癌，75%的支气管炎和冠心病，25%的食道癌、口腔癌、喉癌、肝癌及心血管疾病都是吸烟直接引发的。同时，吸烟也使药物效用明显降低。烟民在吸烟的过程中可以吸入约40种致癌物质，这些致癌毒素被深深地吸入包括肺部的人体多个部位，随之再从肺部进入血液循环系统传入机体的其他部位。由于每吸一支烟都是重复这一过程，因此，多年吸烟必然致病。

吸烟引发的疾病主要有：肺癌、胃癌、肝癌、口腔癌、膀胱癌、喉癌、颌窦癌、冠心病、脉管炎、心肌梗死、慢性咽炎、白血病、糖尿病、脑栓塞、牙疾、眼病、耳聋、腰痛、中风等。

（2）饮酒。

值得注意的是，不管什么样的酒其本质上都是致癌因素。酒精本身是无害的，但是酒精的代谢产物乙醛是有害的。酒精，化学学名叫乙醇，进入体内以后脱氢酶变成乙醛，之后乙醛脱氢酶，变成乙酸，完成代谢。乙酸也是没有毒性的。但是作为代谢中间产物的乙醛是一种明确导致DNA突变的化合物。

（3）缺乏运动。

缺乏运动也是致癌原因，运动是非常好的防癌手段。研究发现，长期运动的人在十几个种类的癌症患病率均低于平均水平。比较合适的运动量是多少呢？每周平均进行3～4个小时的休闲型运动。这个其实不难做到，每天大概半个小时，可以快走，也可以慢跑，也可以跳广场舞。坚持这样做下来，肯定是有好处的。

（4）“趁热吃”。

患食管癌的主要原因是喜欢吃烫的东西。有个恶习叫“趁热吃”，这是一个非常糟糕的习惯，现在世界卫生组织已经把温度在65℃以上的食品定义为致癌物。

（5）缺乏膳食纤维。

需要避免饮食里面缺少纤维等，饮食结构不均衡是结直肠癌的致癌因素。欧美国家的结直肠癌患病率比中国高很多，原因就在于其不健康的饮食结构。

（6）慢性炎症。

慢性炎症也是致癌因素之一。很多慢性炎症和癌症都有关系。乙肝病毒之所以会导致肝癌，原因就在于它在肝脏局部造成了慢性炎症，使肝部慢慢地被损害。

（7）辐射。

辐射同样是致癌原因之一。辐射会影响人体循环系统、免疫系统和生殖系统，能诱发癌症，并加速癌细胞的增殖。

（8）感染。

HIV（人类免疫缺陷病毒，又称艾滋病病毒）和HPV（人乳头瘤病毒）的感染都会带来患癌的风险。宫颈癌是源于HPV的感染。感染幽门螺旋杆菌容易诱发胃癌。

（9）免疫缺陷。

如果免疫系统出现问题，就非常容易患癌症。

（10）环境污染。

有一些地方是食管癌、胃癌高发地，与当地的饮用水污染、重金属污染有一定的关系。

（四）起居有常的安全常识

1. 日出而作日入而息，尤其是“子、午”两个时辰要好好睡觉

睡眠是健康的第一功课。睡觉是最好的补药，要避免频繁改变生活和睡眠节奏，导致生物钟紊乱。

根据一天 24 小时对应四季来讲，晚上 9 点到凌晨 3 点是一天之中的“冬季”，所以最理想的睡觉时间是晚上 9 点到凌晨 5 点，当然冬天早晨起床时间可根据日出适当晚些，但是冬季早晨也应在早上 9 点前起床。超过晚上 11 点不睡即为熬夜。

子时指晚上 11 点到凌晨 1 点，午时是上午 11 点到下午 1 点。这两个时间段应睡觉。正常的睡眠是一觉到天亮。有时会有些事情让你烦恼，使你睡不着觉，这也是很正常的。

2. 健康睡眠的十二项守则

（1）遵守规律的睡眠时间。每天同一时间上床，同一时间起床。人是会按照习惯行事的生物，一旦养成睡眠规律，就很难调整改变。周末起得较晚，并不能完全补偿一周间的睡眠缺乏，也会造成星期一早上更难早起。设定闹铃，提醒自己按时上床睡觉。

（2）运动好处多多，但是不能太晚运动。尽量每天运动至少 30 分钟，但要在睡前 2～3 小时前结束。

（3）远离咖啡因和尼古丁。咖啡因是一种兴奋剂，在咖啡、可乐、某些茶饮和巧克力中都有，它的效果可能要 8 小时才会完全退去，因此傍晚的一杯咖啡可能会让你晚上难以入眠。尼古丁也是一种兴奋剂，常吸烟的人睡得很浅。

（4）避免睡前饮酒。睡前小酌或许让你放松，但喝太多会使你缺少快速眼动睡眠，让睡眠较浅。大量饮酒也可能造成夜间的呼吸困难。当酒精的作用在体内逐渐消除后，比较容易让人在半夜醒来。

（5）避免太晚吃大餐、喝太多饮料。晚上吃食物分量较多时会造成不消化，干扰睡眠。晚上喝太多饮料会导致夜里常醒来上厕所。

（6）可能的话，不要服用会延后或干扰睡眠的药物。有些心脏、血压或气喘方面常用的处方药，以及咳痰、感冒或过敏的非处方药和中草药，有可能干扰睡眠。如果你有睡眠方面的困扰，可以告诉你的医师或药师，确认你正在服用的药物是否和睡不好有关，也可以询问你的药是否应在白天或晚上较早时服用。

（7）不要在下午 3 点之后睡午觉。午睡可以补充睡眠不足，但太晚睡午觉的话，可能会让晚上更难入睡。

（8）睡前要放松。不要把事情安排得太满，让你睡觉前没有机会放松。可以安排一些轻松的活动，例如阅读或听音乐，作为睡觉前的习惯。

（9）睡前泡个热水澡。泡完澡后体温会降低，可以帮助你入睡；泡澡也会使你身心舒缓放松，更易于入睡。

（10）卧室要黑暗、稍凉、没有电子产品。把任何可能打扰你睡眠的东西从卧室移走，包括噪声、明亮的光线、不舒服的床、过高的温度。卧室偏凉可以让你睡得更好。电视、手机或电脑都会干扰你的睡眠。舒服的床垫和枕头可以帮你睡个好觉。失眠的人常会盯着钟表看，因此要避免钟表出现在视线所及之处，以免试着入睡时还在担心时间。

（11）适当晒太阳。阳光是调节每天睡眠规律的关键。试着每天在户外至少晒 30 分钟的太阳。如果可能的话，黎明即起，或在早上使用亮度高的光源，并在睡觉之前把室内灯光调暗。

（12）不要醒着而仍躺在床上。如果你上床后 20 分钟仍然醒着，或开始感到担心、焦虑，最好起床做些轻松的活动，直到产生睡意。无法入睡的焦虑，会让人更难入睡。①

3. 视、卧、坐、立、行有度

人体出现的诸多不适和疾病往往与过度使用有关。《黄帝内经》中说："久视伤血，久卧伤气，久坐伤肉，久立伤骨，久行伤筋，是谓五劳所伤。"可以看出，"五劳"的产生是某种活动过"久"。视、卧、坐、立、行是人生命活动的五种体态，有静有动，有劳有逸。生命活动既不能过静过逸，也不能过动过劳。过静过逸，久卧、久坐则气血不流通，会伤及人身；过动、过劳、久视、久立、久行，超出了人体的正常耐受范围，亦会损伤人体。

4. 养成良好生活习惯预防癌症

面对癌症，有"备"才能无"患"。治疗是下策，筛查是中策，唯有预防才是上策。我们要形成以下生活习惯，以预防癌症的发生：

（1）不吸烟，避免吸二手烟；

（2）不饮酒，至少限酒、不酗酒；

（3）每天进行合理运动，如每天走路、慢跑等；

（4）养成良好的饮食习惯，如不吃烫食、分餐、用公筷等；

（5）多摄入膳食纤维，多吃蔬菜和水果；

（6）及时治疗，减少慢性炎症的发生；

（7）远离电离辐射；

（8）洁身自爱，预防 HIV 和 HPV 病毒的感染；

---

① MATTHEW WALKER. Why we sleep：unlocking the power of sleep and dreams. Scribner，2017.

(9) 日出而作日入而息，增强自身免疫力；

(10) 规范自己的言行，与大自然和谐相处，避免环境污染。

二、饮食有度

（一）饮食有度的重要性

民以食为天。饮食是维持生命的重要能量来源。有规律的饮食是非常重要的。

和饮食密切相关的指标是身体质量指数 BMI（body mass index）。BMI 是衡量是否肥胖和标准体重的重要指标。计算公式是体重（千克）除以身高（米）的平方。计算适用范围：18～65 岁的人士；儿童、发育中的青少年、孕妇、乳母、老人及身形健硕的运动员除外。一般认为亚洲女士正常标准在 18～23，男性正常标准在 20～25。超过 30 则界定为肥胖。世界卫生组织认为 BMI 指数保持在 22 左右是比较理想的。

和饮食无度有关的肥胖是一大致癌原因。神经性厌食也会影响人体健康，甚至危及生命。饮食不卫生和食物搭配不当都会给人造成很大危害。

（二）饮食有度的主要内容

《黄帝内经》中提道："五谷为养，五果为助，五畜为益，五菜为充，气味合而服之，以补精益气。"吃饭的主食是五谷类，副食肉蛋奶蔬菜是下饭的，水果是起补助作用的。主副食次序不可颠倒，但是很多流行一时的减肥食谱都是不吃主食，久而久之会使人体受到伤害，对待这些没经过历史检验的新兴饮食方式要慎之又慎。

现代公认的"健康饮食金字塔"也是与《黄帝内经》观点殊途同归的。健康饮食金字塔所倡导的饮食方式如下。

1. 吃最多：五谷类

全麦五谷类食物含丰富纤维素，有助大便畅通、防止便秘。食物来源于各类粉、面、米（红米、糙米、白米）、麦片、面包及根茎类蔬菜（红薯、芋头）。

2. 吃多些：蔬菜、瓜果类

蔬菜、瓜果类含丰富纤维素，能防止便秘，并减低患痔疮、大肠癌等的风险。食物来源于各类蔬菜、瓜类及水果。

3. 吃适量：肉、鱼、蛋、豆类及奶品类

红肉及肝类含丰富铁质，有助于制造血红素，预防贫血。但肉类含有颇多的脂肪，多吃会引致肥胖、高血压、高胆固醇、心脏病和中风等病症。奶品类食物含丰富钙质、蛋白质、维生素 D 及多种维生素 B，有助于保持牙齿及骨骼健康，预防骨质疏松症。食物来源于肉类，如猪、牛、羊及家禽等；各类鱼及海产品；蛋；豆类，如豆腐、黄豆、白豆、扁豆、红豆、绿豆等；奶类，如牛奶、奶酪等。

4. 吃最少：油、糖、盐类

多食油、糖可引致肥胖、高血压、高胆固醇、心脏病、中风等。盐能维持体内水分平衡，多食可导致高血压。食物来源于动植物类食用油、糖果、汽水、咸菜、咸鱼、各式酱油及调味料等。

5. 每天喝 6～8 杯水

水能调节体温、输送营养素及带走血液中的废物。水分来源于开水及各式饮品，如果汁、汤、奶、清茶等。勿渴极再喝水，喝水不要牛饮，小口多次更健康，更有利于水的吸收，有益身体健康。

（三）饮食无度的危害

1. 挑食偏食

有些人不喜欢吃蔬菜、水果，从而导致牙龈出血；不喜欢吃肉类，从而导致缺铁性贫血。由于铁需要与维生素 C 和肉类中分解的胱氨酸结合成为可溶性物质后才易吸收，因此，不吃蔬菜和水果，维生素 C 摄入不足，自然也就影响了铁的吸收。

长期挑食偏食可导致营养不良，包括头发发黄、智力下降、注意力不集中、发育迟缓等。如果日常摄入营养不均衡，食欲不佳，肠胃不好，吸收不当，身体素质不好，抵抗力差，久之不利于生长发育。

2. 暴饮暴食

合理的情况是人的胃口正常，所谓正常的胃口是饮食适量，而不是吃饱了还要再吃。喝水太多容易伤身，喝水太少极易造成肾结石。在饮食上，太过和不及都是病态。

调查显示，贪食症大部分的患者是 18～30 岁的女性。贪食症的发生率为厌食症的 2～3 倍，患者多能维持理想体重，所以不像厌食症一般容易被发现。患者对于自己狂吃之后又催吐的行为会极力隐瞒，而且充满内疚及罪恶感。这种异常行为若每周达 2 次，且持续超过 3 个月以上，则可诊断为贪食症。

3. 神经性厌食症

专家分析，现在越来越多的人追求以瘦为美，减肥的人到处可见，其中很多女性选择“节食”这种不健康的减肥方式，易患上神经性厌食症。

据专家介绍，神经性厌食症多见于青少年，发病年龄多在 13～25 岁，且女性居多，男性与女性患病之比约为 1∶9.5。调查发现，患者多来自社会地位较高或经济较富裕的家庭；城市人群的患病率高于农村人群。

（四）饮食有度的安全常识

1. 饮食有度，吃饭七八分饱

“若想小儿安，三分饥和寒”，对于成人同样如此。不挑食偏食，面对好吃的不暴饮暴食，面对难吃的不饿肚皮；细嚼慢咽；不盲目节食减肥；讲究饮食卫生，防止食物中毒；讲究饮食搭配，让食物的营养更好地被身体吸收。现在我国居民生活水平提高，营养不良人群大大减少，营养过剩现象比较突出，与之相应的“生活方式病”高发，如糖尿病、肥胖等。过去十年中国城市肥胖儿童数量增加了7倍。肥胖的健康风险是易患心血管疾病、糖尿病、中风、关节炎和某些癌症。因此提倡饮食有度就更加重要。

2. 一日三餐定时定量

民以食为天。我们的脾胃喜欢规律运作。如果三餐无规律，或违反规律，就会吃出疾病。比如晚上大吃大喝，就极易伤害身体，导致肥胖、糖尿病、高血压、口臭等。俗话说，早吃好，午吃饱，晚吃少。早饭时间一般在7点到9点之间为好；中饭在12点左右，吃完饭后可适当午休30分钟；胃不和则卧不安，晚饭要少吃，且晚饭时间不宜过晚，尽量安排在睡前4个小时以上。

3. 选择绿色健康食材

建议学生尽量都学会做饭。做饭时应选择健康食材。

（1）健康蔬菜。

包括红薯、芦笋、卷心菜、花椰菜、芹菜、茄子、甜菜、胡萝卜、荠菜、苤蓝菜、金针菇、雪里蕻、大白菜。

（2）健康水果。

包括木瓜、草莓、橘子、柑子、猕猴桃、杧果、杏、柿子、西瓜等。

（3）健康食油。

玉米油、米糠油、芝麻油等尤佳。

（4）护脑食物。

包括菠菜、南瓜、花椰菜、菜椒、豌豆、番茄、胡萝卜、小青菜、芹菜等蔬菜，核桃、花生、开心果、腰果、松子、杏仁、大豆等坚果以及糙米饭等。

（5）选择食物的基本原则。

中国有句俗话：“一方水土养一方人。”橘生淮北则为枳，所以在食材选择方面，应当遵循当地的、当季的、多产的原则。

食品安全的风险在当地、当季、新鲜的条件下最低。当地的、当季的食材不需要保鲜剂、防腐剂、催熟等。

健康是人民幸福之源、家庭美满之本、国家富强之基。党的二十大报告提出推进健康中国建设，深入开展健康中国行动和爱国卫生运动，倡导文明健康生活方式。大学生学习和掌握身体健康常识势在必行。

第二节 防灾减灾 国泰民安

人无远虑，必有近忧。

——《论语》

经历2008年5月12日汶川地震后，经国务院批准，自2009年起，每年5月12日设立为全国防灾减灾日。这一方面顺应了社会各界对中国防灾减灾关注的诉求，另一方面提醒国民前事不忘、后事之师，更加重视防灾减灾，努力减少灾害损失。通过设立防灾减灾日，定期举办全国性的防灾减灾宣传教育活动，有助于进一步唤起社会各界对防灾减灾工作的高度关注，增强全社会防灾减灾意识，普及推广全民防灾、减灾知识和避灾自救技能，提高各级综合减灾能力，最大限度地减轻自然灾害造成的损失。

一、气象灾害 理智面对

气象灾害是指大气运动和演变对人类生命财产和国民经济以及国防建设等造成的直接或间接损害。根据《中华人民共和国气象法》，2007年6月12日中国气象局发布第16号令《气象灾害预警信号发布与传播办法》，规定发布预警信号的气象灾害分为台风、暴雨、暴雪、寒潮、大风、沙尘暴、高温、干旱、雷电、冰雹、霜冻、大雾、霾、道路结冰十四类。

气象灾害是自然灾害中的原生灾害之一，在所有自然灾害中，气象灾害占70%以上，我国每年重大气象灾害影响的人口约达4亿人次，造成的经济损失占国内生产总值的1%～3%，是最为频繁而又严重的自然灾害。下面介绍四种常见的气象灾害。

（一）台风

1. 台风的概念

台风是热带气旋的一种。通常所说的“台风”和“飓风”都属于北半球的热带气旋，由于它们产生在不同的海域，被不同国家的人用了不同的称谓。一般来说，在东太平洋和大西洋海域生成的热带气旋，风力达到 12 级以上，被称作“飓风”；而在西太平洋上生成的热带气旋称作“台风”。我国是受台风影响最严重的国家之一，西北太平洋热带气旋有近 50%影响我国。

2. 台风引起的直接灾害

台风灾害主要是在台风登陆前和登陆之后引起的。台风引起的直接灾害通常由三方面造成：

（1）狂风。

台风风速大都在 17 米/秒以上，有的甚至在 60 米/秒以上。因此狂风及其引起的海浪可以把万吨巨轮抛向半空拦腰折断，也可把巨轮推入内陆；台风级的风力足以损坏甚至摧毁陆地上的建筑、桥梁、车辆等。大风亦可以把杂物吹到半空，使户外环境变得非常危险。

（2）暴雨。

一次台风登陆，降雨中心一天中可降下 100～300 毫米，甚至 500～800 毫米的大暴雨。台风暴雨造成的洪涝灾害，来势凶猛，破坏性大，是极具危险性的灾害。

（3）风暴潮。

当台风移向陆地时，由于台风的强风和低气压的作用，使海水向海岸方向强力堆积，潮位猛涨，海浪排山倒海般向海岸压去。强台风的风暴潮能使沿海水位上升 5～6 米。如果风暴潮与天文大潮高潮位相遇，能产生高频率的潮位，导致潮水漫溢，海堤溃决，冲毁房屋和各类建筑设施，淹没城镇和农田，造成大量人员伤亡和财产损失。

3. 台风引发的其他危害

台风引发的暴雨和海水倒灌很可能造成城市内涝，引发交通瘫痪、地铁停运等，影响城市正常运行甚至造成人员伤亡。

台风还可能造成生态破坏、疫病流行。如台风引起的风暴潮会造成海岸侵蚀，海水倒灌造成土地盐渍化等灾害；台风造成的泥石流会破坏森林植被；台风引发的洪水过后常常容易出现疫情等，有时候台风会造成农作物的病虫害。

4. 台风灾害的防范

（1）有备无患，台风来临前及时防范。

1）及时收听、收看或上网查阅台风预警信息，及时做好防范工作。

2）紧固易被风吹动的搭建物。对棚架、招牌、霓虹灯、吊机等悬空、高空设施要进行加固，并将置于阳台、窗外的花盆等物品移入室内。

3）及时转移，从危旧房屋和低洼地区转移至安全处。

4）检查电路、炉火、煤气等设施是否安全；准备手电、蜡烛，储存饮用水，以防断电停水；多备一二日食物。

5）幼儿园、学校应采取暂避措施，必要时停课。

（2）临危不惧，台风来袭时紧急避险。

1）紧闭门窗。应把门窗捆紧拴牢，特别应对铝合金门窗采取防护。收起屋内外的各种悬挂物；关闭门窗，必要时加钉木板；非必要时不要外出。

2）停止一切高空及户外活动；停止各种露天集体活动和室内大型集会。

3）突遇台风时，速往小屋或洞穴躲避，或尽量趴在地面往林木丛生处逃生，不可躲在枯树下。

（3）处变不惊，台风过后警惕隐患。

1）台风信号解除后，要在撤离地区被宣布为安全以后才可以返回。

2）不要随意使用燃气、自来水、电等。

3）台风过后还需要注意环境卫生，注意食物和水的安全。

（二）沙尘暴

1. 沙尘天气的种类

当强风将地面细小尘粒卷入空中使空气混浊，能见度明显降低时就出现了沙尘天气。按照轻重程度不同，沙尘天气可以分为浮尘、扬沙、沙尘暴、强沙尘暴、特强沙尘暴五类。

（1）浮尘：尘土、细沙均匀地浮游在空中，水平能见度小于10千米。

（2）扬沙：风将地面尘沙吹起，使空气相当混浊，水平能见度在1～10千米。

（3）沙尘暴：强风将地面大量尘沙吹起，使空气很混浊，水平能见度小于1千米。

（4）强沙尘暴：大风将地面尘沙吹起，使空气非常混浊，水平能见度小于500米。

（5）特强沙尘暴：水平能见度小于50米。

2. 沙尘暴的概念

沙尘暴作为一种高强度风沙灾害，它的形成与地球温室效应、厄尔尼诺现象、森林锐减、植被破坏、物种灭绝、气候异常等因素有着不可分割的关系。沙尘暴多发生在那些气候干旱、植被稀疏的地区。我国受沙尘暴影响多集中在北方，其中南疆盆地、青海西南部、西藏西部、内蒙古中西部与甘肃中北部是沙尘暴的多发区。

北方的沙尘暴主要出现在春季，这个季节里，北方大部分地区多气旋和大风天气，降水少，空气和表土干燥，加之地面裸露，具备产生沙尘暴的条件。进入夏季以后，由于降水逐渐增多，植被覆盖较好，沙尘暴较少出现。

3. 沙尘暴的危害

沙尘暴通过强风、沙埋、土壤风蚀和空气污染对人类的生产和生活造成严重不良影响。沙尘暴期间的大风、干燥和低能见度常造成广告牌倒落、房屋倒塌、交通受阻、供电中断，还会致使农田种子和禾苗被吹走，产生火灾，甚至导致人畜伤亡。弥漫在空气中的大量细颗粒还对人体呼吸系统造成严重伤害，危害人们的身体健康，使人头痛、恶心、烦躁；让人感到神经紧张、压抑和疲劳；还极易引起急性结膜炎、红眼病。

4. 沙尘暴灾害的防范

（1）沙尘季节注意收听气象预警。

沙尘暴来临之前，气象部门会向社会发布预警信号。根据沙尘暴出现时间迟早和能见度大小，沙尘暴预警信号分为三级，由弱到强分别用黄色、橙色、红色表示，如表10-2所示。

表 10-2　沙尘暴预警信号

级别	图例	含义	防御指南
黄色预警		12小时内可能出现沙尘暴天气（能见度小于1 000米），或者已经出现沙尘暴天气并可能持续	1. 政府及相关部门按照职责做好防沙尘暴工作； 2. 关好门窗，加固围板、棚架、广告牌等易被风吹动的搭建物，妥善安置易受大风影响的室外物品，遮盖建筑物资，做好精密仪器的密封工作； 3. 注意戴好口罩、纱巾等防尘用品，以免沙尘对眼睛和呼吸道造成损伤； 4. 呼吸道疾病患者、对风沙较敏感人员不要到室外活动
橙色预警		6小时内可能出现强沙尘暴天气（能见度小于500米），或者已经出现强沙尘暴天气并可能持续	1. 政府及相关部门按照职责做好防沙尘暴应急工作； 2. 停止露天活动和高空、水上等户外危险作业； 3. 机场、铁路、高速公路等单位做好交通安全的防护措施，驾驶人员注意沙尘暴变化，小心驾驶； 4. 行人尽量少骑自行车，户外人员应当戴好口罩、纱巾等防尘用品，注意交通安全
红色预警		6小时内可能出现特强沙尘暴天气（能见度小于50米），或者已经出现特强沙尘暴天气并可能持续	1. 政府及相关部门按照职责做好防沙尘暴应急抢险工作； 2. 人员应当留在防风、防尘的地方，不要在户外活动； 3. 学校、幼儿园推迟上学或者放学，直至特强沙尘暴结束； 4. 飞机暂停起降，火车暂停运行，高速公路暂时封闭

（2）沙尘暴来临时，我们要做到以下几方面：

1）应及时关好门窗，将门窗的缝隙用胶带粘好；如果在危旧房屋应及时撤出；尽量减少外出，尤其是老人、未成年人和体弱者；学校、幼儿园要推迟上学或者放学，直到沙尘暴结束。

2）外出前应戴好防护镜及口罩或纱巾，行人要远离高层建筑、工地、广告牌、老树、枯树，还要远离水渠、水沟、水库等。

3）司机在沙尘天气驾车，应启动雨刷，控制车速，掌握方向，即使在白天也要打开远光灯，并使用雾灯。

4）各级政府及相关部门要制定应对措施，机场、高速公路、铁路等部门要科学调度，确保交通安全；发生强沙尘暴时，飞机、火车、长途客车等应暂时停飞、停运。

5）医院、食品加工厂、精密仪器生产或使用单位要做好药品、食品和重要精密仪器的密封工作。

6）有关单位要妥善放置易受大风影响的物资，加固围板、棚架、广告牌等易被风吹动的搭建物，建筑工地要覆盖好裸露沙土和废弃物，以免尘土飞扬。

7）停止一切露天生产活动和高空、水上等户外危险作业。

8）沙尘暴结束后，市政环卫部门要及时洒水，清扫城市街道、院落沉积的大量沙尘。

（三）霾

1. 雾和霾的概念

雾是指在接近地球表面、大气中悬浮的由小水滴或冰晶组成的水汽凝结物，是一种常见的天气现象。霾，也称灰霾，主要是人为因素造成的，是由空气中的灰尘、硫酸、硝酸、有机碳氢化合物等粒子使大气混浊，造成视野模糊并导致能见度恶化。雾和霾常常相伴而生。

2. 雾与霾的区别

（1）能见度范围不同。雾的水平能见度小于 1 千米，霾的水平能见度小于 10 千米。

（2）相对湿度不同。雾的相对湿度大于 90%，霾的相对湿度小于 80%，相对湿度介于 80%～90%是霾和雾的混合物，但其主要成分是霾。

（3）厚度不同。雾的厚度只有几十米至 200 米左右，霾的厚度可达 1～3 千米。

（4）边界特征不同。雾的边界很清晰，过了“雾区”可能就是晴空万里，而霾与晴空区之间没有明显的边界。

（5）颜色不同。雾的颜色是乳白色、青白色，霾则是黄色、橙灰色。

（6）日变化不同。雾一般午夜至清晨最易出现；霾的日变化特征不明显，当空气团较稳定时，持续出现时间较长。

3. 霾的危害

(1) 影响身体健康。

霾的组成成分中对人体健康有害的主要是直径小于10微米的气溶胶粒子，它能直接进入并黏附在人体上下呼吸道和肺叶中，长期处于这种环境还会诱发肺癌。紫外线是自然界杀灭细菌、病毒等大气微生物的主要武器，霾会导致近地层紫外线减弱，易使空气中的传染性病菌的活性增强，传染病增多。

(2) 影响心理健康。

霾天气容易让人产生郁闷、悲观情绪，影响人们的心情。

(3) 影响交通安全。

出现霾天气时，室外能见度低，造成交通阻塞，交通事故频发。

(4) 影响区域气候。

使区域极端气候事件频繁，气象灾害连连。更令人担忧的是，霾还会导致城市遭受光化学烟雾污染。

4. 霾灾害的防护

霾天气下应注意做到以下几方面：

(1) 尽量少出门。

中等和重度霾天气下，应尽量少出门，或减少户外活动，外出时戴口罩。

(2) 行车、走路要小心。

中等和重度霾天气下，能见度较低、视线差，驾车、骑车和步行的人们都应多加小心，特别是通过交叉路口和无人看守的铁道口时，要减速慢行，遵守交通规则。

(3) 锻炼身体有讲究。

中等和重度霾天气易对人体呼吸循环系统造成刺激，尤其是早晨空气质量较差，人们在进行锻炼时容易诱发心脏、肺部等疾病。通常来说，严重霾天气时应暂停户外运动。

(四) 雷电

1. 雷电的概念

雷电是伴有闪电和雷鸣的一种雄伟壮观而又有点令人生畏的放电现象。雷电一般产生于对流发展旺盛的积雨云中，因此常伴有强烈的阵风和暴雨，有时还伴有冰雹和龙卷风。

2. 我国雷电多发区域

雷电灾害在中国较为常见，最为严重的是广东省的一些地区，如东莞、深圳、惠州一带，这些地方雷电多发是由于大气层位置比较低造成的。

3. 雷电灾害

雷电产生的高温、猛烈的冲击波以及强烈的电磁辐射等物理效应，使其能在瞬间产生巨大的破坏作用，常常会造成人员伤亡，击毁建筑物、供配电系统、通信设备，引起森林火灾，造成计算机信息系统中断，仓储、炼油厂、油田等燃烧甚至爆炸，对航空航天等运载工具也威胁很大。雷电灾害已被联合国有关部门列为最严重的十种自然灾害之一，被中国电工委员会称为“电子时代的一大公害”。

4. 雷电灾害的防御

（1）雷雨天要做到：

1）关好门窗。

对家庭而言，感应雷主要通过供电线、电话线、有线电视或无线电视天线的馈线、住房的外墙或柱子侵入。因此，雷电肆虐时，大家最好留在屋里，关好门窗，断开各种电器、通信设备的电源和天线插头，尽量避免接打电话、触摸金属管道，不使用淋浴设备，以防止雷电入侵。

2）避免在岗亭或大树下躲避。

雷雨天气下，在户外是最容易受到雷电伤害的。在雷雨中行走，要穿雨衣或撑木柄、竹柄雨伞，不要撑铁柄伞。要注意避免靠近建筑物外墙和电器设备，尽量不要进入临时性棚屋、岗亭等无防雷设施的建筑物内。不要躲在树下避雨，须与树干、树枝保持 2 米以上距离，应尽可能地双脚并拢蹲下，双手放在膝上，手臂不要接触地面。若能披上雨衣效果更佳。不要停留在山顶、山脊或建筑物顶部。避免进行与水接触的活动，如钓鱼、划船、游泳等。不要在旷野高举雨伞、铁锹、钓竿、球杆等细长的突出人体的物体。

（2）被雷击后要做到：

1）被雷击后，应立即将伤者送往医院。如果伤者呼吸、心跳已经停止，应立即就地做口对口人工呼吸和胸外心脏按压，积极进行现场抢救。千万不可因急着送去医院而不做抢救，否则会贻误抢救时机而使伤者致病或死亡。

2）在送往医院的途中继续对伤者进行人工呼吸和胸外心脏按压。此外，要注意给伤者保温。若伤者有狂躁不安、痉挛抽搐等症状时，要为其做头部冷敷。对电灼伤的局部，在急救条件下，只需保持干燥或包扎即可。

二、地质灾害　机智应对

自然科学界通常所指地质灾害是以地质动力活动或地质环境异常变化为主要成因的自然灾害。地质灾害是在地球内动力、外动力或人为地质动力作用下，地球发生异常能量释放、物质运动、岩土体变形位移以及环境异常变化等，危害人类生命财产、生活与经济活动或破坏人类赖以生存与发展的资源、环境的现象或过程。我国地质灾害发生频繁。按照地质灾害发生区的地理或地貌特征，可分山地地质灾害（如崩塌、滑坡、泥石流等）、平原地质灾害（如地质沉降等）。

（一）地震

1. 地震的概念

地震又称地动、地振动，是地壳快速释放能量过程中造成振动，其间会产生地震波的一种自然现象。地震是地球上主要的自然灾害之一。地球上每天都在发生地震，其中大多数震级较小或发生在海底，不为人们所感觉到。发生在人类活动区的强烈地震往往会给人类造成巨大的财产损失和人员伤亡。地震也是我国造成人员死亡最多的自然灾害，约占所有自然灾害死亡人数的一半。

2. 地震灾害

地震灾害包括原生灾害、次生灾害和衍生灾害。

（1）原生灾害，也称为直接灾害，是地震直接造成的灾害。

（2）次生灾害，是指由于地震引起工程结构和自然环境破坏而引发的灾害。例如，火灾、爆炸、瘟疫、有毒有害物质污染、水灾、泥石流、滑坡等。次生灾害造成的人员伤亡和财产损失可能超过地震原生灾害。

（3）衍生灾害，是指由于地震造成社会功能、物资流和信息流破坏而导致的社会生产与经济活动停顿所带来的损失。衍生灾害难以估量。

3. 地震前兆

地震前兆指地震发生前出现的异常现象，包括地震宏观前兆和地震微观前兆两大类。

（1）地震宏观前兆。

人的感官能直接觉察到的地震异常现象称为地震宏观前兆。地震宏观前兆的表现形式多样且复杂，大体可分为：地下水异常、生物异常、地声异常、地光异常、地震云、气象异常等。

1）地下水包括井水、泉水等，主要异常有发浑、冒泡、翻花、升温、变色、变味、突升、突降、泉源突然枯竭或涌出等。

2）生物异常，是指动物和植物的震前异常反应。许多动物的器官感觉特别灵敏，它们能比人类提前感知地震的发生。除此之外，有些植物在震前也有异常反应，如不适季节的发芽、开花、结果或大面积枯萎与异常繁茂等。

温馨提示：

动物异常顺口溜

震前动物有预兆，密切监视最重要。

牛羊骡马不进厩，猪不吃食狗乱咬。

鸭不下水岸上闹，鸡飞上树高声叫。

冰天雪地蛇出洞，大鼠叼着小鼠跑。

3）地声异常，是指地震前来自地下的声音，其声有如炮响雷鸣，也有如重车行驶、大风鼓荡等。

4）地光异常，指地震前来自地下的光亮，其颜色多种多样，可见到日常生活中罕见的混合色，如银蓝色、白紫色等，但以红色与白色为主；其形态也各异，有带状、球状、柱状、弥漫状等。一般地光出现的范围较大，多在震前几小时到几分钟内出现，持续几秒钟。

5）地震前有时会出现射线云和地震云。

6）气象异常，主要有震前闷热、久旱不雨、阴雨绵绵、黄雾四散、日光晦暗、怪风狂起、夏季下冰雹或下雪等。

（2）地震微观前兆。

人的感官无法觉察，只有用专门的仪器才能测量到的地震异常称为地震微观前兆。例如，地面变形，地球磁场、重力场变化，地下水化学成分变化，小地震活动等。

观测地震微观前兆是科学家的工作；而发现地震宏观前兆既要靠科学家，也要靠广大群众。由于地震宏观前兆往往在临近地震发生时出现，因此，了解它们的特点，学会识别它们，对防震减灾有重要作用。

4. 震中应急

大震预警现象、预震时间、避震空间的存在，是人们震时能够自救求生的条件，要注意抓住机遇，科学避震。

（1）沉着应震效果好，惊慌失措害处多。

地震发生时应立即采取避震行动，一定不能惊慌、不能盲动，否则将造成不必要的损失。许多事例都充分说明，沉着应震效果好，惊慌失措害处多。大家一定要做好心理准备，切实做到临震不慌。

（2）注意预警现象，把握预警时间，紧急避震。

强烈地震发生前会出现一些人们能够觉察到的现象，能够预示强烈地震即将到来，叫作大震预警现象。例如，在大地强烈震动之前，一般会有地面的初期振动，人们会感到颠动；地声，强烈而怪异，声音好似刮风；地光，明亮而恐怖，有人形容它“亮如白昼，但树无影”。

从人们发现预警现象到房屋倒塌有一定的时间差，这个时间差称为预警时间。这是因为，地震波引起的地面振动是几种波共同作用的结果，人们能感受到的是上下颠动和水平晃动两种形式，这就是震中区人们感到“先颠后晃”的原因。处于地震频发区的人们，要注意观察地震预警现象，把握住短暂的预警时间，选择恰当的避震空间，进行安全避震。

由于地震预警时间很短，室内避震更具有现实性，室内的“安全三角区”往往是人们得以幸存的相对安全地点。“安全三角区”主要是指室内房屋倒塌后，大块倒塌体与支撑物构成的三角空间，可称其为避震空间。室内易于形成三角空间的地方是：炕沿下，坚固家具附近，内墙墙根、墙角，厨房、厕所、储藏室等开间小的地方。

（3）避震过程中要坚持“三要三不要”原则。

1）要因地制宜，不要一定之规。震时每个人所处的状况千差万别，避震方式不可能千篇一律。例如，是跑出室外还是在室内避震，就要看客观条件：住平房还是楼房、地震发生在白天还是晚上、房子是否坚固、室内有没有避震空间、室外是否安全，等等。

2）要行动果断，不要犹豫不决。避震能否成功，就在千钧一发之间，容不得瞻前顾后、犹豫不决。有的人本已跑出危房，又转身回去救人，结果不但人没救成，自己也被埋压。想到别人是对的，但只有先保护自己，才有可能救助别人。

3）在公共场所要听从指挥，不要擅自行动。擅自行动，盲目避震，只能招致更大不幸。①

（二）滑坡

1. 滑坡的概念

滑坡是指斜坡上的土体或岩体在自然或人为因素作用下整体或分散地沿边坡向下滑动的自然现象。滑坡也叫作“地滑”“走山”“垮山”“山剥皮”。一个滑坡从孕育到形成，要经历裂、蠕、滑、稳四个阶段。我国是世界上滑坡灾害最为严重的地区之一。我国的大型滑坡多数发生在青藏高原东侧的大陆地形第一个坡降带范围内。②

2. 滑坡灾害

随着世界人口的不断增长、人类活动的空间范围逐渐扩展和工程活动的规模不断加大，加之受到全球气候变化等因素的影响，滑坡灾害发生的频率越来越高，所造成的经济损失和人员伤亡也不断增加。到目前为止，全球范围内凡是有人类居住和工程活动的山岭地区，几乎都有滑坡灾害发生，滑坡已成为仅次于地震的第二大地质灾害。滑坡常

---

① 本书编写组．地震来了怎么办．北京：地震出版社，2008.

② 黄润秋，许强．中国典型灾难性滑坡概况．北京：科学出版社，2008.

常给工农业生产以及人民生命财产造成巨大损失，有的甚至是毁灭性的灾难。如2008年5月12日四川汶川发生8.0级特大地震，触发了不同规模崩塌滑坡数万起，具有危害的有6 000余起。

3. 滑坡前兆

通常，滑坡发生前也有明显的征兆。比如，在以往干燥的边坡或边坡底部出现泉水、渗水、潮湿；地面裂缝；边坡附近的便道被拉离建筑物，房屋下面的土移动；原先呈竖直状的围墙、篱笆等出现歪斜或倾倒；地面、铺装道路、便道上有不自然的隆起或下陷；混凝土地面过度倾斜或开裂、塌陷；水管或其他地下设施开裂；溪流水位快速升降，有时伴随着浊度增加；门窗变形，不能自由开关，门窗与墙之间出现缝隙；房屋或树丛中发出不明声响。

4. 滑坡应对和防治

（1）滑坡应对。

注意收听滑坡预警信息，或者观察身边的环境，如发现滑坡前兆提前搬迁到安全场地，是防御滑坡灾害的最佳办法。

滑坡发生时，如果身处非滑坡山体区，切记不要慌张，在做好自身的安全防护工作的同时要及时报告，尽可能将灾害发生的详细情况迅速报告相关政府部门和单位，这对减轻灾害损失非常重要。一定不要只身前去抢险救灾。

如果身处滑坡山体上，沉着冷静是最重要的，只有时刻保持清醒的头脑、不慌乱才能给自己赢得更大的逃生机会。仔细观察滑坡体的动向，迅速向滑坡方向的两侧逃离，并尽快在周围寻找安全地带。当无法继续逃离时，应迅速抱住身边的树木等固定物体。切勿沿着滑坡方向跑。

（2）滑坡防治。

尽可能减少边坡上的灌溉。在滑坡前缘设置挡土结构以增加滑坡脚部重量，或者通过取土减轻滑坡顶部重量。也可以增加边坡稳定性，恢复边坡表面植被。

修建挡土墙是边坡加固常用方法之一，它被用来永久性地支撑边坡。挡土墙还可以在山体开挖后没有足够的空间修建边坡时被采用，也可以用来护挡边坡使上面的松散砂土不至于散落在下面的道路上。挡土墙还可以保护坡脚不受河流的侵蚀或控制边坡的蠕变。但挡土墙并不能阻挡滑坡的发生。

（三）泥石流

1. 泥石流的概念

泥石流是指在山区或者其他沟谷深壑、地形险峻的地区，因为暴雨、暴雪或其他自然灾害引发的山体滑坡并携带有大量泥沙以及石块的特殊洪流。通常易发生滑坡、崩塌的区域也易发生泥石流。滑坡、崩塌常常在运动过程中直接转化为泥石流，或者滑坡、崩塌发生一段时间后，其堆积物在一定的水源条件下生成泥石流。泥石流常常是滑坡和崩塌的次生灾害。

2. 泥石流灾害

泥石流灾害在世界各地都有发生，尤其在陡峭的沟谷和峡谷地区最为普遍。由于森林野火或森林采伐等原因造成植被破坏后，泥石流的发生频率有增加趋势。泥石流具有突发性、高速运动、能够搬运巨石和大量其他碎屑物等特点，可能会造成毁灭性的危害。泥石流冲进乡村、城镇，摧毁房屋、工厂、企事业单位及其他场所设施；淹没人畜、毁坏土地，甚至造成村毁人亡的灾难；埋没车站、铁路、公路，摧毁路基、桥涵等设施，致使交通中断，还可引起正在运行的火车、汽车颠覆，造成重大的人身伤亡事故；泥石流汇入河道，引起河道大幅度变迁，间接毁坏公路、铁路及其他构筑物，甚至迫使道路改线，造成巨大的经济损失；泥石流冲毁水电站、引水渠道及过沟建筑物，淤埋水电站尾水渠，并淤积水库、磨蚀坝面；泥石流摧毁矿山及其设施，淤埋矿山坑道，伤害矿山工作人员，造成停工停产，甚至使矿山报废。

3. 泥石流的诱因与防治

（1）泥石流的诱因。

泥石流的诱发因素可归结为自然因素和人为因素两大类。

1）自然因素。包括岩石风化、土壤松动、降水、地震等。岩石风化是自然状态下既有的，有氧气、二氧化碳等物质对岩石的分解，也有降水中吸收了空气中的酸性物质而产生的对岩石的分解，也有地表植被分泌的物质对土壤下的岩石层的分解；土壤松动主要是由霜冻对土壤形成的冻结和溶解造成；表层松散的土壤和岩石在暴雨、快速融雪、地震等作用下形成泥石流。因此，泥石流具有一定的季节性和周期性，泥石流发生的时间规律与集中降雨时间规律相一致，一般发生在多雨的夏秋季节；其活动周期与暴雨、洪水的活动周期大体相一致。

2）人为因素。修建铁路、公路、水渠，以及其他工程建筑的不合理开挖，不合理堆放弃土、矿渣，滥伐乱垦等人类行为会破坏植被，使山坡失去保护、土体疏松、冲沟发育，大大加重水土流失，进而破坏山坡的稳定性，崩塌、滑坡等不良地质现象发育，结果就造成泥石流灾害的发生。

（2）泥石流的防治。

通常来说，泥石流是无法阻止的，因此，减少泥石流可能造成的人员生命和财产的损失，最好的办法是撤离、避让和搬迁。要特别注意以下方面：

1）房屋不要建在沟口和沟道上。绝大多数沟谷都有发生泥石流的可能。

2）不能把冲沟当作垃圾排放场。在雨季到来之前，最好能主动清除沟道中的障碍物，保证沟道有良好的泄洪能力。

3）保护和改善山区生态环境。提高小流域植被覆盖率，在村庄附近营造一定规模的防护林，不仅可以抑制泥石流形成、降低泥石流发生频率，而且即使发生泥石流，也多了一道保护人民生命财产安全的屏障。

4）泥石流监测预警。接收当地天气预报信息，监测流域的降雨过程和降雨量，监测沟岸滑坡活动情况和沟谷中松散土石堆积情况，在泥石流形成区设置观测点，发现上游形成泥石流后，及时向下游发出预警信号。对城镇、村庄、厂矿上游的水库和尾矿库经常进行巡查，发现坝体不稳时，要及时采取避灾措施，防止坝体溃决引发泥石流灾害。

4. 泥石流的应急逃生

（1）泥石流发生前的准备。

泥石流发生前是有一定的迹象的。例如，河流突然断流或水势突然加大，并夹有较多杂草、树枝；深谷或沟内传来类似火车轰鸣或闷雷般的声音；沟谷深处突然变得昏暗，并有轻微震动感等。另外，去山地户外游玩时，要选择平整的高地作为营地，尽可能避开河（沟）道弯曲的凹岸或狭小又低洼的凸岸，切忌在沟道处或沟内的低平处搭建宿营棚。当遇到长时间降雨或暴雨时，应警惕泥石流的发生。

（2）泥石流发生时的应急。

泥石流以极快的速度、发出巨大的声响穿过狭窄的山谷，倾泻而下。它所到之处，墙倒屋塌，一切物体都会被厚重黏稠的泥石所覆盖。因此，发现有泥石流迹象应立即观察地形，向沟谷两侧山坡或高地跑。逃生时，要抛弃一切影响奔跑速度的物品。不要躲在有滚石和大量堆积物的陡峭山坡下面；不要停留在低洼的地方，也不要攀爬到树上躲避。

（四）地面塌陷

1. 地面塌陷的概念

地面塌陷，俗称“天坑”，是指地表岩、土体在自然或人为因素作用下向下陷落，并在地面形成塌陷坑（洞）的一种地质现象。当这种现象发生在有人类活动的地区时，便可能成为一种地质灾害。

地面塌陷按成因分为自然塌陷和人为塌陷。自然塌陷是地表岩、土体由于自然因素作用，如地震、降雨、洪水、重力等，向下陷落而成，如黄土湿陷。人为塌陷是由于人为作用导致的地面塌陷，如抽取岩溶地下水、采矿等造成的岩溶塌陷和采空塌陷最为常见。据统计，中国诸多省区市都有地面塌陷发生，其中主要分布于辽宁、河北、云南、广东、广西等省区。

2. 地面塌陷的危害

地面塌陷的危害主要表现在突然毁坏城镇设施、工程建筑、农田，干扰破坏交通线路，造成人员伤亡。

地面塌陷中采空塌陷的危害最大，造成的损失最重；岩溶塌陷次之；黄土湿陷的危害相对小，发生区域也较集中。

3. 地面塌陷的监测

(1) 长期、连续地监测地面、建筑物的变形和水点中水量、水态的变化，地下洞穴分布及其发展状况等，可掌握地面塌陷的形成发展规律，提早预防、治理。对地面和建筑物的变形监测，通常设置一定的点位，用水准仪、百分表及地震仪等进行测量。地下岩、土体特征的变化可采用伸缩性钻孔桩（分层桩）、钻孔深部应变仪等进行监测。水点变化的观测常用测量水量、水位的仪器进行。地下洞穴分布及其发展状况可借助物探或钻探方法查明。

(2) 地面塌陷前兆现象是塌陷的序幕，离塌陷时间近而且短促。因此，及时监测发现这些现象，做出预警，对减轻灾害损失有重要意义。这些现象一般比较直观，塌陷前兆现象的监测内容包括：抽排地下水引起泉水的干枯，地面积水，人工蓄水（渗漏）引起的地面冒气泡或水泡，植物变态，建筑物作响或倾斜，地面环形开裂，地下土层发出垮落声，水点的水量、水位和含沙量的突变，动物的惊恐异常现象等。

4. 地面塌陷的预防

(1) 对已经发生地面塌陷且其稳定性差、尚有活动迹象的地段，应坚决避让，不能作为人员居住地和厂房、公路用地等。

(2) 建筑物应尽量避开地下有采空区的地段，原则上应使主要建筑避开塌陷地段。

(3) 工程设计和施工中要注意消除或减轻人为因素的影响，如设计完善的排水系统，避免地表水大量渗入，对已有塌陷坑进行填堵处理，防止地表水汇聚注入等。

第三节 生物灾害 防控为主

> 夫病已成而后药之，乱已成而后治之，譬犹渴而穿井，斗而铸锥，不亦晚乎！
>
> ——《黄帝内经》

一、对外来物种 要慎之又慎

（一）什么是外来物种

在生物学上，外来物种是指出现在其自然分布范围和分布位置以外的一种物种、亚种或低级分类群，包括这些物种能生存和繁殖的任何部分、配子或繁殖体。

（二）外来物种入侵

外来物种入侵是指生物物种由原产地通过自然或人为的途径迁移到新的生态环境的过程，包括两层含义：第一，物种是外来的、非本土的；第二，该外来物种能在当地的自然或人工生态系统中定居、自行繁殖和扩散，最终明显影响当地生态环境，损害当地生物多样性。

1. 入侵的渠道

（1）自然入侵。

自然入侵不是人为原因引起的，而是通过风媒、水体流动或由昆虫、鸟类传带，使得植物种子或动物幼虫、卵或微生物发生自然迁移。

（2）无意引进。

1）船只携带。

船只携带的方式主要有两种：一种是通过压舱水的异地排放。压舱水一般来自船舶的始发港或途经的沿岸水域。据估计，世界上每年由船舶转移的压舱水有 100 亿吨之多，因此许多细菌和动植物也被吸入并转移到下一个停靠的港口。另一种是营固着生活的生物（如藤壶等）通过附着在船只上被带入新的领域。这些外来生物被引入后，有的种类根本破坏或改变了原来的生态面貌。

2）海洋垃圾。

随着废弃的塑料物和其他人造垃圾漂浮的海洋生物正向南极洲和一些热带岛屿进犯，对当地的物种造成威胁。海洋垃圾使向亚热带地区扩散的生物增加了 1 倍，在高纬度地区甚至增加了 2 倍多。

与椰子或木材之类的自然漂浮物相比，海洋生物更喜欢附在塑料容器等不易被降解的垃圾上漂浮，借助这些载体，它们几乎可以漂浮到世界的任何地方。

（3）有意引进。

这是外来物种入侵的最主要的渠道，世界各国出于发展农业、林业和渔业的需要，往往会有意识地引进优良的动植物品种。如 20 世纪初，新西兰从中国引种猕猴桃，美国从中国引种大豆和野葛等。但由于缺乏全面综合的风险评估制度，世界各国在引进优良品种的同时也引进了大量的有害生物，如大米草、水花生、福寿螺等。这些入侵物种由于被改变了物种的生存环境和食物链，在缺乏天敌制约的情况下泛滥成灾。

2. 外来物种入侵的危害

（1）造成农林产品、产值和品质下降，增加了经济成本。

（2）对生物多样性造成影响，特别是侵占了本地物种的生存空间，造成本地物种死亡和濒危。

（3）对人畜健康和贸易造成影响。①

（三）提高认识，保护生物链

外来物种入侵作为一种全球范围的生态学现象，已逐渐成为导致生物多样性丧失、物种灭绝的重要原因。

根据国际自然资源保护联盟提供的数据，目前全球濒临灭绝危险的野生动物共有10 954种，全球鱼类的1/3，哺乳类、鸟类、爬行类的1/4，都已高度濒危，如果照此速度发展到2100年，地球上1/3到2/3的植物、动物以及其他有机体将消失，这些物种大规模死亡的现象和6 500万年前恐龙的消亡差不多。

作为大学生，我们在饮食上应不追求新、奇、特；遵守国家法律法规，如有机会出国，在回国时不要携带非法生物等入境；建立安全意识，不随意处置动植物等宠物；随时用生态平衡的意识指导自己的行为。

二、传染性疾病 以防护为主

（一）传染病

传染病是由各种病原体引起的，能在人与人、动物与动物或人与动物之间相互传播的一类疾病，具有病原体、传染性、流行病学特征和感染后免疫性四大特征。

（二）我国法定传染病的种类

我国法定传染病分为三类，分别是甲类、乙类、丙类，共40种。

甲类传染病有鼠疫、霍乱2种。

乙类传染病有传染性非典型肺炎、艾滋病、病毒性肝炎、脊髓灰质炎、人感染高致病性禽流感、麻疹、流行性出血热、狂犬病、流行性乙型脑炎、登革热、炭疽、细菌性和阿米巴性痢疾、肺结核、伤寒和副伤寒、流行性脑脊髓膜炎、百日咳、白喉、新生儿

---

① 外来物种入侵．华公江西考试信息网，2023-06-13.

破伤风、猩红热、布鲁氏菌病、淋病、梅毒、钩端螺旋体病、血吸虫病、疟疾、人感染H7N9禽流感、新型冠状病毒感染27种。

丙类传染病有风疹、麻风病、急性出血性结膜炎、流行性感冒、流行性腮腺炎、斑疹伤寒、黑热病、包虫病、丝虫病、其他感染性腹泻病、手足口病11种。

（三）传染病五大传播途径

1. 呼吸道传播

病原体存在于空气中的飞沫或气溶胶中，易感者吸入时获得感染，如麻疹、白喉、结核病、禽流感和严重急性呼吸综合征等。

2. 消化道传播

病原体污染食物、水源或食具，易感者于进食时获得感染，如伤寒、细菌性痢疾和霍乱等。

3. 接触传播

易感者与被病原体污染的水或土壤接触时获得感染，如钩端螺旋体病、血吸虫病和钩虫病等。伤口被污染，有可能患破伤风。日常生活的密切接触也有可能获得感染，如麻疹、白喉、流行性感冒等。不洁性接触可传播艾滋病毒、梅毒螺旋体、淋病奈瑟菌等。

4. 虫媒传播

被病原体感染的吸血节肢动物，如按蚊、人虱、鼠蚤、白蛉、硬蜱和恙螨等，于叮咬时把病原体传给易感者，可分别引起疟疾、流行性斑疹伤寒、地方性斑疹伤寒、黑热病、莱姆病和恙虫病等。根据节肢动物的生活习性，往往有严格的季节性，有些病例还与感染者的职业及生活地区相关。

5. 血液、体液传播

病原体存在于携带者或患者的血液或体液中，通过应用血制品、分娩或性交等传播，如疟疾、乙型病毒性肝炎、丙型病毒性肝炎和艾滋病等。

另外，还要特别注意医源性感染。医源性感染是指在医疗工作中人为造成的某些传染病的传播，包括两类：一类是指易感者在接受治疗、预防、检验时，由于所用器械受医护人员或其他工作人员的手污染而引起的传播；另一类是药品或生物制品受污染而引起的传播。

（四）如何预防传染病

1. 管理传染源

传染源包括患者、隐性感染者、病原携带者和受感染的动物。早期发现传染源才能及时进行管理，这对感染者个体及未感染的群体均很重要。传染病报告制度是早期发现、控制传染病的重要措施，可使疾控部门及时掌握疫情，采取必要的流行病学调查和防疫措施。根据《中华人民共和国传染病防治法》《突发公共卫生应急事件与传染病监测信息报告》，将40种法定传染病依据其传播方式、速度及对人类危害程度的不同，分为甲类、乙类和丙类，实行分类管理。对传染病的接触者，应根据该种疾病的潜伏期，分别按具体情况采取检疫措施，密切观察，并适当做药物预防或预防接种。应尽可能地在人群中检出病原携带者，进行治疗、教育、调整工作岗位和随访观察。特别是对食品制作供销人员、炊事员、保育员，应做定期带菌检查，及时发现，及时治疗及调换工作。对被传染病病原体污染的场所、物品及医疗废弃物，必须按照法律法规相关规定，实施消毒和无害化处理。对动物传染源，如属有经济价值的家禽、家畜，应尽可能加以治疗，必要时宰杀后加以消毒处理；如属无经济价值的，则予以捕杀。

2. 切断传播途径

对于各种传染病，尤其是消化道传染病、虫媒传染病和寄生虫病，切断传播途径通常是起主导作用的预防措施。主要措施包括隔离和消毒。

（1）隔离。将病人或病原携带者妥善地安排在指定的隔离单位，暂时与人群隔离，积极进行治疗、护理，并对具有传染性的分泌物、排泄物、用具等进行必要的消毒处理，防止病原体向外扩散。

（2）消毒。狭义的消毒是指消灭污染环境的病原体。广义的消毒则包括消灭传播媒介。消毒方法有物理消毒法和化学消毒法两种，可根据不同的传染病选择采用不同的方法。

3. 保护易感人群

保护易感人群的措施包括提高人群非特异性免疫力和特异性免疫力这两个方面。

（1）提高人群非特异性免疫力。措施包括改善营养、锻炼身体和提高生活水平等。在传染病流行期间，易感人群应避免与患者接触。对有职业性感染可能的高危人群，及时给予预防性措施，一旦发生职业性接触，立即进行有效的预防接种或服药。

（2）提高人群特异性免疫力。措施是采取有重点有计划的预防接种，提高人群的特异性免疫水平。人工自动免疫是有计划地对易感者进行疫苗、菌苗、类毒素的接种，使人体在1～4周内主动产生免疫力，维持数月至数年，免疫次数1～3次，主要用于预防传染病。人工被动免疫采用的是含特异性抗体的免疫血清，包括抗毒血清、人类免疫球蛋白等，给人体注射后免疫力立即出现，但持续时间仅2～3周，免疫次数多为1次，主要用于治疗某些外毒素引起的疾病，或与某些传染病患者接触后的应急措施。预防接种对传染病的控制和消灭起着关键性作用。[①]

① 正确认识传染病．常德疾控，2023-06-12.

（五）新型冠状病毒

新型冠状病毒（以下简称新冠病毒）属于β属冠状病毒，对紫外线和热敏感，乙醚、75%乙醇、含氯消毒剂、过氧乙酸和氯仿等脂溶剂均可有效灭活病毒。人群普遍易感。传染源主要是新冠病毒感染者；主要传播途径为经呼吸道飞沫和密切接触传播，在相对封闭的环境中经气溶胶传播，接触被病毒污染的物品后也可能造成感染。目前，奥密克戎变异株已成为国内外流行优势毒株，其潜伏期缩短，多为2～4天，传播能力更强，传播速度更快，致病力减弱，具有更强的免疫逃逸能力，现有疫苗对预防该变异株所致的重症和死亡仍有效。

中国疾控中心表示，世界卫生组织2023年5月5日宣布新冠疫情不再构成“国际关注的突发公共卫生事件”。我国也宣布自2023年1月8日起，新冠病毒感染调整为“乙类乙管”。同时我们应认识到，新冠病毒仍然是传染病，应该做好个人防护，具体措施如下：

（1）强调“每个人都是自己健康的第一责任人”，倡导公众遵守防疫基本行为准则，坚持勤洗手、戴口罩、常通风、公筷制、保持社交距离、咳嗽礼仪、清洁消毒等良好卫生习惯和合理膳食、适量运动等健康生活方式，自觉提高健康素养和自我防护能力；疫情严重期间减少聚集，患有基础疾病的老年人及孕妇、3岁以下婴幼儿等尽量减少前往人员密集场所。

（2）深入开展爱国卫生运动。学校、大型企业等人员聚集的重点机构，应做好人员健康监测，发生疫情后及时采取减少人际接触措施。疫情严重期间，重点党政机关和重点行业原则上要求工作人员“两点一线”，建立人员轮转机制。

（3）乘坐飞机、火车、空调大巴等公共交通工具时，做好防护。途中要全程正确佩戴口罩，尽量减少因就餐而摘口罩的次数和时间，并且定期更换口罩。排队等候时，注意保持1米线的安全距离，尽量不和其他候乘人员扎堆。保持手部卫生，不要到处乱摸、乱碰。全程尽量避免双手触摸眼睛、鼻子或嘴巴。在条件允许时，尽量和其他旅客分散坐、隔出空位。与他人交谈时，要保持一定的社交距离。①

课后训练与活动

1. 思考题

（1）熬夜对人体有哪些危害？

（2）选择食物的基本原则有哪些？为什么？

① 个人防疫手册（第四版）. 人民网，2022-12-31.

(3) 霾天气的早晨能进行户外体育锻炼吗？为什么？

(4) 地震宏观前兆有哪些？

2. 活动与训练

(1) 列出自己的一日三餐，看看是否符合“健康饮食金字塔”的要求，如不符合，应做哪些调整？

(2) 找一找家乡瓜果蔬菜成熟的季节、月份，深刻理解“一方水土养一方人”。

(3) 了解一下自己大学所在地的风土人情和瓜果蔬菜成熟规律，更好地安排自己的一日三餐。

(4) 了解一下自己大学所在地的气候和地质特点。

参考文献

[1] 全国干部培训教材编审指导委员会．全面践行总体国家安全观 [M]. 北京：人民出版社，2019.

[2]《总体国家安全观干部读本》编委会．总体国家安全观干部读本 [M]. 北京：人民出版社，2016.

[3] 乔晓阳．中华人民共和国国家安全法释义 [M]. 北京：法律出版社，2016.

[4] 严文斌．百年大变局 [M]. 北京：红旗出版社，2019.

[5] 关乐原．中国资源安全战略思考 [M]. 北京：人民日报出版社，2010.

[6] 中国信息通讯研究院．网络与信息安全产业白皮书 [R/OL]. (2016-09-02) [2021-02-11]. http://www.cac.gov.cn/2016-09/02/c_1119501188.htm.

[7] 中共中央党史和文献研究院．习近平关于安全的论述 [M]. 北京：中央文献出版社，2018.

[8] 中华人民共和国国务院新闻办公室．中国的核安全 [M]. 北京：人民出版社，2019.

[9] 中华人民共和国国务院新闻办公室．中国的核应急 [M]. 北京：人民出版社，2016.

[10] 中共中央宣传部．习近平新时代中国特色社会主义思想学习纲要 [M]. 北京：人民出版社，2019.

[11] 戚昕．大学生心理健康教程 [M]. 北京：人民邮电出版社，2010.

[12] 马晓辉．大学生安全教育 [M]. 杭州：浙江大学出版社，2011.

[13] 苏文渤，蒋海波．大学生安全教育知识 [M]. 北京：中央广播电视大学出版社，2011.

[14] 王铁梅．消费陷阱 [M]. 天津：天津科学技术出版社，2011.

[15] 彭贤．人际关系心理学 [M]. 北京：清华大学出版社，2008.

[16] LYNN M HIGHLAND，PETER BOBROWSKY. 滑坡灾害防治手册 [M]. 汪发武，译．北京：地质出版社，2008.